Bengt af Klintberg
Die Ratte in der Pizza

Bengt af Klintberg

Die Ratte in der Pizza

und andere moderne Sagen
und Großstadtmythen

Aus dem Schwedischen
von Markus Bertram, Katja Köhne
und Gerhard Schmitz

Vorwort
von Lutz Röhrich

Mit Illustrationen
von Bengt Malmström

Wolfgang Butt Verlag

2. Auflage 1990

Illustrationen: Bengt Malmström
Satz: AbSatz, Typographisches Büro, Hoya
Druck: WDA Brodersdorf

ISBN 3-926099-11-9

Die Originalausgabe erschien 1986 im Verlag Norstedts, Stockholm,
unter dem Titel *Råttan i pizzan.*

Wolfgang Butt Verlag
Kaistraße 33
Eckmann-Speicher
2300 Kiel

Inhalt

Vorwort

Ein Buch wie dieses bedarf eigentlich keines Vorworts. Schon der Titel spricht für sich und macht neugierig: „Die Ratte in der Pizza“ ist nur eine der hundert modernen Wandersagen und Großstadtmythen, die Bengt af Klintberg hier einem deutschen Publikum präsentiert. Er hat sie großenteils in Schweden zusammengetragen, aber sie könnten ebenso gut in Deutschland erzählt worden sein, und die Varianten kommen tatsächlich aus aller Welt.

Diese modernen Sagen haben nicht nur lokale oder regionale Verbreitung, sondern sie wandern mit Windeseile um die ganze Welt. Meist sind es Tageszeitungen, die zu ihrer Ausbreitung beigetragen haben. „Vermischte Nachrichten“, „Aus aller Welt“ o.ä. heißen die Rubriken. Es geht um die „Katastrophen-Spalte“, auf die keine Zeitung verzichten kann, weil sie – laut Statistik – am meisten gelesen wird. Der Mensch ist ja gewohnt, „schwarz auf weiß“ Gedrucktem eher zu glauben als nur mündlich Berichtetem. So wird auch am Wahrheitsgehalt von Zeitungsenten nicht gezweifelt. In keinem Fall handelt es sich um Aufschneider- oder Lügengeschichten, wie sie ja auch zum volkstümlichen Erzählrepertoire gehören, sondern die Berichte wollen „wahre“ Geschichten sein. Manche haben den Charakter eines Gerüchts oder des Klatsches; andere erfüllen die Funktion einer Warnerzählung. Wie die „Sagen“ der vorindustriell-agrarischen Welt sind es geglaubte Geschichten, deren Realitätswert jedoch meist im Dunkel bleibt. Wie bei den Sagen handelt es sich um spannende Geschichten, reich beladen mit dramatischen Konflikten. Wichtiger als die Frage nach dem Realitätsgehalt des Erzählten sind die psychologischen Hintergründe, die kultur- und sozialgeschichtlichen Prozesse und Kontexte, die sich daraus ablesen lassen, schließlich auch die Frage nach den Bedürfnissen, die solche Erzählungen befriedigen.

Vieles in der modernen Folklore hat sich an und aus der Technik entwickelt. In einigen Erzählungen bricht das Magische und Numinose gar in die technische Welt ein. Die Geschichte vom verschwundenen Anhalter ist wahrscheinlich die eigentümlichste und zugleich bekannteste moderne Spuksage. Strukturell scheint sie einiges mit den alten Sagen vom „Aufhocker" zu tun zu haben: Ein Unbekannter wird eine zeitlang zum Wegbegleiter, und er verschwindet auf ebenso unerklärliche Weise, wie er gekommen ist. Sonst spielt das Numinose eine relativ geringe Rolle. Selbst die Begegnung mit Außerirdischen, etwa der Kontakt mit der Besatzung von fliegenden Untertassen, das Zusammentreffen mit grünen Männchen etc. verläuft ohne numinosen Schauder. Der Einbruch des Übernatürlichen bleibt im Diesseitigen. Im Mittelpunkt steht die Bedrohung des Menschen durch den Menschen, nicht mehr durch die übernatürlichen Wesen.

Was haben diese in der technischen Welt angesiedelten modernen Geschichten noch mit den traditionellen Sagen der vorindustriellen Welt gemeinsam? Ich denke, es sind vor allem die Ängste, die die Brücke zu den traditionellen Sagen schlagen. Die Ängste haben sich von Kultur zu Kultur gewandelt, aber immer sind Ängste geblieben. Sie zeigen den Menschen in einer Massengesellschaft, in der er sich aber dennoch einsam und verlassen vorkommt und von dem Unbekannten und Gefährlichen im Nächsten bedroht fühlt. In einer Welt mit ständig steigender Kriminalstatistik gibt es begreiflicherweise die Angst vor dem immer raffinierter werdenden Verbrechen, die Bedrohung durch Diebstahl oder Raub, Ängste von Frauen vor männlicher Gewalt und Aggression, Angst vor den Gefahren der Straße, vor Pannen und Verkehrsunfällen, auch vor dem Versagen der Technik, Angst vor tödlichen Krankheiten, vor Gefahren aus der Dritten Welt, die uns durch den interkontinentalen Flugverkehr so greifbar nahe gerückt sind.

Immer kommt die Bedrohung von außen, von den anderen. So wird die massive Angst vor Fremden, vor Gastarbeitern und Asylanten deutlich. Hinzu kommt die Angst vor Krankheit, insbesondere vor krebserregenden Substanzen, schließlich auch die Angst vor peinlichen Situationen, wie wir sie aus Träumen kennen. Hinter den vordergründig dargestellten angsterregenden Situationen stehen tiefere und grundsätzlichere Ängste der modernen technisierten Gesellschaft. Ängste können selbstverständlich auch durch Wünsche kompensiert werden. Im Falle der verschwundenen oder gestohlenen toten Schwiegermutter gibt es einerseits die Angst vor einer nicht antretbaren Erbschaft, Angst vor der Entdeckung eines illegalen Aktes (der Schmuggel von Leichen ist ein lange tradiertes literarisches Motiv), andererseits aber auch den uneingestandenen oder latenten Wunsch, die wenig geliebte alte Frau los zu werden und zwar so, daß die Schuld einen anderen trifft.

Wie in den traditionellen Sagen spielen Tabu-Verletzungen eine Rolle; in der zivilisierten Welt jedoch wieder andere. Auffallend eindrucksvolle, zum Beispiel hinsichtlich der gesellschaftlichen Normen von Sauberkeit und Hygiene. Das gilt für die „Ratte in der Pizza" ebenso wie für das drastische Ende des Pudels in einem China-Restaurant. Oder das Erbrochene in der Wurst: unappetitliche Ekelgeschichten. Eklatante Vorurteile brechen hier auf: Ausländer essen Ratten, Hunde und Schlangen; nur in exotischen Restaurants werden die Reste von abgegessenen Tellern dem nächsten Gast wieder vorgesetzt. Ausländer sind schmutzig, und man kann ihnen auch sonst nicht über den Weg trauen.

Horror-Stories von im Backofen gegrillten Babies rühren an eines der härtesten Tabus, das des Kannibalismus und des Verzehrs von Menschenfleisch. „Sex" und „Crime" sind überall auf der Welt die Hauptinhalte solcher Nachrichten. Das war schon zu Beginn der „neuen Zeitung", den Vorläufern der heutigen Presse, den Flugblättern, bei den Moritaten der Bänkelsänger oder bei den Groschenheften oder der Trivialliteratur des 19. und 20. Jahrhunderts. Gemeinsam mit diesen Trivial-Genres hat die vorliegende Sammlung die Kombination von Erschreckendem und Belustigendem. Darüber hinaus haben die Erzählungen allesamt einen ernsthaften, gesellschaftssignifikanten Hintergrund, der nicht immer erfreulich ist.

Manche Erzählungen sind gar nicht so „neu" und „modern", wie sie sich geben, sondern folgen älteren, manchmal geradezu archaischen Mustern und Erzählstrukturen. Es sind Jedermanns-Geschichten, und der Leser wird bei so mancher Erzählung das Gefühl haben: Das kennst du doch, das hast du doch irgendwo schon einmal gehört, gelesen oder erlebt. Mir ging es so besonders bei dem Bericht über die raffinierten Diebe, die unter irgendeinem Vorwand einem Paar Theaterkarten zukommen lassen, um während der Zeit der Veranstaltung ungestört dessen Haus ausrauben zu können. Ich kenne dies als Tatsachenbericht und war um so erstaunter zu vernehmen, daß es sich um die zur Zeit verbreitetste moderne Sage handelt. Obwohl „Fact" und „Fiction" sich ja nicht auszuschließen brauchen: Warum sollte nicht der Bericht über clevere Einbrecher zu einer weltweit verbreiteten Story werden, die ihrerseits via Zeitung oder Fernsehen wiederum zum Vorbild cleverer Nachahmer werden könnte? So realitätsfern ist die Erzählung ja nicht, als daß sie nicht stimmen könnte: Kriminalberichte erzählen immer wieder von Einbrechern, die die Leute tatsächlich unter irgendeinem Vorwand aus dem Haus locken oder auch den Anlaß einer Beerdigung dazu nutzen, um während der Abwesenheit der Familie das Haus leer zu räumen.

Obwohl man sich weltweit über „urban legends" unterhält, hat es in Deutschland bisher keine nennenswerte Sammlung oder gar eine Untersuchung dieses Genres gegeben, wenn man absieht von einem Projekt des Göttinger Volkskundeinstituts (Prof. R.W. Brednich), das aber noch nicht veröffentlicht wurde. Insofern füllt Bengt af Klintbergs Buch eine wirkliche Lücke. Mit Sicherheit wird seine „Blütenlese" die Diskussion über die modernen Großstadtmythen bei uns neu in Gang bringen, und vermutlich wird sie selbst wieder in die Mündlichkeit unserer Alltagserzählungen zurückfließen.

Lutz Röhrich

Einleitung

An einem Abend im Oktober 1973 kam unser Kindermädchen Bibi nach Hause und erzählte eine gräßliche Geschichte, die sie von ihrem Verlobten gehört hatte. Einer seiner Freunde war zusammen mit einigen anderen jungen Leuten in einer Stockholmer Pizzeria gewesen. In der Nacht hatte ein Mädchen aus diesem Kreis schreckliche Magenschmerzen bekommen und war zur Operation in ein Krankenhaus eingeliefert worden. Die Ärzte stellten fest, daß die Schmerzen von einem verschluckten Rattenknochen herrührten, der sich quer im Magen festgesetzt hatte. Das Gesundheitsamt veranlaßte eine Inspektion der Pizzeria, und in der Speisekammer fand man Mengen von toten, aufgehängten Ratten.

Ihr hatte sich der Magen umgedreht, als sie dies hörte, erzählte Bibi. Sie dachte nicht daran, noch weiter in Pizzerien zu gehen, nicht solange man Ratten in die Pizzen tat. Mir kam die Geschichte merkwürdig bekannt vor. Ich hatte sie nie zuvor gehört, aber es war etwas in ihrem Aufbau, das an die Tausende von Wandersagen der alten bäuerlichen Gesellschaft erinnerte, die ich mehrere Jahre lang im Nordischen Museum (Stockholm) katalogisiert hatte. Das hier mußte eine moderne Wandersage sein, dachte ich.

Ich bat Bibi, ihren Verlobten zu fragen, ob es wirklich ein Freund von ihm war, der die Geschichte miterlebt hatte. Und es zeigte sich, daß dem tatsächlich nicht so war. Der Freund hatte sie von einem anderen Freund gehört. Es stellte sich auch heraus, daß mehr als zwanzig meiner Studenten an der Universität Stockholm Berichte von der Ratte in der Pizza gehört hatten. Einige konnten außerdem ähnliche Geschichten von Müllmännern erzählen, die Mengen von leeren Hunde- oder Katzenfutterdosen in Abfallsäcken eines Chinarestaurants gefunden hatten. Hier existierte offensichtlich eine moderne mündliche

Tradition, die unser Mißtrauen gegen das ausdrückte, was uns fremd ist. Sie empörte und faszinierte mich zugleich, und ich beschloß, meine Sammeltätigkeit fortzusetzen. Nach einigen Jahren hatte ich herausgefunden, daß das mündliche Erzählen von Sagen nie aufgehört hat; es sind nur die Stoffe, die sich im Takt mit den gesellschaftlichen Veränderungen gewandelt haben.

Schon seit den Tagen der Brüder Grimm haben die Volkskundler zwischen Märchen und Sagen unterschieden. Die Märchen lassen sich leicht erkennen, sie besitzen ihre eigene Sprache und ihre eigenen Gestalten: den Dummerjan, die Prinzessin, die böse Stiefmutter, die gute Fee. Wenn man die Einleitungsworte des Märchens „Es war einmal" hört, weiß man sofort, daß das Erzählte nicht Wirklichkeit ist, sondern Dichtung. Viel schwieriger ist es zu erkennen, daß auch die Sagen Dichtung sind. Wenn wir heutzutage eine alte Volkssage lesen, von einer alten Frau, die einen Milchhasen gemacht und ausgeschickt hat, aus den Eutern der Nachbarskühe zu trinken, so wissen wir, daß dies nicht tatsächlich geschehen sein kann. Das wußte man im 17. Jahrhundert aber nicht; wir finden Berichte von Milchhasen in Gerichtsprotokollen, die zum Teil mit der Mitteilung enden, daß die Alte als Hexe hingerichtet wurde. Erst mit größerem zeitlichen Abstand wird der Volksdichtungscharakter der Sagen deutlich. Zukünftige Generationen werden in den Geschichten von fliegenden Untertassen, Rattenknochen in ausländischen Restaurants und Gastarbeitern, die für den Weihnachtsbaum ein Loch in den Parkettfußboden bohren, die Volkssagen des ausgehenden zwanzigsten Jahrhunderts sehen.

Zur Glaubwürdigkeit einer Sage trägt insbesondere bei, daß das Geschehen an einem bestimmten, namentlich genannten Ort lokalisiert ist und daß die Hauptperson als Bekannte eines Bekannten bezeichnet wird. Der Erzähler kann auch in anderer Weise davon zu überzeugen versuchen, daß die Geschichte wahr ist: seine Quelle ist oft eine vertrauenswürdige Person, z.B. ein Arzt, ein Polizist oder ein anderer Vertreter einer öffentlichen

Institution. Wenn die Geschichte in einer Zeitung zu lesen war (was öfter vorkommt, als man glauben sollte), so stellt dies in den Augen vieler eine Garantie dafür dar, daß sie wahr ist. Vor allem wenn die Zuhörer Zweifel äußern, pflegt der Erzähler Beweise dafür aufzubieten, daß sich die Begebenheit wirklich ereignet hat. Die Erklärung hierfür liegt in einem peinlichen Prestigeverlust, wenn er zugeben muß, daß er eine erfundene Geschichte geglaubt hat. Und es ist nicht nur ein Prestigeverlust – manchmal wird er gezwungen, seine gewohnte Auffassung der Wirklichkeit gänzlich zu revidieren.

Aber sind wirklich alle modernen Sagen erdichtet? Kann man sich nicht vorstellen, daß ein Teil davon tatsächlich einmal irgendwo geschehen ist? Da es in der Regel unmöglich ist, eine Sage bis zu ihrem Ursprung zurückzuverfolgen, kann man sich in diesem Punkt nicht mit völliger Sicherheit äußern. Viele moderne Sagen sind bei näherer Betrachtung offensichtlich ungereimt, viele aber könnten an und für sich wahr sein. Der amerikanische Volkskundler Gary Alan Fine hat die Erzählungen von Mäusen in Coca-Cola-Flaschen in dem Artikel „Cokelore and coke law" (Fine 1979) untersucht. Er schildert eine Reihe von Fällen, die zu Prozessen geführt haben und also Beweise dafür sind, daß in Flaschen von Erfrischungsgetränken nicht nur einmal, sondern häufig Mäuse gefunden wurden. Es ist also nicht die Frage, ob eine Sage wahr ist oder nicht, die sie zu einer Sage macht. Es ist die Tatsache, daß sie Interesse weckt und von Mund zu Mund, von Land zu Land mit einem im großen und ganzen gleichen Handlungsmuster weitergereicht wird, selbst wenn sich die Details ständig ändern. Interessanter als die Frage „Ist das wirklich geschehen?" ist eine andere Frage: „Warum ist diese Erzählung so verbreitet?" Es ist ja nur ein Bruchteil aller Geschichten von merkwürdigen Begebenheiten, der eine internationale Verbreitung erfährt. Die Antwort auf diese Frage lautet, daß die Wandersagen eine Struktur besitzen, die bewirkt, daß sie leicht zu behalten sind und sich gut erzählen lassen. Noch wichtiger ist, daß ihr Inhalt den vorgefaßten Meinungen der Menschen über das Dasein entspricht. Von daher sind sie als Aussage über Glaubensvorstellungen und Werturteile unserer Zeit interessant. Man kann sie als eine Art kollektiver Phantasien betrachten, die das Weltbild ihrer Zeit widerspiegeln. Oft enthalten sie eine symbolische Dimension und sagen viel mehr aus als das, wovon sie vordergründig handeln.

Vor allem scheinen die Sagen unserer Zeit – wie die Sagen früherer Zeiten – sich um das zu drehen, was die Menschen mit Unruhe erfüllt. Das Unbekannte und Fremde hat zu allen Zeiten eine existentielle Unruhe geschaffen, die in verschiedenen Kulturen unterschiedlich verarbeitet wird. Viele moderne Sagen drücken konkret die Angst der Frauen vor männlicher sexueller Gewalt aus. Die Gewalt ist wirklich, die Geschichten, die darüber verbreitet werden, müssen nicht in jedem Punkt wahr sein. Eltern haben die Möglichkeit, ihre Besorgnis um die Kinder auszuleben, indem sie Geschichten erzählen, in denen Kinder den denkbar schlimmsten Katastrophen ausgesetzt sind. Die Angst, in peinliche gesellschaftliche Situationen zu geraten – eine Angst, die man kleinbürgerlich nennen könnte, die es heute aber in allen Gesellschaftsschichten gibt –, hat eine Menge Sagen entstehen lassen, die in der Regel einen humoristischen Ton aufweisen.

Die Sagen, die keine Angstphantasien sind, drücken oft Wunschdenken aus. Während des Krieges entstanden feurige Erzählungen von Heroismus (z.B. „Die Heldentat des Busfahrers“ und „Victor Jaras Tod“). In unserem Alltag findet das Wunschdenken manchmal weniger sympathischen Ausdruck, wenn wir uns Bestrafungen für diejenigen ausdenken, die gegen die Normen der Gesellschaft verstoßen. Geht es um kleinere Normverstöße, kann die Strafe von recht scherzhafter Art sein, dreht es sich aber um Diebstahl oder Gewaltverbrechen, enden die Sagen oft damit, daß die Übeltäter schrecklich verstümmelt werden. Auch die Sagen, die furchtbar komische „Szenen, die wir sehen wollen“ beschreiben, sind durch eine lustvolle Aggressivität gekennzeichnet.

Unser Verhältnis zur Natur spiegelt sich in den modernen Sagen wider, das Bild ist aber ein ganz anderes als in der

Sagentradition der alten bäuerlichen Gesellschaft. Früher war die Natur, die die Menschen umgab, ein unsicherer Bereich, bevölkert von übernatürlichen Wesen, die den Menschen Krankheiten bescheren und Schaden zufügen konnten. Die alten Volkssagen wußten viel von der Gefährlichkeit der Trolle, der Elfen, der Nöcks und des Waldweibleins zu erzählen. Gleichzeitig war man für seinen Lebensunterhalt von der Natur abhängig. Heutzutage wird die Natur nicht mehr als etwas Unbekanntes erlebt, sondern ist der Bereich, in dem wir uns vom stressigen Großstadtleben erholen können. Die einzige moderne Vorstellung von einem menschenähnlichen Volk außerhalb unserer Zivilisation finden wir in den UFO-Erzählungen über bemannte Raumschiffe von entlegenen Planeten.

In bestimmten Teilen der Welt hat sich jedoch eine wilde, ungezähmte Natur erhalten, die lebensbedrohende Gefahren birgt. Es sind die Dschungel und Sümpfe der Dritten Welt, der Welt, die außerhalb der modernen westlichen Gesellschaft liegt. Auffallend viele gegenwärtige Sagen handeln von Giftschlangen und Spinnen, die in importierten Südfrüchten oder Topfpflanzen ins Land kommen, oder von Alligatoren und Boas, die sich im unterirdischen Abwassersystem der Städte aufhalten. Da sich die Giftschlangen in Bananenschalen und die Spinnen in Yucca-Palmen verstecken, können die Gefahren direkt in unser Alltagsleben eingeschmuggelt werden. Es gibt auch Sagen von regelrechtem Schmuggel. Eine Familie auf Urlaub in einem südlichen Land betäubt z.B. einen herrenlosen Hund, um ihn beim Zoll nicht vorzeigen zu müssen. Der Hund entpuppt sich als eine riesige Kanalratte. Auf einem Flugplatz untersuchen Zollbeamte eine Ausländerin mit Babykorb und entdecken, daß das Baby tot und voller Rauschgift ist. Insgesamt vermitteln alle diese Sagen das Bild einer Gesellschaft, in die trotz Kontrollen und anderer Vorsichtsmaßnahmen von allen Seiten Gefahren eindringen. Ich glaube, man darf einen symbolischen Gehalt aus diesem wiederkehrenden Thema herauslesen: in den Sagen kommt zum Ausdruck, daß sich die reiche, zivilisierte westliche Welt von der armen, wilden Dritten Welt bedroht fühlt.

Auch wenn wir uns in vielen Sagen mit einer modernen urbanen Lebensform identifizieren und Gerüchte von unzivilisierten Sitten in den Wohnungen der Gastarbeiter und den Küchen ausländischer Restaurants gern verbreiten, gibt es doch Sagen, die ein ganz anderes Bild unseres Verhältnisses zum modernen Großstadtmilieu zeigen. Dieses Bild ist die Kehrseite der Medaille, es zeigt unsere Verlorenheit in einer hochtechnisierten Gesellschaft. In den Erzählungen wird unsere Beunruhigung über all das gestaltet, was neue Technologie mit sich bringen kann. Wenn es schief geht, können Elektroherde oder Radiowellen oder Bildröhren unangenehme Überraschungen bieten.

Wenn ich in den Kommentaren die Bedeutung der Sagen zu erklären versuche, geschieht dies im vollen Bewußtsein dessen, daß nicht nur eine einzige richtige Deutung möglich ist. Im Gegenteil, es ist typisch für die Sagen, daß viele Erklärungen denkbar sind. Meine Deutungen stellen Vorschläge dar, wie man den Inhalt verstehen kann, wenn man sich darauf beschränkt, den allgemeinen gesellschaftlichen und kulturellen Hintergrund zu berücksichtigen. Wenn man dagegen Gelegenheit hat, die Reaktion einzelner Menschen auf eine bestimmte Sage zu erleben, so kann man feststellen, daß diese von der Erzählsituation, früheren Erfahrungen der Zuhörer und vielen anderen Faktoren abhängig sind. Ein Beispiel in diesem Buch ist die entsetzliche Geschichte von einem gebratenen Baby, die mir eine junge Mutter in einem Brief zusandte. Wenn man nur den Inhalt betrachtet, wäre der Gedanke naheliegend, daß sie von der Angst junger Mütter vor der anstrengenden Zeit unmittelbar nach der Entbindung handelt. In dieser speziellen Situation war es eine kinderlose Freundin, die die Geschichte erzählt hatte, und die Briefschreiberin deutete sie als einen indirekten Ausdruck ihres Neides.

Die ersten wissenschaftlichen Aufsätze über die Sagentradition unserer Zeit wurden Anfang der vierziger Jahre geschrieben, aber erst in den sechziger Jahren kamen Sammlung und Forschung richtig in Gang. Wichtige Anregungen gingen für

Feldforscher wie für Theoretiker von der in Ungarn geborenen Linda Dégh aus, die jetzt in den USA arbeitet. Die bisher bedeutendste Leistung wurde von dem amerikanischen Volkskundler Jan Harold Brunvand mit seinen drei Büchern „The vanishing hitchhiker" (1981), „The choking doberman" (1984) und „The mexican pet" (1986) erbracht. In Europa sind mehrere Sagensammlungen erschienen, in denen Kommentare äußerst knapp oder nicht vorhanden sind. Am meisten schätze ich Ethel Portnoys holländische Sammlung „Broodje aap" (erste Auflage 1978), die auch ins Englische übersetzt wurde („The monkey sandwich", 1985).

Das Material für dieses Buch habe ich in gut zehn Jahren auf sehr verschiedenartige Weise gesammelt. Einen bedeutenden Teil der Geschichten habe ich von Freunden und Bekannten gehört oder von meinen Studenten am Institut für Volkskunde in Stockholm aufgenommen. Viele wertvolle Texte wurden mir von Menschen aus ganz Schweden zugesandt, nachdem ich in Zeitungen und im Radio nach modernen Sagen gefragt hatte. Einige habe ich unter den schriftlichen Antworten zu einer Frageliste „Gerüchte unserer Zeit" ausgewählt, die ich 1984 im Nordischen Museum zusammengestellt hatte. Meine Kollegen in ganz Skandinavien, die mein Interesse für die Sagen unserer Zeit kennen, z.B. Reimund Kvideland und Gun Herranen, haben Ausschnitte mit Geschichten geschickt, die sie in Zeitungen gefunden haben. Es kamen auch Beiträge von einer ganzen Reihe von Journalisten, die mich angerufen und um einen Kommentar zu irgendeiner neuen Schauergeschichte gebeten hatten. Sie bekamen ihren Kommentar, und ich hatte einen neuen Text – ein Verfahren, das zur gegenseitigen Zufriedenheit funktionierte. Eine kleinere Anzahl von Sagen habe ich aus gedruckten, ausländischen Quellen zitiert. In der vorliegenden deutschen Ausgabe meines Buches wurde der Kommentar durch einige Texte aus einem Aufsatz von Volker Knierim (Knierim 1985) erweitert.

Die folgenden hundert Texte sind nur eine Auswahl aus einer reichen mündlichen Erzähltradition, die längst noch nicht erforscht ist. Vielleicht wird sich der Leser an abweichende Fassungen der Geschichten oder an ganz andere Erzählungen erinnern. Ich wäre sehr dankbar, wenn Sie diese niederschreiben und mir zuschicken würden. Schreiben Sie auch, wenn Sie sich kritisch oder in anderer Weise zum Inhalt dieses Buches äußern wollen!

Bengt af Klintberg
Institutet för folklivsforskning
Lusthusporten 10
S–115 21 Stockholm, Schweden

1
Die gestohlene Schwiegermutter

MEIN ONKEL arbeitet für eine internationale Firma und er hatte ein Gratisticket nach England bekommen. Er fuhr hin und traf einen Kollegen aus demselben Konzern, der gerade einen Autourlaub in Spanien hinter sich hatte. Einen Urlaub, den er, wie er sagte, nie vergessen würde.

Er war mit seiner Frau, den beiden Kindern und seiner Schwiegermutter durch das Landesinnere Spaniens gefahren. Es war fürchterlich heiß im Auto. Plötzlich stirbt die Schwiegermutter. Sie halten an und diskutieren, was sie tun sollen. Es ist ihnen äußerst unbehaglich, daß die Schwiegermutter tot auf dem Rücksitz neben den Kindern sitzt. Aber da fällt dem Mann ein, daß er einen Gepäckträger auf dem Dach und eine schwarze Persenning im Kofferraum hat. Er rollt die Schwiegermutter in die Persenning ein, schnallt sie auf dem Dach fest und dann fahren sie in die nächste Stadt. Dort suchen sie eine Polizeiwache auf, um der Frau einen Totenschein ausstellen zu lassen, damit sie die Leiche über die Grenze bekommen.

Der Mann geht in die Wache, um zu erklären, was geschehen ist. Er hat Schwierigkeiten mit der Sprache, und es dauert einige Zeit, bis man einen Dolmetscher geholt hat. Währenddessen sitzt die Ehefrau mit den Kindern im Auto, die werden in der Hitze ungeduldig und gehen schließlich los, um Eis zu kaufen. Kurze Zeit später kommt der Mann mit den Polizisten heraus, um sich die tote Schwiegermutter anzusehen. Da entdecken sie, daß das Auto gestohlen ist.

Der Mann, der die Geschichte erzählte, sagte, sie hätten das Auto nie wiedergesehen und auch die tote Schwiegermutter auf dem Dachgepäckträger nicht. Und einen Totenschein für die Schwiegermutter bekamen sie nie.

Lasse Berg, Bühnenbildner in Stockholm, erzählte mir die Sage von der toten Schwiegermutter im Februar 1974. Sein Onkel hatte also gehört, daß sie in England von einem Arbeitskollegen als eine selbsterlebte Begebenheit berichtet wurde. Aber man braucht nicht nach England zu fahren, um sie als eine absolut wahre Geschichte serviert zu bekommen. Bereits 1967 fragte sich der dänische, in Stockholm tätige Verleger Adam Helms: „Wie viele Großmütter und Schwiegermütter verschwinden in gestohlenen Autos in Spanien?"

In einem Brief an die dänische Zeitung Politiken schreibt er: „Es müssen in Spanien ungewöhnlich viele Großmütter und Schwiegermütter sterben, die junge Familien unachtsam in Autos lassen, die dann gestohlen werden. Dieselbe Geschichte ist nämlich, nach dem, was ich gehört habe, Mitgliedern von drei namhaften schwedischen Familien und mindestens einer bekannten norwegischen Familie passiert. Gehen Sie aber nicht zu den besagten Familien und sprechen davon, was geschehen ist, denn sie haben niemals etwas davon gehört." (Politiken vom 6. 8. 1967)

„Die gestohlene Schwiegermutter" ist ganz einfach ein moderner Klassiker. Sie ist unzählige Male in Zeitungen in der ganzen Welt mit einem großen Aufgebot an glaubwürdigen Details erzählt worden. Wenige moderne Sagen haben so viele wissenschaftliche Kommentare nach sich gezogen, wie diese. Eine Forscherin, die in Ungarn gebürtige Linda Dégh, hatte in den sechziger Jahren 52 Varianten aus Europa (Dänemark, England, Italien, Jugoslavien, Norwegen, Polen, Schweiz, Schweden, Deutschland und Ungarn) und 18 aus den USA gesammelt. Mehrere Autoren hat es gereizt, ihr eine literarische Form zu geben, z.B. Gerald Kersh in der Novelle „Où est the corpse de ma tante?", erschienen in der Sammlung „The ugly face of love" (1960). Sie wurde auch zu einem Fernseh-Thriller in Alfred Hitchcocks Serie mit dem Titel „The diplomatic corpse".

Die Sage scheint in Europa während des Zweiten Weltkriegs entstanden zu sein. Der früheste Beleg ist der Bericht eines dänischen Journalisten in „Politiken" vom 25. Juni 1944. Als Paris 1940 von den Deutschen bedroht wurde, soll er von dort zusammen mit einem in Paris lebenden Schweden in dessen Auto geflohen sein. Die übrigen Mitfahrer waren die französische Ehefrau des Schweden und die Schwiegermutter. Auf der Gepäckablage hinten am Auto hatte man eine längliche Mahagonikiste festgezurrt, die das Tafelsilber der Familie enthielt. Auf der Fahrt stirbt die Schwiegermutter und die anderen beschließen, die Tote in die Kiste zu legen. Aber am nächsten Morgen entdecken sie, daß die Kiste weg ist – sie war in der Nacht gestohlen worden. Da der Tod der Schwiegermutter unmöglich nachzuweisen ist, können die Hinterbliebenen das Erbe nicht antreten.

Eine Variante, die mit der obenstehenden große Ähnlichkeiten hat, wurde von einem norwegischen Journalisten am 6. März 1965 in „Verdens Gang" geschildert. Eine neue Zeitungsversion der „Gestohlenen Schwiegermutter" hatte in ihm eine Erinnerung an ein Erlebnis wachgerufen, das er seinerzeit während des Krieges in Paris gehabt hatte. Er berichtete, daß er selbst und einige armenische Freunde im Juni 1940 auf der Flucht vor den Deutschen waren. An einem Abend stirbt plötzlich die neunzigjährige Großmutter. Sie rollen die Leiche in einen teuren persischen Teppich und legen sie auf das Autodach. In der Nacht stehlen Diebe den Teppich und seinen Inhalt.

Die äußere Voraussetzung für diese frühe Version ist die Unruhe während des Krieges, die dazu führte, daß viele im Auto flüchteten und Wertgegenstände wie Tafelsilber und kostbare Teppiche mitnahmen. Als die Sage in den sechziger Jahren wieder auftauchte, hatte sich der Inhalt an die geänderten Lebensverhältnisse angepasst. Die wirtschaftliche Entwicklung hatte zu einem wachsenden Auslandstourismus geführt, und dieser betraf hauptsächlich die Mittelmeerländer. Ringsum in Europa erzählte man nun von einer Familie auf Urlaubsfahrt mit dem Auto in Spanien oder Italien. Nur in Osteuropa bewahrte die Sage eine politische Dramatik, indem die Schwiegermutter (tot oder lebendig) durch den Eisernen Vorhang hinausgeschmuggelt wird.

Alan Dundes hat „Die gestohlene Schwiegermutter" als Ausdruck von Wunschdenken gedeutet. In der westlichen Kleinfamilie gibt es keinen Platz für eine alleinstehende Schwiegermutter oder Großmutter. In der Sage werden die Angehörigen sie los, ohne ein Schuldgefühl haben zu müssen – sie wird ja gestohlen.

Eine solche Symbolik kann man natürlich in die Geschichte hineinlesen, man fragt sich aber, wie viele Erzähler und Zuhörer in solchen Bahnen gedacht haben. Die Popularität der Sage beruht sicher zu allererst darauf, daß es eine makabre Geschichte ist, die man leicht auf eine glaubwürdige Weise erzählen kann. Und außerdem hat sie eine Auflösung, die der Phantasie freien Raum läßt. Was geschieht eigentlich mit der Schwiegermutter?

Lit.: Dégh 1968 c; Bregenhøj 1969, 251 f.; Dundes 1971, 33 ff.; Kvideland 1973, 9 ff.; Doyle 1978; Brunvand 1981, 112 ff.

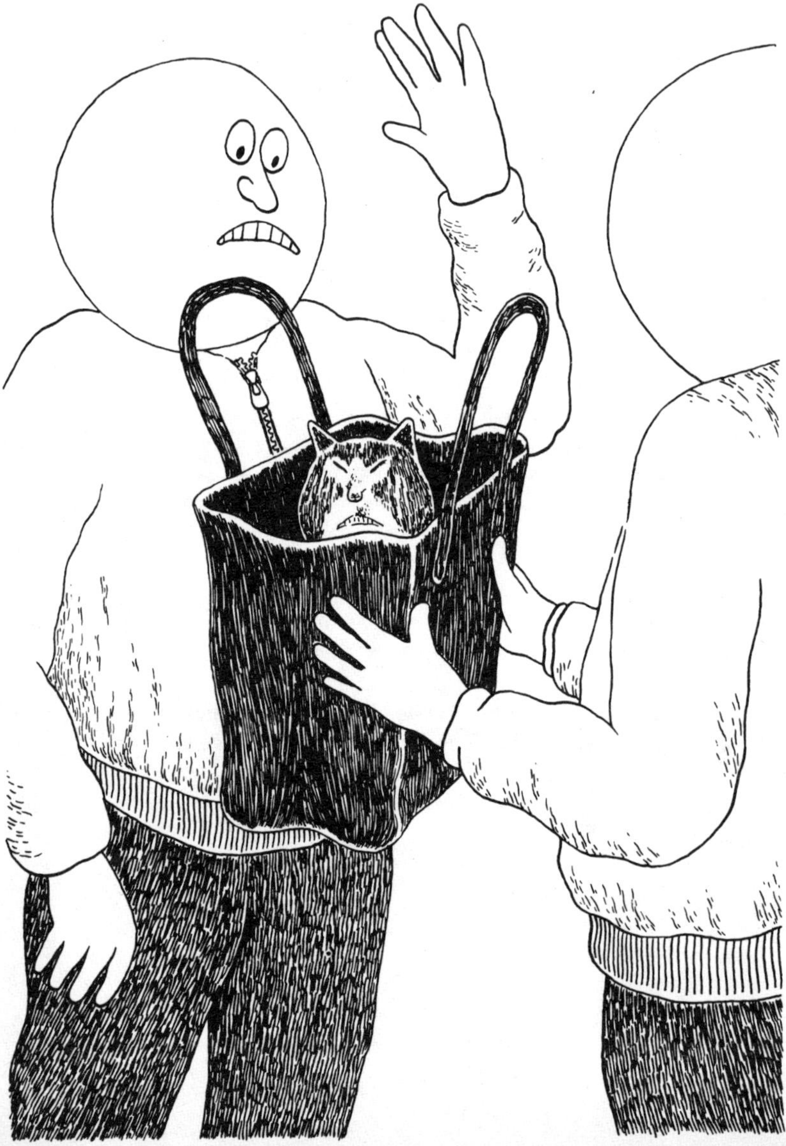

2
Die Beute der Handtaschenräuber

ES GESCHAH AM FREITAG IN DER TANNEFORSGATA in Linköping. Zwei Burschen beobachteten eine Dame mit einer Tasche und verspürten den Drang, sich ihres Inhalts zu bemächtigen. Gesagt, getan. Im Nu waren sie bei ihr und rissen der wie gelähmten Frau die Tasche aus der Hand. So ein Reinfall! Die Tasche enthielt nämlich eine tote Katze, die der Frau seit vielen Jahren eine treue Freundin gewesen war, schließlich aber das Zeitliche gesegnet hatte. Die Absicht der Frau, der Katze einen würdigen Abgang zu bereiten, wurde auf diese Weise vereitelt.

Im Spätherbst 1980 wurden in Linköping zahlreiche Handtaschen geraubt. Deshalb lasen recht viele die obenstehende Meldung in Östgöta-Correspondenten vom 13. Dezember 1980 mit befriedigtem Lächeln. Sie stand auf der ersten Seite unter der Überschrift *Tote Katze geraubt.* Die Quelle war eine Stadtbewohnerin, die man bei der Zeitung für sehr glaubwürdig hielt. Sie war allerdings nicht selbst bestohlen worden, sondern eine Freundin, die sie gut kannte.

Ja, vielleicht ist das passiert, was hier erzählt wird. Vielleicht haben zwei Burschen in Linköping lange Gesichter gemacht, als sie ihre Beute inspizieren wollten. Es kommt ja tatsächlich vor, daß Katzen in Stadtwohnungen sterben und daß die Leichen weggebracht werden, um sie z.B. in einer Tierklinik verbrennen zu lassen.

Aber ein Volkskundler, dem eine solche Geschichte zu Ohren kommt, wird sofort in höchste Alarmbereitschaft versetzt. Einerseits kann man sie als Ausdruck des Wunschdenkens bei älteren Menschen sehen, die sich vor Taschenräubern fürchten. Andererseits gibt es mehrere ähnliche Erzählungen, wie Taschen und Pakete, in denen sich tote Katzen befinden, gestohlen werden. Der östgötische Volkskundler Hans-Olof Anstrin ließ es sich auch nicht nehmen, den Fall zu analysieren (Katten i väskan, en modern folksägen, Östgöta-Correspondenten vom 22.12.1980).

Die gewöhnlichste Sage mit diesem Thema, in den USA seit den vierziger Jahren bekannt, erzählt, wie eine alte Dame ihr verstorbenes Lieblingstier zur letzten Ruhe geleiten will. Sie wickelt die Katze in ein schönes Paket und spaziert zum städtischen Tierfriedhof. Auf dem Weg dorthin macht sie in einem Kaufhaus einige Einkäufe und legt das Paket ab. Eine andere Frau, eine Ladendiebin, nimmt das Paket, ohne daß die Eigentümerin dies merkt. Kurz darauf ertönt ein Schrei, und die Diebin bricht ohnmächtig zusammen. Sie hatte das Paket geöffnet und die tote Katze entdeckt.

Die Meldung aus Linköping erinnert an eine andere Geschichte, die in Schweden wie auch in den USA bekannt ist. Sie handelt zwar nicht von einer toten Katze, läßt aber einige Taschenräuber (oder Kartonräuber) zum Objekt der Schadenfreude werden. Ein Rentner pflegt seinen Hund in einem Park auszuführen und achtet jedesmal peinlich darauf, den Hundehaufen aufzusammeln. Einmal legt er die Exkremente in eine weiße Tortenschachtel. Einige Burschen reißen den Karton an sich und rennen mit dem Hundehaufen fort in der Meinung, daß sie sich bald eine Torte schmecken lassen können.

Als letztes können wir konstatieren, daß das Handlungsmuster in „Die Beute der Handtaschenräuber" mit dem von „Die gestohlene Schwiegermutter" identisch ist. In beiden Sagen wird ein toter Körper in einem Paket versteckt, das später gestohlen wird. Beide enden damit, daß sich der Zuhörer die Reaktion der Diebe vorstellen kann, wenn diese entdecken, was sie gestohlen haben.

Lit.: Anstrin, 1980; Brunvand 1981, 103–112, 1984, 127–130.

3
Das Todesauto

EIN GUTER FREUND VON MIR, der in der Bestattungsbranche arbeitet, hatte den Tip bekommen, daß bei einer Versicherungsgesellschaft ein neues Auto zu kaufen sei. Es solle unglaublich billig sein. Der Grund dafür war, daß man es im Wald mit einem Toten darin gefunden hatte. Der Mann hatte Selbstmord begangen, und das Auto war längere Zeit nicht entdeckt worden mit der Folge, daß es voller Leichenwürmer war.

Mein Freund rief die Versicherungsgesellschaft an, um sich nach der Möglichkeit zu erkundigen, das fragliche Auto zu kaufen. Dort konnte man ihm nur mitteilen, daß mehrere Hundert Menschen in derselben Angelegenheit angerufen hatten und daß es nie ein Auto mit Leichenwürmern gegeben habe.

Einige Monate später erzählt mir mein Bruder, daß ihm ein Auto mit Leichenwürmern angeboten worden sei, und dann berichtet er dieselbe Geschichte. Das kann man doch eine Wandersage nennen?

Monica Gustafsson aus Stockholm schickte mir diese Geschichte in einem Brief im Januar 1974. Sie hatte völlig recht in ihrer Annahme, daß dies eine Wandersage ist. Sie ist seit den dreißiger Jahren immer wieder in verschiedenen Teilen der westlichen Welt aufgetaucht. Überall bekamen Versicherungsgesellschaften, Polizeibehörden und Autohändler zahlreiche Telefonanrufe von Leuten, die von dem billigen „Todesauto“ gehört hatten. Die gängigste Version ist jedoch nicht, daß das Auto voll von Leichenwürmern ist, sondern daß es einen Leichengeruch hat, den man nicht beseitigen kann.

In seinem Buch „American folklore“ untersucht Richard Dorson diese Sage. Sie weckte sein Interesse, als er 1944 von einem Buick-Verkäufer in Michigan hörte, der eine Menge Telefonanrufe von Leuten bekommen hatte, die von ihm einen Buick billig kaufen wollten. Sie hatten gehört, daß dieser wegen des peinigenden Leichengeruchs für nur 50 Dollar zu haben sei. Der Mann hatte keine Ahnung, wie das Gerücht entstanden war. Dorson fand heraus, daß ein Mann in Michigan tatsächlich einige Jahre zuvor, 1938, in einem A-Ford Selbstmord begangen hatte. Das Auto war lange unentdeckt geblieben, und man konnte den Leichengeruch darin nicht beseitigen, sondern mußte den Wagen verschrotten.

Es ist möglich, aber kaum wahrscheinlich, daß dies den Ursprung der Sage darstellt. Ihre große Verbreitung auch außerhalb der USA (wovon Dorson nichts wußte) spricht dagegen. Vermutlich ist es viele Male geschehen, daß man Autos mit einer Leiche fand, und jedesmal konnte das die Tradition neu beleben.

In England erzählt man, daß sich im billigen Todesauto auf dem Beifahrersitz Blutspritzer befinden, die nicht weggehen. In Schweden traten Gerüchte von Autos auf, die so schlimm rochen, daß man sie nicht einmal verschenken konnte. Nach einem in Südschweden verbreiteten Gerücht soll im Frühjahr 1969 ein fast neuer Ford Mustang kostenlos in Malmö angeboten worden sein, doch da man den Leichengeruch nicht beseitigen konnte, fand sich niemand, der ihn haben wollte.

Lit.: Dorson 1959, 250 ff.; McKelvie 1963, 90 f.; Sanderson 1969, 259; Brunvand 1981, 20 ff.

4
Der billige Porsche

EIN GUTER FREUND VON MIR erzählte von einem ihm bekannten jungen Mann, der im Anzeigenblatt „Mittwochsmarkt“ die Autoangebote las und dabei entdeckte, daß jemand einen Porsche für 250 Kronen verkaufte. Er glaubte natürlich, daß es sich um einen Druckfehler handelte. Es müssen ein paar Nullen weggefallen sein, dachte er. Aber man kann ja mal anrufen und fragen.

Es war eine Frau am anderen Ende der Leitung. Nein, es stimmte, der Porsche kostete 250 Kronen. Er verstand es nicht, fuhr aber jedenfalls zu der Adresse, die sie ihm genannt hatte, und dort parkte ein schicker Porsche auf der Straße.

Und tatsächlich kaufte er ihn für 250 Kronen. Aber bevor er sich hineinsetzte und davonfuhr, konnte er die Frage nicht unterdrücken, warum sie ihn so billig verkauft hatte. Da erzählte sie, daß ihr Mann mit seiner Sekretärin durchgebrannt sei, und nun habe er nach Hause telegraphiert: „Verkauf den Porsche und schick das Geld!“

Es existieren zwei verbreitete moderne Sagen von sensationell billigen Autos. „Das Todesauto“ ist die eine, diese hier ist die andere. Die obenstehende Version (in der die Nennung des Anzeigenblatts „Mittwochsmarkt“ stark zur Glaubwürdigkeit beiträgt) wurde im Oktober 1984 von einem jungen Burschen erzählt, der zufällig die Redaktion der Zeitung Dagens Nyheter besuchte. Zuhörer war der Redakteur Staffan Skott, ein wirklicher Kenner auf dem Gebiet der modernen Sagen, der sie an mich weiterleitete.

Die Automarke in „Das Todesauto“ ist gewöhnlich die eines soliden Qualitätsautos, oft ein Volvo oder ein Mercedes. In dieser Sage handelt es sich meistens um einen Luxussportwagen. Die Geschichte ist sowohl in Europa wie in den USA wohlbekannt. Sie wurde zuerst 1948 in England aufgezeichnet und hatte da eine etwas andere Lösung: der Mann war gestorben, und die Ehefrau hatte gerade im Testament gelesen, daß sein Auto verkauft werden und die Geliebte das Geld bekommen solle. Dies besorgt sie auf ihre Weise.

Die Sage ist eine der bemerkenswert zahlreichen Sagen, die durch ein Beispiel das Sprichwort belegen, daß Rache süß ist. Sie ergreift für den betrogenen Ehepartner Partei und verteidigt damit, wie es die modernen Sagen gewöhnlich tun, die geltenden moralischen Normen der Gesellschaft.

Die Erzählung ist in dem französischen Film „La belle américaine" verwendet worden (wo „die schöne Amerikanerin" ein Auto ist).

Lit.: Sanderson 1969, 249; Brunvand 1981, 22–24.

5
Das Betonauto

ES WAR EINMAL ein Betonfahrer in der norwegischen Stadt Bergen. An einem Vormittag sollte er fünf Tonnen Beton zu einem Bauplatz bringen. Der Weg dorthin führte an seinem eigenen Haus vorbei, in dem er am Morgen seine geliebte Frau zurückgelassen hatte.

Da sah er das Auto – einen Volkswagen Cabrio – seines besten Freundes vor dem Haus stehen. Er fragte sich natürlich, in welcher Angelegenheit der Freund gekommen war, machte deshalb halt und ging hinein.

Im Erdgeschoß war niemand, vom Schlafzimmer im ersten Stock hörte er aber unmißverständliche Laute. Er ging hinauf und öffnete die Tür einen Spalt. Da sah er die Ehefrau und seinen besten Freund nackt im Doppelbett. Es war offenbar ein geglückter Besuch, denn niemand bemerkte ihn.

Der Betonfahrer schloß leise die Tür. Er ging auf die Straße hinaus und öffnete das Sonnendach am Auto des Freundes. Dann setzte er mit dem Betonauto in die passende Position zurück und füllte vorsichtig das Innere des Volkswagens. Danach fuhr er frohgemut seines Weges.

Als der Freund und Liebhaber nach einiger Zeit herauskam, wog sein kleines Auto 2,6 Tonnen. Er mußte zwei Abschleppautos bemühen, um es zu entfernen. Die Versicherungsgesellschaft überredete den Autobesitzer, den einfallsreichen Betonfahrer bei der Polizei anzuzeigen.

Die Geschichte vom Betonauto war in der schwedischen Zeitung Expressen vom 8. März 1973 zu lesen. Sie gibt in leicht bearbeiteter Form einen Artikel wieder, der einen Tag zuvor in der Osloer Zeitung Dagbladet gestanden

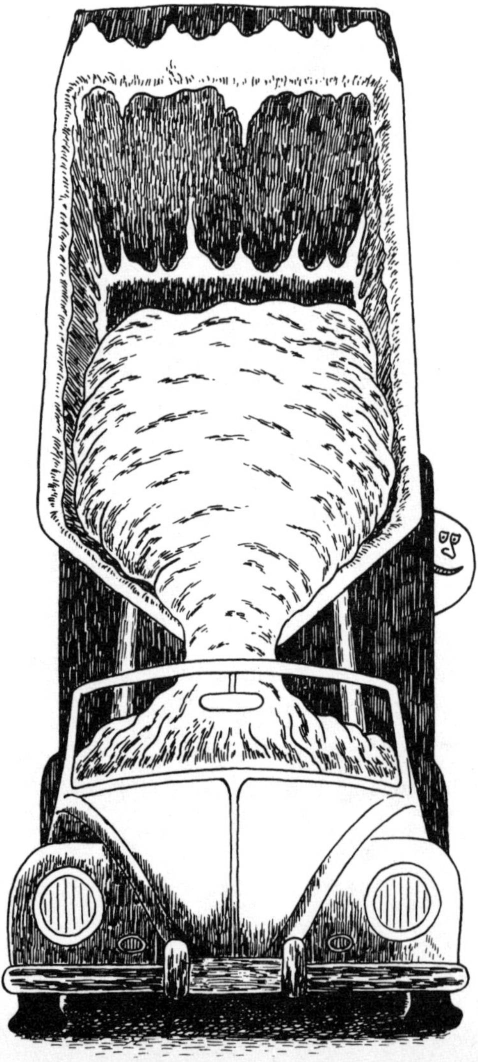

hatte. Die Quelle von Dagbladet war eine wesentlich kürzere Notiz mit der Überschrift „Furchtbare Rache an Liebhaber" in Bergens Arbeiderblad vom 6. März, die der Dagbladet-Journalist mit vielen realistischen Details gestreckt hatte, z.B. daß der Ehemann 26 Jahre alt war, daß der Volkswagen des Freundes ein Modell des Jahres 1966 war, daß er 2,6 Tonnen mehr wog, nachdem er mit Beton gefüllt worden war, und daß man zwei Abschleppwagen brauchte, um ihn wegzuschaffen.

Eine Reihe von Zeitungen in und außerhalb von Skandinavien sorgten dafür, daß die Geschichte weiter verbreitet wurde: bevor die Woche zu Ende war, hatte sie den Weg bis zur Daily Nation in Nairobi gefunden. Eine ausländische Presseagentur telegraphierte wegen eines Photos von dem betongefüllten Volkswagen nach Bergen. Man hatte aber kein Photo, denn es gab kein Auto zu photographieren. „Das Betonauto" ist eine moderne Sage, die mehrmals um die Welt gewandert ist. Die Presseagentur AP verbreitete sie 1960 über die ganzen USA; dabei soll sich die Begebenheit in Denver, Colorado, zugetragen haben und das Auto ein DeSoto gewesen sein. Eine ältere Version war in den USA bereits in den zwanziger Jahren bekannt. In ihr rächt sich der Ehemann, ein Müllfahrer, indem er sein Müllauto in den Stutz Bearcat des Liebhabers ausleert.

Der betrogene Ehemann ist oft eine lächerliche Figur in der Volksdichtung. Doch in dieser Sage hat er die Lacher auf seiner Seite. Er hat das moralische Recht, sich zu rächen, und seine Rache ist dem Vergehen in einer Weise angemessen, wie es nur in richtig guten Geschichten vorkommt. Der Freund hat sozusagen einen Leerraum gefüllt, der nicht ihm zusteht, sondern dem Ehemann. Wenn er auf die Straße tritt, entdeckt er, daß jener dasselbe bei ihm getan hat. Mit anderen Worten: der Betonmischer (der in einigen Sprachen, u.a. im Dänischen „Betonkanone" heißt) kann als ein gigantisches Phallus-Symbol gesehen werden, und das Entleeren des nassen Betons im offenen Auto des Freundes als eine ebenso gigantische symbolische Ejakulation.

Die Sage hat nicht nur die Funktion, zu unterhalten, sie unterstreicht auch, daß eheliche Untreue etwas Verbotenes ist. In unseren Tagen hat sich jedoch die verurteilende Haltung gegenüber Untreue in Zuge der sich lockernden Sexualmoral gemildert. Dies mag vielleicht die Tatsache erklären, daß neue Versionen der Geschichte vom Betonauto entstanden sind, in denen die Sympathien nicht mehr auf der Seite des Ehemanns sind. In England hat man erzählt, daß er an seinem Haus vorüberfährt und dabei ein offenes Kabriolett entdeckt, das davor parkt. Er wird mißtrauisch und schaut durch ein Fenster, dabei erblickt er seine Frau in den Armen seines besten Freundes. Wütend leert er den Inhalt des Betonmischers in das offene Auto. Einen Augenblick später kommt der Freund heraus, steigt auf ein Fahrrad und fährt davon. Hier wird der Ehemann in einen plumpen Goliath verwandelt, der Tonnen von Beton in das falsche Auto kippt.

In den USA war die gewöhnlichste Version im letzten Jahrzehnt folgende: Der Mann fährt mit seinem Betonauto an dem Haus vorbei und entdeckt davor einen glänzenden neuen Cadillac. Ihn packt sofort der Verdacht, daß seine Frau von einem Liebhaber besucht wird. Er geht zum Fenster und schaut hinein: tatsächlich ist die Ehefrau in einem lebhaften Gespräch mit einem gutgekleideten fremden Mann. Wahnsinnig vor Eifersucht setzt er sich in das Betonauto, stößt zurück zum Cadillac und füllt ihn mit Beton. Als er abends nach der Arbeit wieder nach Hause kommt, findet er seine Frau in Tränen aufgelöst. Sie erzählt, daß sie jahrelang gespart habe, um ihn an seinem Geburtstag mit einem neuen Cadillac überraschen zu können. Der Mann, den er mit ihr im Gespräch gesehen hatte, war der Autohändler, der den Wagen geliefert und gerade die Kaufsumme entgegengenommen hatte. In dieser Fassung führt die unbegründete Eifersucht des Ehemannes dazu, daß er die Sympathien der Zuhörer völlig verliert. Sie empfinden kein Mitleid mit ihm, sondern reagieren mit moralischer Genugtuung, als er sich selber bestraft.

Lit.: Attebery 1970; Smart 1970; Kvideland 1973, 1–9; af Klintberg 1976 b, 284 f., 1983 b, 145 f.; Sanderson 1980; Brunvand 1981, 125–132; Buchan 1981.

6
Das schwarze Kind

VOR EINIGEN JAHREN erzählte man sich von einer Frau aus Malmö, die ein farbiges Kind bekommen hatte. Es war ihr unverständlich, wie das zugegangen sein konnte, denn beide, sie und ihr Mann, waren Weiße, und sie war niemals untreu gewesen. Schließlich kam heraus, daß ihr Mann auf einer Geschäftsreise in Kopenhagen eine Nutte aufgesucht hatte, kurz bevor er nach Hause reisen sollte. Und da geriet Sperma unter seine Vorhaut, das von einem Neger stammte, der unmittelbar zuvor mit ihr geschlafen hatte.

Ich fragte einen Arzt in meinem Bekanntenkreis, ob er glaube, daß diese Geschichte passiert sein konnte. Er meinte, theoretisch sei es für die Spermien durchaus möglich zu überleben. Er hielt aber die Geschichte trotzdem für ein Schauermärchen, und das habe auch ich seither getan. Man hört sie in regelmäßigen Abständen.

Die Geschichte wurde mir in einem Telephongespräch im April 1975 von Lennart Levin aus Göteborg erzählt. Man hört sie nicht nur in regelmäßigen Abständen, man kann sie auch in verschiedenen europäischen Zeitungen regelmäßig lesen. Das einzige, das sich ändert, ist der Ort, an dem sich die Begebenheit zugetragen haben soll. Einige Jahre nachdem man dies von der Frau aus Malmö lesen konnte, wurde eine Westdeutsche auf dieselbe Weise schwanger. Die Zeitung Expressen berichtet am 24. Juli 1975 von dem Fall:

„Wie kann eine Frau in einer rein weißen Ehe ein schwarzes Kind zur Welt bringen, wenn sie nicht untreu gewesen ist? Dann, wenn der Mann sie mit einer Negerin betrogen hat. Dies behauptet ein Gynäkologe in München, der der 26jährigen Hannelore beigestanden hat. Sie bekam nach vier Jahren Ehe mit einem weißen Mann ein schwarzes Baby. Der Ehemann begehrte die Scheidung, da die Frau untreu gewesen sein mußte.

Sie bestritt dies aber energisch. Der Gynäkologe stellte fest, daß der Mann kurz vor einem Beischlaf mit seiner Frau eine schwarze Prostituierte besucht hatte. Diese hatte ihrerseits davor Besuch von einem Farbigen gehabt. So bekam der weiße Mann ‚schwarze' Samenflüssigkeit von der Negerin ab und übertrug sie beim Verkehr auf seine Ehefrau. Mangelnde Hygiene bei allen betroffenen Partnern trage die Schuld an diesem ‚Irrtum', behauptete der Gynäkologe.

Hannelore hat sich entschlossen, ihr schwarzes Kind zu behalten."

Eine in jeder Hinsicht traurige Geschichte, nicht zuletzt als Journalismus. Man fragt sich, wie der Gynäkologe festzustellen vermochte, daß der Mann eine Prostituierte besucht hatte. Und wie konnte der Gynäkologe feststellen, daß die Prostituierte schwarz war? Es reichte doch, daß ihr Kunde dies gewesen war.

Die Geschichte ist natürlich eine moderne Sage, und als solche besitzt sie stark rassistische Untertöne. Die Grundidee ist nicht neu. Generationen von jungen Mädchen haben sich Sorgen gemacht, mit Sperma von Fremden befruchtet zu werden, wenn sie nicht vorsichtig sind. Dies kann ein Tropfen sein, der auf dem Sitz einer öffentlichen Toilette zurückgeblieben war, oder umhertreibendes Sperma in einem Schwimmbecken.

In den USA erzählte man sich in den fünfziger Jahren von einem Mädchen, das in einem Hotel übernachtete und ein warmes Bad nahm, bevor sie sich schlafen legte. Drei Monate danach merkte sie, daß sie ein Kind erwartete. Sie konnte beschwören, daß sie unschuldig war. Ihre Familie verklagte das Hotel, und es gelang zu beweisen, daß ein Mann kurz zuvor in derselben Badewanne gebadet hatte. Er hatte, während er badete, masturbiert, und auf rätselhafte Weise war seine Samenflüssigkeit in das unschuldige Mädchen eingedrungen. Es bekam eine Million Schadenersatz vom Hotel (Parent 1976).

7
Radioempfänger im Mund

DIE MITARBEITER DER „KLAGEMAUER" des Schwedischen Rundfunks werden manchmal von Leuten angerufen, die sich darüber beklagen, daß sie von Radiosendungen gestört werden, obwohl kein Radioapparat im Zimmer eingeschaltet ist. Es klingt so, als ob die Nachrichten, Musik, Wetterberichte und Sportreportagen aus ihrem eigenen Kopf kommen. Sie pflegen auch zu versichern, daß sie nicht verrückt sind.

Nach und nach stellte sich heraus, daß diese Menschen Amalgamfüllungen hatten, die als Radioempfänger funktionierten. Die Töne waren aus ihrer eigenen Mundhöhle gekommen.

Dies erzählte mir eine Angestellte des Schwedischen Radios im November 1980. Andere haben dasselbe erzählt, nur mit dem Unterschied, daß es ein Arzt ist, zu dem die Leute mit ihren Klagen kommen, daß sie „Stimmen" hören.

Die Plomben, die Radioempfänger wurden, kommen in Tim Healeys „Strange but true" vor, einem Buch voller Zeitungsnotizen aus der ganzen Welt. Er gibt wieder, was einer Hausfrau aus Dayton Beach in Florida nach einem Artikel im Ottawa Journal vom 9. April 1970 zugestoßen sein soll. Als sie an einem Märztag desselben Jahres den Mund öffnete, hörte man Musik, u.a. „It's a long way to Tipperary". Sie suchte bei einem Experten Hilfe und erfuhr, daß die Musik von einem Radioamateur in ihrer Nähe kam, der sie auf Kurzwelle ausstrahlte. Das Gold und das Amalgam in ihrem Mund wirkten in Verbindung mit der Säure des Speichels als Empfänger (Healey 1983, 138–139).

Eine ähnliche Geschichte findet sich in Ethel Portnoys „Broodje aap". Ein Mann ist mit einem gebrochenen Bein in einem Krankenhaus eingeliefert worden. Er klagt darüber, daß er „Stimmen" hört, und die Ärzte überlegen, ihn in eine psychiatrische Abteilung zu verlegen. Der Mann beginnt inzwischen aufzuschreiben, was die „Stimmen" sagen, und man erkennt darin die letzten Radionachrichten. Bevor er sich das Bein gebrochen hatte, war er bei einem Zahnarzt gewesen und hatte eine Metallfüllung bekommen, die die Radiowellen einfing (Portnoy 1980, 58).

Schon früh in der Geschichte des Radios tauchten Gerüchte auf, daß bestimmte Gegenstände überraschend als Radioempfänger zu funktionieren begannen. Küchenherde gehörten dazu, ebenso eine Matratze mit einem Stück Zucker drauf. Personen, die im Krieg gewesen waren und Metallsplitter abbekommen hatten, waren wandelnde Radioapparate.

Die Erzählungen vom Radioempfänger im Mund stellen einen neuen Zuwachs zu dieser Gerüchteflora dar. Sie sind Teil der Folklore, die sich um die moderne Technik entwickelt hat. Obwohl wir täglich Elektrizität und Radiowellen verwenden, wissen die wenigsten von uns genau, wie diese funktionieren. Die Gerüchte und Sagen sind oft in der Folge von Berichten über tatsächliche physische und psychische Schäden entstanden, die durch giftige Metalle, Strahlung und ähnliches verursacht wurden. Gerade in diesem Fall kann man auf die Diskussion in den Zeitungen über oralen Galvanismus hinweisen. Die Beschwerden, die unter diesem Namen laufen, sind – wie sich ja gezeigt hat – schwer zu diagnostizieren. Die gängige Meinung ist heute, daß sie auf dem giftigen Quecksilber in Amalgamfüllungen beruhen. Viele haben wohl die Schlußfolgerung gezogen, daß die Plomben, die wir im Mund haben, unangenehme Überraschungen bieten können. Warum sollen sie nicht als Radioempfänger funktionieren können?

8
Die Anhalterin

ZWEI JUNGE MÄNNER fahren im Auto des einen durch ein Villenviertel. Sie sind mit ihren Freundinnen aus gewesen und jetzt auf dem Heimweg. Draußen nieselt es. Plötzlich sehen sie am Straßenrand ein Mädchen stehen, das den Daumen hebt, um mitgenommen zu werden. Sie ist ganz blaß, und ihr Mantel ist verdreckt. Die beiden halten an, und sie läuft vor zum Auto. – Seid so lieb und nehmt mich mit! sagt sie. Ich habe gerade einen Autounfall gehabt. Mein Freund ist ein Stück weg von hier im Wagen eingeklemmt. Ich wohne ganz in der Nähe; wenn ihr mich nach Hause fahrt, kann ich den Krankenwagen rufen. Sie lassen sie hinten einsteigen und fahren so schnell sie können zu der Adresse, die sie ihnen gegeben hat. Als sie da sind, drehen sie sich um. Der Rücksitz ist leer. Die beiden Jungen schauen sich verblüfft an. Dann steigen sie aus, um nachzusehen, ob das Mädchen in der Eile aus dem Wagen gestürzt ist, bevor sie zum Stehen gekommen waren. Aber es ist niemand zu sehen, menschenverlassen liegt die Straße im Nieselregen da.

Aber sie haben ja beide die Adresse gehört, also beschließen sie zu klingeln und zu erzählen, was passiert ist. Sie gehen zur Haustür und läuten. Eine ältere Frau macht auf. Als sie ihre Geschichte hört, schaut sie die beiden ganz merkwürdig an, und dann sagt sie: Kommt rein. Sie gehen ins Haus, und auf einem Schreibtisch sehen sie ein eingerahmtes Foto des Mädchens.

– Das ist sie! sagen die zwei. Die haben wir vorhin mitgenommen!

Da erzählt die Frau, daß das Mädchen ihre Tochter ist, die vor zwei Jahren bei einem Autounfall gestorben war, genau an der Stelle, wo sie sie aufgelesen hatten. Und jedesmal, wenn das Wetter so ist wie am Unglücksabend, sagt die Mutter, halten hier draußen Autos an, und Leute kommen und schellen und erzählen, sie hätten das Mädchen hierher mitgenommen.

Dies ist die vielleicht meistverbreitete Spukgeschichte unserer Zeit. Sie ist in sämtlichen Erdteilen belegt und in Wochenzeitschriften als eine wirkliche Begebenheit kolportiert worden, manchmal sogar mit einem Foto der spukenden Anhalterin. Obige Version geht auf einen amerikanischen Text zurück, den ich vor vielen Jahren gelesen habe; ich habe sie so wiedergegeben, wie ich sie selber immer erzähle, wenn ich in Kreisen bin, wo Spukgeschichten aufs Tapet kommen.

„Die Anhalterin" war eine der ersten modernen Volkssagen, die Gegenstand einer gründlichen volkskundlichen Untersuchung wurde. Die kalifornischen Forscher Richard K. Beardsley und Rosalie Hankey teilten die aufgezeichneten Texte in vier Versionen ein, von denen Version A die bekannteste ist. Zu ihr gehört auch mein Text. In der Version B – deren früheste Verbreitung auf die Gegend um Chicago beschränkt war – macht die Anhalterin, eine ältere Frau, ehe sie verschwindet eine Prophezeiung. In Version C klagt die junge Frau darüber, daß sie friert, und bekommt von dem Mann, der sie mitnimmt, eine Jacke geliehen. Sie trennen sich, ohne daß sie sie ihm wiedergegeben hat, und als er sie am nächsten Tag zu Hause aufsucht, um die Jacke zurückzubekommen, erfährt er, daß das Mädchen seit ein paar Jahren tot ist. In Version D wird die Anhalterin mit einem übernatürlichen Wesen aus dem lokalen Volksglauben Hawaiis identifiziert, der Vulkangöttin Pelee, die als alte Frau erscheint.

Einen ausführlichen Nachweis über verschiedene Versionen gibt auch Jan Harold Brunvands Buch über moderne amerikanische Sagen, „The vanishing hitchhiker" (1981), das seinen Titel eben dieser Sage verdankt. Darin stellt er fest, daß sie in Amerika schon seit der Jahrhundertwende bekannt ist. Ursprünglich handelte sie von einem herumspukenden Mädchen, das von einem Pferdefuhrwerk verschwindet. Seit Beginn der 30er Jahre spielt die Handlung statt dessen in einem Auto, und von da an gewinnt die Sage ihre große Verbreitung. Brunvand ist aufgefallen, daß zwischen der Anhaltersage und ostasiatischen Spukgeschichten auffallende Ähnlichkeiten bestehen und daß sie in Kalifornien, wo es eine große chinesische Minderheit gibt, besonders geläufig war. Es wäre also denkbar, den Ursprung dieser Sage in Ostasien zu suchen.

Sowohl gegen Beardsley und Hankeys als auch später gegen Brunvands Untersuchung läßt sich einwenden, daß sie für gegeben nehmen, alle Sagen mit dem Motiv „Anhalter, der verschwindet" seien miteinander verwandt. Das muß nicht notwendig der Fall sein. Die vier von Beardsley und Hankey mit A, B, C und D bezeichneten Versionen können sehr wohl separate Sagen darstellen, die in verschiedenen Teilen der Welt entstanden sind, selbst wenn einige von ihnen sich in den USA gegenseitig beeinflußt haben. Version B z.B. (der wir später noch in der Sage von „Der himmlische Anhalter“, S. 248, begegnen werden) kann in den USA entstanden sein, als die europäische Sage von einem prophetischen Autopassagier dorthin gelangte und durch die Gespenstersage von der Anhalterin beeinflußt wurde (vgl. den Kommentar zu „Die Prophezeiung von Hitlers Tod“, S. 123).

Das einfache und suggestive Motiv des plötzlich verschwundenen Anhalters ist in den letzten Jahren in verschiedenen neuen Zusammenhängen wieder aktuell geworden. Dies ist nicht verwunderlich: Mit Vorliebe behandeln die Sagen ja, wie sich inmitten unseres eigenen Alltags etwas Fremdes zu erkennen gibt, und für einen Autofahrer bedeutet ein Anhalter, der sich zu ihm in den Wagen setzt, persönlichen Kontakt mit einem völlig unbekannten Fremden. Dieser kann alles mögliche sein, vielleicht sogar ein übernatürliches Wesen. Im Bayerischen Wald soll wiederholt eine „schwarze Frau“ beim Trampen bei voller Fahrt aus dem Auto verschwunden sein. Der Sicherheitsgurt sei sogar noch eingesteckt gewesen (Knierim 1985, 241). In Finnland erzählte man Anfang der 70er Jahre von einem Autofahrer, der am Himmel einen eigentümlichen Lichtschein bemerkte. Kurz darauf ließ er einen Anhalter, der am Straßenrand stand, auf dem Rücksitz mitfahren. Unter Schweigen fuhr er weiter, der Anhalter hinten schwieg auch, auf einmal aber sah der Fahrer im Rückspiegel, daß der Fremde seine Hand auf die Rückenlehne des Vordersitzes gelegt hatte. Sie hatte sechs Finger! Er drehte sich um und fand den Rücksitz leer. Wahrscheinlich war der Anhalter ein Außerirdischer gewesen.

Lit.: Beardsley & Hankey 1942, 1943; Nyman 1974, 63–70; af Klintberg 1976 b, 290 f.; Brunvand 1981, 24–46; Goss 1984; Knierim 1985.

9
Das Hähnchen im Hut

EINE FRAU MITTLEREN ALTERS, angesehene Kundin, kippte um, gerade als sie durch die Kasse eines Kaufhauses in Halmstad gehen wollte. Im Sturz fiel ihr der Hut herunter, und heraus kullerte ein tiefgefrorenes Hähnchen.

Die Frau hatte es aus der Kühltruhe genommen und sich unter den Hut gesteckt, während sie sich nach vorn beugte. Das tiefgefrorene Hähnchen drückte auf den Kopf, und das Gehirn erlitt einen Kälteschock, der seinerseits einen Blackout verursachte. Die Frau wurde ins Krankenhaus gebracht, wo die Ärzte feststellten, daß das Gehirn die große Kälte des Gefrierhähnchens nicht ausgehalten hatte.

Diese Sage ist in der schwedischen Presse viele Male aufgetaucht, oft als kleine Notiz. Die vorliegende Version stand in Aftonbladet vom 17.12.1968. Der früheste mir bekannte Beleg ist aus dem Jahre 1966. Manchmal ist die Hauptperson ein Mann, z.B. in einem Artikel aus dem Jahre 1974 über „einen eleganten Herrn mit Strohhut à la Maurice Chevalier", der an einer Supermarktkasse in Eskilstuna in Ohnmacht gefallen sein soll. Seit Ende der 70er Jahre ist die Sage auch mehrmals in englischen Zeitungen aufgetaucht, so z.B. in einem Artikel über Ladendiebstähle in der Zeitschrift Punch (16.3.1977, 442).

Es ist nicht ausgeschlossen, daß die Sage in ihrer jetzigen Form zuerst in Schweden aufkam. Eine Art Vorstufe war 1964 in Das Beste (Nr. 2) veröffentlicht worden: „Dieser Tage sah die Kontrolleurin eines Supermarktes, wie ein Herr den Hut lüftete, sich ein tiefgefrorenes Hähnchen auf den Kopf legte und den Hut wieder aufsetzte. Sie dachte, sie sehe nicht richtig, aber die Sache bestätigte sich später, als sie in Gegenwart des Filialleiters den Mann bat, seinen Hut abzunehmen." Hier ist die Aufdeckung schlicht trivial, weshalb diese Version späterhin auch nicht wieder vorkam. Erst mit der dramatischen Aufdeckung an der Kasse erhielt die Sage eine solche Durchschlagskraft, daß sie in der Tradition weiterleben konnte.

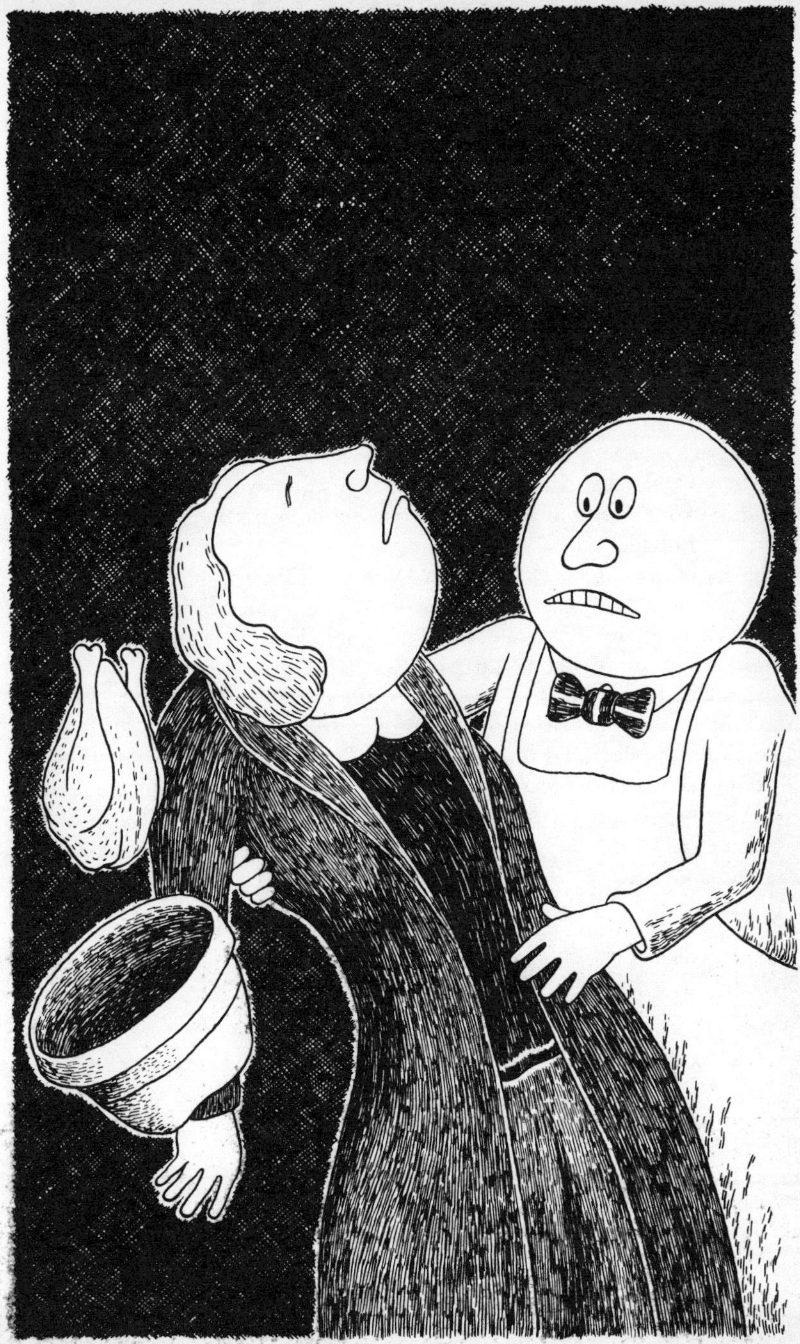

Geht die Geschichte auf einen wirklichen Fall zurück? Ist es tatsächlich vorgekommen, daß sich jemand mit einem Gefrierhähnchen im Hut an der Kasse eines Supermarktes vorbeistehlen wollte? Die Antwort muß nein lauten. Jeder kann sich davon überzeugen, daß man sich einen ganz gewöhnlichen Hut nicht auf den Kopf setzen kann, wenn man vorher ein Tiefkühlhähnchen reinstopft. Dagegen hat man sich jahrhundertelang Sagen und witzige Anekdoten erzählt, die vom blitzschnellen Griff nach Hühnern (meistens lebenden) handeln und davon, wie der Täter sich damit so unauffällig wie möglich aus dem Staub zu machen versucht. So gab es z.B. in den USA während der Zeit der Sklaverei zahllose Varianten der *chicken-stealing-stories,* in denen schwarze Sklaven die Hauptrolle spielten (Raeithel 1972, 40).

Die wichtigste Erklärung dafür, daß die Geschichte in unserer Zeit eine immer wiederkehrende Zeitungsente wurde, ist natürlich die erhebliche Klauerei in den großen Kaufhäusern. Jeder, der durch eine Supermarktkasse geht, ist sich ja bewußt, daß der Durchgang zugleich eine Kontrolle bedeutet, ob man gestohlen hat oder nicht. Im Schlangestehen vor der Kasse gibt es ein Element unlustbetonter Spannung, die in der dramatischen Aufdeckung der Sage ihre Entladung erfährt.

Dem Zuhörer, der sich mit dem Dieb identifiziert, gibt die Erzählung Gelegenheit, sich in eine dieser alptraumhaft peinlichen Situationen hineinzuversetzen, in die selbst zu geraten wir um jeden Preis vermeiden wollen. Derjenige, der auf Abstand dazu geht, kann dagegen eine gewisse sarkastische Schadenfreude empfinden. Das gilt besonders für die Versionen, in denen eine Person hoher gesellschaftlicher Stellung ertappt wird, z.B. ein „angesehener Kunde" oder „eleganter Herr". Der Langfinger hat selbst den Fehler begangen, der zur Entdeckung führt; wie in vielen anderen Sagen, die sich um Gesetzesübertretungen drehen, straft er oder sie sich selbst.

Lit.: Ohlsson 1976

10
„Die Banane hat mich gebissen!"

VORIGE WOCHE kam meine Frau von der Arbeit nach Hause und erzählte von der Freundin einer Freundin, die mit ihrer Familie im Auto unterwegs gewesen war. Die zwei Kinder hatten hinten gesessen. Als die Kleinen hungrig wurden, bekam jedes seine Banane. Auf einmal sagt der eine:

– Mama, die Banane hat mich gebissen!

Die Eltern kümmerten sich nicht weiter drum. Aber nach einer Weile drehte sich die Mutter um, und da sah sie, wie das Kind bewußtlos dalag. Daraufhin waren sie zum Krankenhaus gerast, und ein paar Stunden später war das Kind tot. Dann hatte der Arzt gesagt, ein ähnlicher Fall sei schon drei, viermal vorgekommen. Offenbar hatte eine Giftschlange ihre Eier in die Banane gelegt, und die waren dann darin ausgebrütet worden.

Die Geschichte von der Giftschlange in der Banane hörte ich das erste Mal im Oktober 1975. Erzählt hat sie Bengt Edebäck aus Norsborg im Süden von Stockholm. Er hatte versucht, die betroffene Familie ausfindig zu machen, allerdings ohne Erfolg.

Ein knappes halbes Jahr darauf, im März 1976, konnte ich eine andere Version auf Band aufnehmen, in der die sagenhafte Replik des Kindes der Form nach etwas abwich. Die Erzählerin war ein fünfzehnjähriges Mädchen aus einem anderen Stockholmer Vorort, Jakobsberg. Sie war überzeugt davon, daß die Geschichte der Wahrheit entsprach.

„Erzählt hat mir die Geschichte die Frau meines Bruders, und passiert ist es in der Nähe von Borås. Eine Freundin von ihr hatte ein Bündel Bananen gekauft. Eine davon gab sie ihrem kleinen Jungen und sagte:

– Jetzt setzt du dich hier hin und ißt die Banane da.

Dann ging sie in die Küche. Und dann hört sie, wie er ruft:

– Mama, da drin in der Banane bewegt sich was!

– Ja, ja, sicher, sagt die Mutter da, klar ist die Banane lebendig!

Sie glaubte ja, daß er vor sich hinphantasiert. Aber als sie zu dem Kleinen reinkam, lag er da und war tot. Eine kleine Schlange hatte ihn totgebissen, sie war nur vier bis fünf Zentimeter lang, so eine Art Mini-Kobra.

Seit ich das gehört habe, guck' ich immer nach, wenn ich eine Banane esse, daß auch keine Schlange drin ist."

Das Gerücht über Giftschlangen in Bananen tauchte zuerst in Westschweden auf. Am 22. 2.1973 berichtete die Zeitung Arbetet von einem Gerücht, das sich in Uddevalla wie eine Epidemie ausbreitete. Ein dreijähriges Mädchen sei gestorben, als es eine Banane aß und dabei von einer Giftschlange in den Rachen gebissen wurde. Zwei Wochen lang war die Geschichte von Mund zu Mund gegangen, bis beinah jeder in Uddevalla sie gehört hatte. Ins Krankenhaus der Stadt war jedoch kein einziges Mädchen mit einem Schlangenbiß eingeliefert worden. Die ganze Geschichte erwies sich als völlig haltlos.

In dem Artikel wird ein Konservator interviewt, der am Naturhistorischen Museum von Göteborg arbeitet. Früher, so erzählte er, also bevor man die Bananenstauden bereits in den Ausfuhrländern mit verschiedenen Konservierungsmitteln behandelte, konnte es vorkommen, daß Schlangen und vor allem Giftspinnen in Laderäumen und Lagerhallen auftauchten. Heutzutage sind sie jedoch selten geworden. Und Schlangen, die hineinkriechen und sich im Fleisch der Banane verstecken, gibt es nicht.

Zweieinhalb Jahre später, im Herbst 1975, blühte das Gerücht in der Gegend von Stockholm. Einer der ersten, die es an mich weiterleiteten, war mein zehn Jahre alter Sohn. Er kam eines Tages von der Schule nach Hause und erzählte ganz aufgeregt: „Eine Schlange hat zwei Kinder gebissen, als sie Bananen gegessen haben! Die liegen jetzt in Danderyd im Krankenhaus." Als im Eßsaal der Schule Bananen ausgeteilt wurden, hatten mehrere Kinder ihre Banane vorsichtshalber ein paar Mal quer durchgeschnitten, ehe sie zu essen anfingen. Andere waren noch vorsichtiger gewesen und hatten ganz darauf verzichtet, eine zu nehmen.

Als ich bei der örtlichen Giftberatungsstelle nachfragte, ob es dort Erkundigungen gegeben habe, erfuhr ich, daß im August 1975 und den Monaten danach die Telefone heißgelaufen waren. Die meisten Fragen betrafen Bananenschlangen, es kam aber auch vor, daß man Gerüchte über Giftspinnen in Bananen gehört haben wollte. Ein zweiter Höhepunkt kam im Februar 1976. Diesmal drehten sich die Fragen öfter um Giftspinnen als um Schlangen.

Im Dezember 1975 hörte ich das erste Mal von *Würmern* in Bananen. Sie sollten Todesfälle verursacht haben, indem sie sich in den Luftwegen festsetzten und den Esser erstickten. Jan Garnert, einer meiner Kollegen am Institut für Volkskunde in Stockholm, berichtete mir in einem Brief vom 26.1.1976, was er über Bananenwürmer gehört hatte:

„Wie du weißt, sind Bananen ein sehr praktisches Nahrungsmittel, wenn man kleine Kinder hat. Jedenfalls lassen wir unsere Tochter Åsa ziemlich oft eine essen. Vielleicht haben wir deshalb jetzt in kurzer Zeit zwei Varianten einer Sage von Bananenwürmern zu hören bekommen.

Vor ein paar Wochen sah unsere Nachbarin, eine Jugoslawin, die im Café arbeitet, daß wir Åsa Bananen gekauft hatten. Sie sagte uns, wir sollten vorsichtig sein. In den beiden Enden der Bananen würden sich Würmer bilden. Wir sollten auf jeder Seite ca. 5 cm abschneiden, damit Åsa, so sagte sie, keine Würmer bekäme. Das hatte sie von einer Arbeitskollegin gehört, die außerdem zu berichten wußte, daß bis jetzt schon zwei Kinder an Bananenwürmern gestorben seien, eins davon in Småland.

Diese Woche nun hörten wir eine ähnliche Geschichte von einer Freundin aus Malmö. Bei uns zu Besuch, kommentierte sie Åsas Bananenesserei. Sie hatte einen Bekannten, der einen Arzt kannte, der einen Fall kannte, wo ein Junge eine Banane mit Würmern drin gegessen hatte. Die Würmer waren in den Kehlkopf gekrochen, der schwoll an, und das Kind erstickte! Wenn du dir eine Banane anschaust, dann sieht man an den Enden tatsächlich etwas, das man vielleicht für Würmer halten könnte. Ganz schön unheimlich, diese Sagen, und sicher finden sie einen dankbaren Nährboden bei Eltern von kleinen Kindern."

Wieder ein Jahr später, als das Gerücht in Stockholm schon fast ganz abgeflaut war, war die Reihe an Finnland. Am 1. 2. 1977 brachte die große Abendzeitung Ilta-Sanomat einen Artikel über ein Gerücht, das die Stadt Kajaani erschütterte. Die einleitenden Absätze lauten:

„Ein Gerücht hat in Kajaani den Absatz von Bananen fast ganz zum Erliegen gebracht. Ein haltloses Gerücht, demzufolge im Zentralkrankenhaus der Provinz Kainuu ein kleines Baby an Bananenwürmern gestorben sein soll, hält die Einwohner von Kajaani vom Bananenkauf ab. In einigen Geschäften verfaulen die Früchte bereits, während sie vergeblich auf Kunden warten. – Uns liegt kein derartiger Fall vor, stellt Oberärztin Toini Autere vom Zentralkrankenhaus der Provinz Kainuu fest.

Dem Gerücht zufolge soll in der Klinik ein Baby liegen, das Bananen gegessen und davon Würmer bekommen hat. Das Baby ist aufgedunsen und praktisch drauf und dran, sich totzuschwellen – falls es nicht schon tot ist."

Betrachten wir die Entwicklung des Bananengerüchts von der ersten Epidemie in Uddevalla bis zu der, die vier Jahre später in Kajaani grassierte, dann erkennen wir, daß sie eine Wanderbewegung von West nach Ost beschreibt. Darüber hinaus scheint es hinsichtlich der dramatischen Details des Gerüchts eine Rückstufung gegeben zu haben. Zuerst war das gefährliche Tier in der Banane eine Giftschlange, danach eine Giftspinne und zum Schluß Würmer. Die Erklärung dafür dürfte sein, daß das Giftschlangengerücht im nachhinein als allzu phantasievoll zurückgewiesen werden konnte. Die Giftspinne war zwar schon etwas glaubwürdiger, konnte aber ebenso dementiert werden. Das Gerücht um die Würmer dagegen war am leichtesten zu glauben, vor allem, weil Bananenenden den Gedanken an etwas Wurmähnliches durchaus nahelegen können.

Eine Giftschlangensage, die gewisse Ähnlichkeiten mit der in Skandinavien hat, zirkulierte Ende der 60er Jahre in den USA. Sie handelt von einer Frau, die in einem Warenhaus die Qualität einer eingerollten Decke oder eines Teppichs prüfen will, der aus einem orientalischen Land importiert wurde (z.B. Hongkong, Pakistan). Als sie mit der Hand den Einschlag entlangstreicht, wird sie von einer Giftschlange gebissen. Sie stirbt auf dem Weg ins Krankenhaus. Beachtenswert ist hier, daß die Giftschlange ebenso wie die Bananenschlange in unsere vertraute westliche Alltagswelt eingeschleust worden ist, indem sie in einem Produkt verborgen war, das aus einem entlegenen exotischen Land importiert wurde. Der ethnozentrische Charakter beider Sagen ist unübersehbar.

Hintergrund der Erzählungen von Giftschlangen in Bananen ist natürlich, daß mitunter tatsächlich derartiges Kleingetier in Bananenstauden und anderen Importerzeugnissen aus südlichen Ländern zu uns gelangt ist. Notizen über solche Funde waren und sind hie und da in der Tagespresse zu lesen, auch wenn sie in den letzten Jahrzehnten seltener wurden. In der Regel entdeckte man die Tiere, ehe die Ware in den Handel kam. Die sagenhafte Zugabe der mündlichen Tradition ist nun, daß Schlangen und Spinnen sich unter der Bananenschale aufhalten. Dadurch können sie geradewegs in unseren eigenen Alltag eingeschmuggelt werden.

Warum aber sind diese Gerüchte gerade um Bananen herum entstanden? Es gibt doch auch andere Südfrüchte. Wahrscheinlich hat dabei die Ähnlichkeit der länglichen Banane mit einer Schlange hineingespielt. Und hier ist es natürlich verlockend, eine symbolische Deutung auf der Grundlage der Freudschen Theorien anzuwenden, also eine verborgene Botschaft von sexueller Lust und Angst hineinzulesen. Ich persönlich bin von einer solchen sexuellen Deutung nicht überzeugt. Die sexuellen Assoziationen, die in der scherzhaften Bananen-Folklore üblich sind, fehlen im vorliegenden Zusammenhang.

Eher haben wir es mit dem zu tun, was der dänische Volkskundler Axel Olrik das „Gesetz des Gegensatzes" genannt hat, ein Streben nach maximalen Kontrasten, das für jedwede Folklore typisch ist. Die weiche, süße Banane ist das wohlschmeckendste und zugleich ungefährlichste, was sich denken läßt, und die Schlange, die unter der Schale sitzt und lauert, ist das absolute Gegenteil davon, des Menschen Feind von Paradieseszeiten an. Sind die Gegensätze einmal zusammengeführt, übt diese Kombination auf die menschliche Phantasie eine mächtige Wirkung aus. Sie paßt sehr gut in ein uraltes Denkschema, demzufolge hier auf Erden nichts vollkommen gut sein kann. Das Gute birgt stets den Keim zu seinem Gegensatz, genauso wie das dem Anschein nach Böse etwas Gutes in sich bergen kann.

Lit.: Mullen 1970; af Klintberg 1976 b, 1978; Brunvand 1981, 160–171.

11
Grundlos verdächtigt

EIN AKADEMIKER IN MITTLEREN JAHREN, der bekannt war für seine Zerstreutheit, ging eines Tages in einen Frisiersalon, um sich das Haar waschen und schneiden zu lassen. Ehe er sich im Frisierstuhl zurechtsetzte, nahm er seine Brille ab und steckte sie in die Rocktasche, damit sie nicht im Weg war.

Die junge Friseuse legte ihrem Kunden einen Umhang um und fing mit dem Haarewaschen an. Danach rubbelte sie es mit dem Handtuch ab und machte sich dann daran, es trockenzuföhnen. Währenddessen holte der Mann die Brille aus der Rocktasche heraus und begann geistesabwesend sie unter dem Umhang zu putzen. Plötzlich schlug die junge Frau ihm mit dem Föhn auf den Kopf.

– Schweinekerl! schrie sie.

Der Inhaber des Frisiersalons eilte herbei und fragte, was los sei.

– Fragen Sie mich nicht, sagte der Mann. Ich sitze da und putze meine Brille, da haut sie mir den Föhn auf den Kopf.

Die junge Frau wurde blutrot im Gesicht.

– Entschuldigen Sie, sagte sie, aber es hat genauso ausgesehen, als wenn er unter dem Umhang onanierte.

Eine große Gruppe moderner Sagen sind Phantasien rund um gesellschaftlich peinliche Situationen, so auch diese hier. Sie findet sich in einer englischen Sammlung moderner Sagen, und zwar in „The book of nasty legends" (S. 30) von Paul Smith. Die Spannung, die dem aufs strengste tabuisierten Thema der Onanie anhaftet, wird hier in ein komisches Mißverständnis aufgelöst. Es ist anzunehmen, daß die Sage als männliche Phantasie entstanden ist, da sie einem männlichen Hörer erlaubt, den Kitzel einer pikanten Situation zu genießen und gleichzeitig Befriedigung darüber zu empfinden, daß die Verdächtigungen gegen den Mann haltlos sind.

12
Die abgerissenen Finger

EINE DAME war abends bei Freunden zu Besuch gewesen. Als sie heimfuhr, kam ein Rockerauto, ein großer Amerikaner, und drängte ihren Wagen fast auf den Bürgersteig. Wie sie sehen konnte, saß drüben alles voll mit Jugendlichen, die Dosenbier kippten.

Kurz darauf mußte sie bei Rot an einer Ampel anhalten, und da fuhr der Rockerschlitten direkt neben sie. Ein paar Rocker sprangen heraus, und einer von ihnen fing an, mit einer Kette, die er sich um die Hand gewickelt hatte, auf ihren Wagen einzuschlagen. Sie hörte, wie das Blech krachte, und bekam Todesangst. Als es grün wurde, raste sie mit durchdrehenden Reifen davon.

Zu Hause angekommen, warf sie sich heulend aufs Bett und erzählte schluchzend ihrem Mann, was sie erlebt hatte. Der ging darauf in die Garage hinaus, um sich die Blechschäden näher anzuschauen. Da entdeckte er, daß sich die Kette des Rockers im Dachträger verfangen hatte. Und am andern Ende der Kette hingen drei abgerissene, blutige Finger.

Ungefähr so erzählten mehrere meiner Schüler die Sage im Herbst 1973. Manche verlegten die Ampelszene in die Stockholmer Innenstadt, andere an die Ausfallstraßen im Norden und Süden. Die inhaltlichen Details konnten variieren. Z.B. schwankte die Zahl der Finger zwischen einem und vier, und manchmal steckten sie in einem Handschuh, der in der Kette festgeklemmt war. Ein Teil der Varianten hatte auch eine Fortsetzung: Die Frau (oder ihr Mann) meldet die Sache der Polizei, die ihrerseits alle Krankenhäuser der Gegend alarmiert. In einem von ihnen wird dann der junge Mann gefunden, der die Finger verloren hat.

Schon hier sei festgestellt, daß die scheußliche Geschichte von A bis Z erfunden ist. Sie baut auf der Voraussetzung auf, daß die Frau nicht merkt, daß die Kette an ihrem Wagen hängenbleibt und die Finger abgerissen werden, was man als schlicht unmöglich ansehen muß. Das hat jedoch nicht verhindert, daß die Geschichte in schwedischen Blättern mehrmals als wahrer Vorfall wiedergegeben wurde. Am 23.3.1973 hatte Blekinge Läns Tidning auf ihrer Titelseite die folgende Schlagzeile: „*Rocker verfolgte Autofahrerin aus Blekinge und warf Kette, die im Dachträger hängenblieb. Grausige Entdeckung nach der Fahrt: Auf dem Dach lagen drei abgerissene Finger.*“

Am 18.11.1982 konnten die Leser der hälsingländischen Ljusdals-Posten auf der Titelseite folgende Überschrift finden: „*Makabrer Fund: Vier Finger am Auto festgeklemmt.*“ In dem Artikel wird von einem trampenden „Skinhead“ berichtet, dem die Finger abgerissen worden sein sollen, als er mit einer Kette auf ein vorüberfahrendes Auto schlug.

„Die abgerissenen Finger“ ist eine Sage, die in vielen Ländern Westeuropas belegt ist und von dort aus Nordamerika erreicht hat. Hinsichtlich des Schauplatzes lassen sich zwei Versionen unterscheiden: eine, die an einer Verkehrsampel spielt, und eine Landstraßenversion, in der ein Anhalter am Straßenrand steht.

Die Ampel-Version kam 1961/62 in mehreren englischen Städten vor. Hier ist es ein Mann, der spät abends mit dem Auto auf dem Heimweg ist und bei Rot anhalten muß. Eine Bande von Jugendlichen umstellt ihn und versucht den Wagen umzuwerfen, aber er kann sich mit einem Kavalierstart retten. Am nächsten Tag findet er im Kühlerventilator vier abgeschnittene Finger. In einigen Varianten hört er später, daß ins örtliche Krankenhaus ein junger Mann mit verstümmelter Hand eingeliefert worden ist.

Auch die Anhalter-Version ist in England belegt, allerdings erheblich später. In ihr hält ein Autofahrer an, um einen Anhalter mitzunehmen, und sieht dann mehrere Figuren aus dem Straßengraben springen. Er fährt schnell davon und findet bei der Heimkehr eine Fahrradkette, die sich um die Stoßstange gewickelt hat. An ihrem andern Ende hängen zwei abgerissene Finger. Seit 1971 gibt es Belege dafür, daß die Anhalter-Version auch in Westdeutschland, Kanada und USA bekannt war. In der Stuttgarter Zeitung vom 1.10.1971 wird sie unter der Überschrift *Die schröckliche Moritat von der toten Hand* wiedergegeben:

„Vor einigen Wochen war sie, vermutlich zum ersten Mal, zwischen Karlsruhe und Rastatt aufgetaucht, die tote Hand im Kofferraum. Oder genauer gesagt, die makabre Geschichte, die allen Ernstes von Mund zu Mund weitererzählt wurde: Auf der nächtlichen Heimfahrt von Rastatt nach Karlsruhe sei ein Personenwagenfahrer von einem Anhalter zum Mitnehmen gebeten worden. Als der Autofahrer jedoch im Dunkel neben der Bundesstraße 36 zwei weitere Gestalten bemerkt habe, sei er mit Vollgas losgebraust, habe aber dabei einen dumpfen Schlag gegen sein Auto vernommen. In Karlsruhe angekommen und nach möglichen Beschädigungen am Fahrzeug suchend, habe er im Deckel des Kofferraumes ein faustgroßes Loch entdeckt und – o grausiger Anblick – im Kofferraum eine mit einem Schlagring versehene, blutverschmierte Hand vorgefunden.

Da kombinierte der Autofahrer: Aus Wut darüber, daß der vermutliche Überfall der Anhalter gescheitert war, habe der Unbekannte den Kofferraumdeckel so traktiert, daß das dünne Blech durchgeschlagen und die Hand abgeschnitten wurde. Noch immer mit weichen Knien, so wurde bald an Stammtischen, in der Eisenbahn und in Werkskantinen kolportiert, habe er die Hand nebst erläuterndem Protokoll bei einer Karlsruher Polizeiwache abgeliefert. Natürlich erfuhren auch die örtlichen Gazetten von der grausigen Moritat. Doch soviel sie auch recherchierten, weder wußte die Karlsruher Polizei von einer derartigen Fundsache, noch war der Autofahrer, bei dem sie im Kofferraum gelegen haben soll, aufzutreiben. Weshalb die Zeitungsleute schließlich die tote Hand, respektive das Gerücht, wenn auch nicht völlig pietätlos in den Papierkorb warfen, so doch ad acta legten."

Doch die abgerissene Schlagringfaust lebte in der mündlichen Tradition weiter. Zwei Wochen später tauchte die Geschichte im nordbadischen Raum auf. Etwas später war sie in der Gegend von Bühl zu hören. Und noch 1984, dreizehn Jahre später, beeindruckte sie neue Zuhörer. In jenem Jahr konnte Volker Knierim nach der Erzählung einer Göttinger Kommilitonin aufzeichnen, die sie von Verwandten in der DDR gehört hatte:

„*Ein Mann fährt im ‚Trabant' auf einer Landstraße auf einige Tramper zu, die am Straßenrand stehen, und überlegt sich dabei, ob er sie mitnehmen soll. Er verringert die Geschwindigkeit und fährt nahe an die Anhalter heran. Da ihm aber diese Gestalten nicht sonderlich gefallen, beschleunigt er wieder. Wohl aus Ärger, nicht mitgenommen zu werden, rennt einer der Tramper hinter dem Wagen her und schlägt auf den Kofferraum. Als der Autofahrer sein Fahrziel erreicht hat, findet er im Kofferraumdeckel ein großes Loch – und darin die abgerissene Hand des wütenden Trampers.*" (Knierim 1985, 234).

Diese deutsche Version erreichte einen schwedischen Motorjournalisten. Am 15.2.1976 kommentierte er in Expressen einen Unfall, bei dem ein 21jähriger gestorben war, nachdem er längere Zeit im Autowrack eingeklemmt gewesen war, ohne daß ihm jemand geholfen hatte – und dies, obwohl der Unfall auf einer vielbefahrenen Straße passiert war. Er selbst, so schreibt der Journalist, hätte wohl auch nicht gewagt, anzuhalten, „denn es kann eine Falle sein. Ich kann überfallen, erschlagen und beraubt werden." Als Beispiel kommt dann die eben zitierte Sage, nun aber mit einem Testfahrer von BMW in der Hauptrolle. Abgerundet wird sie mit den Worten: „Dies ist eine absolut wahre Begebenheit. Nachdem der BMW-Fahrer sie mir selbst erzählt hat, habe ich nie mehr länger als nötig am Straßenrand gehalten. Ich fahre immer mit abgeschlossenem Kofferraum und von innen verriegelten Türen. Die Fahrertür ist natürlich nicht abgeschlossen, aber ich verriegele sie, bevor ich mit jemand Unbekanntem spreche." Deutlicher läßt sich die Wirkung der modernen Volkssage auf einen gutgläubigen Zuhörer wohl kaum illustrieren.

Erzählungen von Gewalttätern, die Reisende angreifen und ihre Finger verlieren, finden sich auch in der älteren Sagentradition, was kaum verwunderlich ist, denkt man daran, daß das Straßenräuberunwesen früherer Zeiten eine Reise durch unbewohnte Gegenden zum riskanten Unternehmen machte. Dennoch gibt es keinen Grund, zwischen diesen älteren und den modernen Sagen eine ununterbrochene Traditionslinie vorauszusetzen; das Motiv des Angreifers, der verstümmelt wird, ist nicht originell und im Lauf der Zeiten sicherlich wiederholt von selbst entstanden. Und dennoch kann man überrascht sein, wie ähnlich die älteren Sagen in ihrer Struktur denen sind, die heutzutage erzählt werden. Jan Harold Brunvand ist z.B. eine Geschichte aufgefallen, die in der französischen Sammlung „La nouvelle fabrique des excellents traits de verité" aus dem Jahr 1579 enthalten ist. Darin wird von einem Mann erzählt, der einen Waldweg entlangreitet, als plötzlich ein Räuber vorprescht, das Pferd am Zaum packt und „Geld oder Leben!" ruft. Der Reiter zieht sein Schwert und haut dem Räuber die Hand ab, worauf er spornstreichs heimreitet. Dort übergibt er das Pferd einem Stallknecht, und als der es absatteln will, sieht er zu seinem Erstaunen am Zaumzeug eine abgehauene Hand hängen. Er berichtet seinem Herrn von der Entdeckung. Der kann die Hand nur unter großen Schwierigkeiten losmachen und schlägt sie dann als Trophäe an sein Tor.

Was „Die abgerissenen Finger" vor allem von dieser und anderen älteren Sagen unterscheidet, ist, daß der Angreifer an der Verstümmelung seiner Hand selbst schuld hat; der Autofahrerin ist nicht bewußt, was passiert, als sie mit Vollgas davonfährt. Sie ist sogar ein Muster an Gesetzestreue, denn sie wartet mit der Flucht, bis es grün wird. In früheren Zeiten hätte sich der einzelne mit der Waffe verteidigt, wenn er angegriffen worden wäre, und ebenso hätte er eine Kränkung selber geahndet, da er sonst sein soziales Ansehen verlor. In unserer Zeit haben wir die Verbrechensbekämpfung Polizei und Justiz überlassen, und die offizielle Haltung gegenüber asozialem Verhalten ist gekennzeichnet von dem Versuch, die dahinterliegenden sozialen Ursachen zu verstehen. Selber zur Gewalt zu greifen und Rache zu fordern wurde verboten und wird als primitiv angesehen.

Die Tatsache, daß Rachegefühle tabuisiert wurden, bedeutet jedoch nicht, daß sie verschwunden sind. Im Gegenteil, Zeitungsberichte und mündliche Erzählungen über Gewaltverbrechen, die sich gegen normale, gesetzestreue Bürger richten, schaffen starke Aggressionen, die nach Abreaktion verlangen. Im Sagenerzählen kann das in sozial zulässiger Form geschehen. Hört man die Geschichte von den abgerissenen Fingern, ist man zwar zunächst von der scheußlichen Schlußpointe schockiert, aber im nächsten Augenblick kann man eine gewisse Befriedigung darüber empfinden, daß die Gewalt des Rokkers gegen diesen selbst zurückschlägt. „Dem ist Recht geschehen! Manche straft Gott sofort!" Die Sage befriedigt ein primitives Rachebedürfnis, ohne daß wir deshalb irgendeine Schuld empfinden müßten.

Lit.: Sanderson 1969; af Klintberg 1976b, 278 ff., 1983b, 1983c, 33 f.; Ni Dhuibhne 1983, 61 f.; Brunvand 1984, 34 ff.

13
Die Alligatoren in der New Yorker Kanalisation

MEIN ARBEITSKOLLEGE ANDERS hat erzählt, daß es in der New Yorker Kanalisation Alligatoren gibt. Entdeckt hat man das, als ein Beschäftigter der Stadtreinigung, der dort unten arbeitete, den Arm abgebissen bekam. Von der Bestie, die das gemacht hatte, sah er bloß einen Schatten, aber er glaubte, daß sie wie ein riesengroßer Alligator aussah. Auf diesen Unfall hin machte man systematisch Jagd auf den Alligator. Man fand nicht nur einen, sondern hunderte. Der größte war sieben Meter lang.

Wie die Alligatoren in das Kanalnetz gekommen sind? Tja, viele New Yorker, die im Urlaub in Florida gewesen waren, hatten sich kleine Alligatorjunge gekauft, um sie daheim als Haustiere zu halten. Es stellte sich jedoch heraus, daß die Jungen schnell wachsen. Sie werden bald so groß, daß man sie nicht mehr in der Wohnung halten kann. Daraufhin waren viele sie losgeworden, indem sie sie durch die Toilette wegspülten.

Manche behaupten, die Alligatoren hätten sich an die Dunkelheit der Abwasserkanäle angepaßt und seien weiß und blind geworden. Mitunter bekommt man auch zu hören, die kleinsten Alligatoren hätten gelernt, in den Kanalröhren hochzuklettern, und guckten manchmal aus den Toilettenschüsseln heraus. Es soll New Yorker geben, die jedesmal, wenn sie aufs Klo müssen, recht beunruhigt sind.

Wie es heißt, haben die New Yorker Kanalarbeiter wegen der Alligatorgefahr eine Gefahrenzulage verlangt, die ihnen auch bewilligt worden ist.

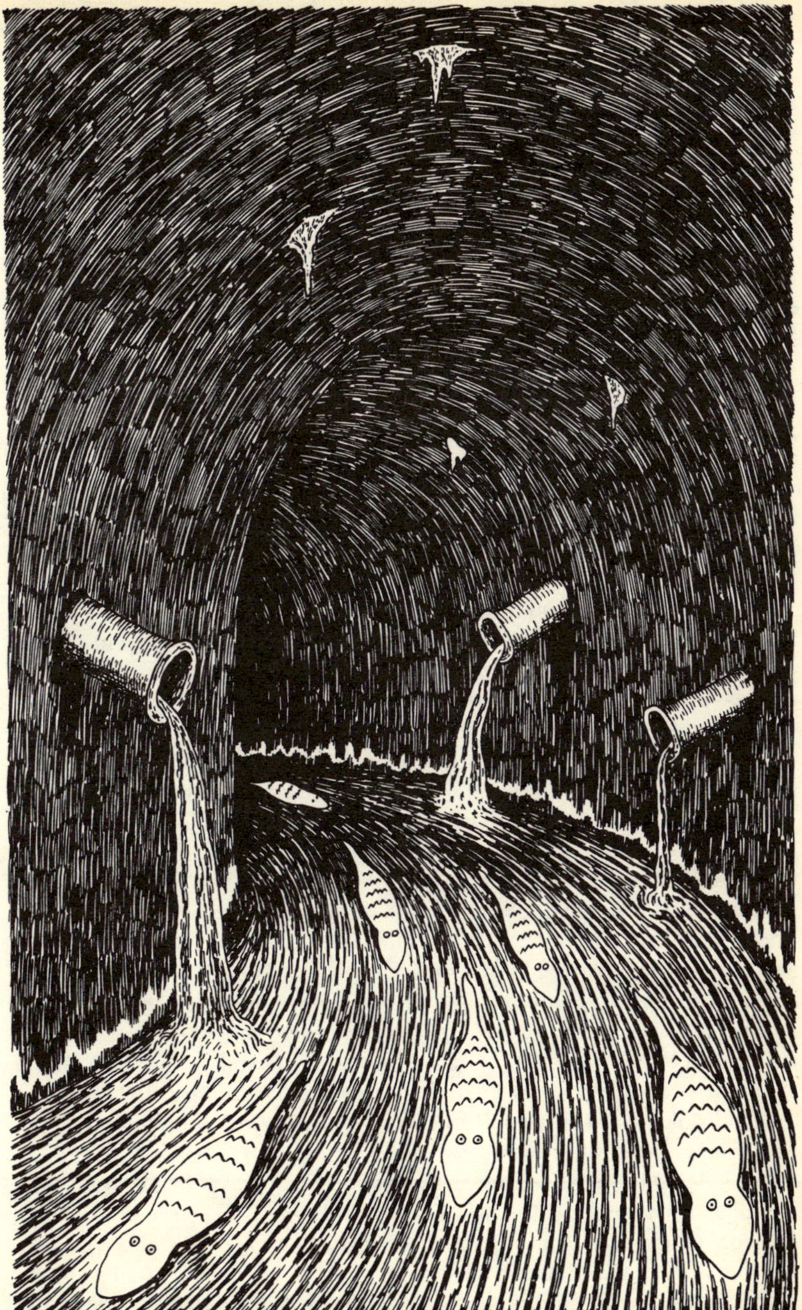

Christina Mattsson, Lieder- und Volksmusikexpertin bei Sveriges Radio, hat mich über die Jahre hinweg mit mehreren modernen Sagen versorgt, die sie zufällig gehört hat. Diese hier kam mit einem Brief vom Januar 1976. Sie enthält alle wichtigen Bestandteile des Sagenkomplexes um die Alligatoren in den New Yorker Abwasserkanälen.

Wahrscheinlich fing das Ganze als ein Gerücht ohne größeren Detailreichtum an: Es gibt Alligatoren in New Yorks Abwasserkanälen. Die Frage aber, wie sie dort hingekommen waren, rief nach einer Antwort, und die Antwort hieß schließlich, sie seien hinuntergespült worden, als sie noch klein waren. Woher kommen sie? Jedermann in den USA weiß, daß es in den Sumpfgebieten Floridas größere Vorkommen an Alligatoren gibt, also stammten sie von dort. Schrittweise entstand dann die Vorstellung von großen Alligatorenrudeln, die zuweilen einen Arm oder ein Bein eines Kanalarbeiters geschnappt und gelernt hätten, in den Abwasserröhren auf- und abzuklettern.

Ein Buch, das zur Verbreitung der Sage sein Teil beigetragen haben mag, ist Robert Daleys „The world beneath the city" (1959). Es enthält u.a. Interviews mit den Arbeitern des technisch aufwendigen Abwassersystems unter Manhattan, aus denen hervorgeht, daß schon seit den 30er Jahren an ihrem Arbeitsplatz Gerüchte über Alligatoren kursierten. 1963 gab der Schriftsteller Thomas Pynchon seinen Roman „V" heraus, in dem es um eine Bande junger Puertoricaner aus New York geht. In dem und dem Jahr, so erzählt er, mußten plötzlich alle Kinder unbedingt kleine Alligatorenjunge haben, und im Kaufhaus kosteten sie bloß 50 Cent das Stück. Als die Kinder ihrer überdrüssig wurden, ließen sie sie auf der Straße laufen oder spülten sie hinunter. In den Abwasserkanälen lebten die Alligatoren dann gut von Ratten und Exkrementen und wurden groß, blind und ganz weiß. Man mußte eine besondere Alligator-Streife aufstellen mit der Aufgabe, sie abzuschießen, wenn sie sich zeigten.

In allem wesentlichen baut Pynchon auf einer lebendigen New Yorker Folklore auf, die er weiterentwickelt und seinerseits beeinflußt hat. Nach ihm haben eine ganze Anzahl Fernsehsendungen, Zeitungsartikel und Witzbeilagen, Cartoons (in Schweden Jan Lööfs „Felix") und sogar Kinderbücher ihre Sagenversion beigesteuert. Im Kielwasser des Films „Der weiße Hai" ist ein Horrorstreifen mit dem Titel „Alligator" entstanden, der im Frühjahr 1981 in schwedischen Kinos lief. Er handelt von einem unterirdischen Alligator, der infolge eines wissenschaftlichen Experiments elf Meter lang und 600 Kilo schwer geworden war.

Ein außerhalb von New York nicht ganz so bekanntes Gerücht wie das über die Alligatoren besagt, daß in den Abwasserröhren Marihuana wächst. Durch die Dunkelheit ist es ganz weiß und wird daher „New York white" genannt. Als die Rauschgiftfahndung bei kiffenden Hippies die Wohnung durchsuchte, hatten die ihren Stoff in die Toilette geworfen, worauf der Samen in den Kanälen zu keimen begann. Das Marihuana gedeiht dort in großen Beständen, die bestimmt nicht an Nährstoffmangel leiden. Es ist aber unmöglich, an sie heranzukommen, denn die, die es versuchen, werden von den Alligatoren überfallen.

Der „New York white" ist natürlich eine Phantasievorstellung, die auf etwas fußt, das sich sicher oftmals wirklich ereignet hat: daß nämlich Marihuana von Leuten ins Klo geworfen wurde, die sonst riskiert hätten, wegen Drogenbesitz ins Kittchen zu kommen. Haben die Alligatorsagen ebenfalls einen realen Hintergrund, oder sind sie samt und sonders erfunden? All die toten (und manchmal vielleicht auch lebenden) kleinen Haustiere, die in der Vielmillionenstadt New York schon hinuntergespült worden sind, wären an und für sich bereits eine hinreichende Erklärung für ihr Entstehen. Ein Artikel in der New York Times vom 10. 2. 1935 zeigt, daß die Gerüchte tatsächlich einen konkreten Hintergrund besitzen. Er trägt die Überschrift: *Alligator in Abwasserkanal von Upper Manhattan gefunden.* Jugendliche, die dabei waren, Schnee in einen Gully zu schaufeln, bemerkten, wie sich dort unten im Eisbrei etwas bewegte. Einer von ihnen, der 16jährige Salvatore Condulucci, entdeckte, daß es sich um einen unterkühlten, aber noch lebenden Alligator handelte, der über zwei Meter lang war. Aus einer Wäscheleine machte er eine Schlinge und zog das Reptil zusammen mit den anderen Jungen auf die Straße hoch. Dort wurde es wild und griff an, aber die Jungen nahmen ihre Schneeschaufeln und schlugen es tot. Darauf meldeten sie ihren Fund der Zeitung, die einen Reporter hinschickte. Niemand konnte erklären, wie der Alligator in den Abwasserkanal gelangt war. Der Reporter tippte darauf, das Tier sei mit einem Schiff mitgekommen, das von den Sumpfgebieten Floridas aus den New Yorker Hafen angelaufen hatte.

Wie der Alligator ins Abwasser geraten war, bleibt vielleicht für immer ein ungelöstes Rätsel. Wir können nur feststellen, daß sich das Gerücht über jenes Ereignis durch einige Jahrzehnte hindurch zu einer weitverzweigten Großstadtsage entwickeln konnte. Eine wichtige Erklärung hierfür ist, daß sich das Bild vom unterirdischen Alligator mit symbolischen Inhalten füllen läßt. Es ist schwer, es *nicht* symbolisch zu erleben – als ein Bild dafür, wie das, was beunruhigend und schwer zu beherrschen ist, aus dem Licht des Tages verbannt, „hinuntergespült" wird. Die Menschen werden es jedoch nicht los: Während sie ihr Leben hinter Wolkenkratzerfenstern leben, schwimmen unten in den schwarzen Kloakentunneln Rudel blinder Alligatoren umher. Sie erscheinen als perfekte Symbole für verdrängte Triebe und geleugnete Probleme, für das ganze Dickicht im menschlichen Unbewußten, das die Psychologen des 20. Jahrhunderts vor uns aufgedeckt haben.

Die Alligatorengerüchte sind verschiedentlich auch in der bundesdeutschen Presse wiedergegeben und kommentiert worden, z.B. in Der Spiegel Nr. 29 und 34, 1977. Der Schreiber eines Leserbriefs in der letztgenannten Nummer betont, daß die Alligatoren nützliche Tiere seien, weil sie sich von den Ratten ernähren, von denen es in der Kanalisation nur so wimmelt.

Lit.: Coleman 1979; Thigpen 1979; Fergus 1980; Brunvand 1981, 90 ff.; af Klintberg 1983 c.

14
Die Boa im Klo

EIN MANN AUS GÖTEBORG hatte morgens beim Rasieren im Bad ein komisches Gefühl, so als ob ihn jemand beobachten würde. Wenn er sich aber umdrehte, war niemand da. Eines Morgens kriegt er wieder dieses Gefühl und dreht sich schnell um. Da sieht er gerade noch, wie eine Boa den Kopf einzieht und im Klobecken verschwindet.

Wie sich herausstellte, gehörte die Schlange einem Nachbarn aus der Wohnung nebenan. Er war für eine Woche weggefahren und hatte das Tier in seinem Badezimmer eingesperrt. Dort hatte es sich in die Toilettenschüssel hineingeschlängelt und konnte so über das Abflußnetz in andere Wohnungen kommen.

Im Dezember 1973 hielt ich am Ethnologischen Institut in Göteborg einen Gastvortrag über Volkssagen unserer Zeit. Unter anderem erzählte ich von den Alligatoren in der New Yorker Kanalisation. Hinterher schrieben zwei Studentinnen, Ylva Bengtsson und Inger Eriksson, jede für sich dieselbe Geschichte auf – die von der Boa im Klo. Wie sie sagten, sei sie in Göteborg oft zu hören.

Es erscheint nur natürlich, das Gerücht über Boas im Abflußnetz als schwedisches Gegenstück zu den New Yorker Alligatoren anzusehen. Die Alligatoren, die es in Schweden außerhalb öffentlicher Terrarien gibt, lassen sich wohl an einer Hand abzählen. Dagegen gibt es eine ganze Menge Privatleute, die sich große Schlangen als Haustiere halten. Mitunter verstecken sich die Schlangen in der Wohnung an Stellen, wo der Besitzer sie erst nach wochenlangem Suchen wiederfindet. Z.B. habe ich von einer Python gehört, die nach geraumer Zeit hinter einem Kühlschrank auftauchte. Sie hatte sich in der warmen Abluft dort wohlgefühlt.

Geschichten von Boas und Pythons, die übers Abflußnetz aus der einen Wohnung in die andere gelangen, müssen dagegen als Folklore eingestuft werden. Nach der großen Zahl von Zeitungsnotizen zu urteilen, müßte dies in einer Tour passieren. Und nicht nur in Göteborg! Am 6. 7. 1974 gab Aftonbladet wieder, was AP aus Sidney zu berichten gewußt hatte:

„Eine gut 2,5 Meter lange Pythonschlange verschwand in Sidneys Abwassersystem und tauchte in der Toilette einer Wohnung vier Häuserblocks weiter wieder auf. Wie die Staatsanwaltschaft mitteilte, hatte ‚eine Frau aus den Vorstädten im Süden ein dringendes Bedürfnis verspürt, entdeckte jedoch zu ihrem Entsetzen, daß die Toilettenschüssel bereits von dem unwillkommenen Gast besetzt war'."

Die Meldung macht den Eindruck, als sei sie kräftig gekürzt worden. Offenbar hat die verschreckte Frau die Sache vor Gericht gebracht, denn es ist ja von der Staatsanwaltschaft die Rede. Auch der Besitzer der Python hat offensichtlich von sich hören lassen, denn die Nachrichtenagentur kann die Zahl der Häuserblocks nennen, die zwischen der Wohnung des Besitzers und der der Frau liegen.

Am 31.10.1978 brachte Aftonbladet erneut einen Artikel zum Thema. Diesmal war die Nachricht groß aufgemacht, es war nämlich in Göteborg passiert. Die Überschrift lautete: *Eine Boa auf dem Klo!* Darunter das Foto eines jungen Mannes vor einer Toilettenschüssel, in der eine zusammengerollte Boa liegt. Der nicht mit Namen gezeichnete Artikel lautet:

„Das ist Lennart Persson aus Göteborg. Als er den Klodeckel aufmachte, bekam er die Boa zu sehen.

Er alarmierte die Polizei, aber die glaubte, das Ganze sei ein Scherz. Es gelang ihm jedoch, einen Installateur aufzutreiben, aber als der kam, war die Schlange weg. Das war am letzten Samstag.

Doch die Schlange kam in der Nacht zum Sonntag wieder. Und da rief Lennart Persson bei Lennart Fedeler an, Schlangenexperte am Seefahrtsmuseum. Der kam und holte das Tier ab.

Vermutlich kommt die Schlange aus der Wohnung über Lennart Persson. Sie hat im Badezimmer gelebt, war hungrig geworden und in die Toilettenschüssel gekrochen. Über die Abflußrohre kam sie so in die andere Schüssel. Lennart Fedeler findet den Besitzer, der auf die Schlange nicht aufgepaßt hat, verantwortungslos. Wahrscheinlich ist er verreist. Trotz allem: – Unverantwortlich!"

Als Zeitungsleser ist man froh darüber, daß sich Aftonbladet seiner Verantwortung bewußt ist und gegen die Unart wettert, Boas ohne Aufsicht alleinzulassen. Gibt es aber nicht doch ein bißchen viel „vermutlich" und „wahrscheinlich" in dem Artikel? Zuerst muß man die Vermutung akzeptieren, der Schlangenbesitzer wohne in der Wohnung über Lennart Persson, und dann noch die, daß dieser Besitzer verreist sei.

Man stelle sich vor, die Vermutungen würden sich als falsch erweisen! Dann taucht der schlimme Verdacht auf, das Foto könnte gestellt sein und die ganze Geschichte fußte auf den Sagen, die seit Jahren in Göteborg kursieren. Ist man besonders mißtrauisch, erinnert man sich daran, daß Aftonbladet zu der Zeit demjenigen 1 000 Kronen Prämie versprochen hatte, der mit einem echten Knüller aufwarten konnte.

Auch in der Fortsetzung wurde die Presse über das Schicksal der Göteborger Schlangen gut auf dem Laufenden gehalten. Am 30.6.1980 stand in Dagens Nyheter folgende Meldung: *Python ausgerissen.*

Im Bad von einer Pythonschlange Gesellschaft zu bekommen, so etwas kann einem jederzeit passieren. Zumindest in Göteborg und zumindest theoretisch.

Dort nämlich ist eine Python ihrem Besitzer durch den Abfluß entwischt. Sie ist dreieinhalb Meter lang und wiegt 13 Kilo. Im Moment kriecht sie irgendwo unter Göteborg herum und verspeist Ratten. Für Menschen soll sie ungefährlich sein – sagt der Besitzer –, aber Kaninchen müssen aufpassen.

Wie sehr man auch gesucht hat, von der Schlange gibt es nicht die geringste Spur. Sie ist schwarz und hat orangefarbene Augen. Göteborger, erschreckt euch trotzdem nicht! Eine Schlange, die aus menschlicher Gefangenschaft entflohen ist, gibt sich, wie es heißt, nicht bei der erstbesten Gelegenheit zu erkennen, indem sie den Kopf durchs Klosett steckt."

Dem letzten Satz entnehmen wir, daß der Journalist von DN die Sagen über Schlangen, die aus Klosetts herausschauen, schon gehört hat und daß er vielleicht nicht ganz davon überzeugt ist, daß es die Schlange im Abfluß auch wirklich gibt. Wir müssen seine Zweifel verstehen. Wie kann der Besitzer wissen, daß das Tier durch den Abfluß entwischt ist, wenn er nicht dabeigestanden und zugesehen hat (was er, wie wir voraussetzen, nicht getan hat – denn in dem Fall hätte er die Schlange ja am Schwanz packen und rausziehen können)? Hatte er vielleicht hinter den Kühlschrank geschaut, bevor er die Presse alarmierte?

Nein, die Geschichten von großen Schlangen im Abflußnetz sind Schöpfungen der menschlichen Phantasie. Als solche sind sie sowohl prickelnd als auch furchteinflößend. Es ist nicht schwer, sich vorzustellen, wie sich die Schlangen so durch das Dunkel der Rohre vortasten, mal waagerecht, mal senkrecht, um plötzlich im Badezimmer hervorzuschauen, unserem intimsten Zimmer überhaupt. Sollen wir eine symbolische Bedeutung in diese Geschichten hineinlesen, dann hat sie mit einer existenziellen Verunsicherung unserer Zeit zu tun. Die Geborgenheit in unseren Wohnungen ist nur scheinbar, trotz Sicherheitsketten an den Eingangstüren. Durch die Wände dringen Geräusche von Nachbarn, die wir nicht kennen und von deren Privatleben wir nichts wissen. So spiegelt die Sage von der Boa im Abfluß den Gegensatz zwischen dem Geregelten und Wohlgeordneten – verkörpert durch das moderne Stadtmilieu – und dem Unbekannten und Ungebändigten, vorgestellt in der Schlange, die zwischen den Wohnungen umherkriecht.

15
Antiautoritäre Erziehung

EINE FRAU sitzt mit ihrem kleinen Sohn in der U-Bahn. Ihr gegenüber sitzt ein älterer Mann. Der Junge fängt an, dem Mann gegen das Bein zu treten. Er ermahnt den Jungen, der aber hört nicht auf. Da bittet er die Mutter, dem Jungen zu sagen, daß er damit aufhören soll. Außerdem habe er im einen Bein Schmerzen und könne schlecht gehen. Darauf sagt die Mutter:

– Nein, das tue ich nicht, ich erziehe antiautoritär.

Kurz darauf steht ein Mädchen im Teenageralter auf, um auszusteigen. Bevor sie den Wagen verläßt, geht sie auf die Mutter zu, spuckt ihr ins Gesicht und sagt:

– Ich bin antiautoritär erzogen.

Diese sittenfördernde Geschichte bekam ich per Brief im Dezember 1978. Die Schreiberin, Ann-Marie Hammargren aus Stockholm, fragte sich, ob das eine Wandersage sein könne – sie fand sie konstruiert. Mehrere Leute haben bezeugt, daß die Geschichte auch in Göteborg gut bekannt ist. Dort soll sich der Vorfall in der Straßenbahn abgespielt haben. In den Varianten, die ich in den 80er Jahren gesammelt habe, ist es meistens ein junger Punker, der der Mutter ins Gesicht spuckt und dabei sagt, er sei antiautoritär erzogen.

Im Mittelalter benutzten die Priester in ihren Predigten kleine moralisierende Geschichten, sogenannte Predigtexempel. Mein Kollege Åke Daun berichtet in einem Brief, daß die Sage vom Teenager in der U-Bahn die Funktion eines modernen Predigtexempels übernommen hat. Als er im Juni 1984 in der Maria-Kirche von Stockholm einer Schulabschlußfeier beiwohnte, gab der Pfarrer sie als eine wahre Begebenheit wieder und betonte dann, wie wichtig gutes Betragen sei.

Ist dies eine wahre Begebenheit? Ich muß gestehen, mein erster Eindruck war, daß mir die Geschichte erdichtet vorkam, als das Resultat eines Wunschdenkens. Vor allem Erwachsene meinen ja, die liberalen Erziehungsmethoden unserer Zeit seien für die junge Generation schädlich. Die Frage ist nur,

ob die Jungen selbst diese Auffassung teilen. Was der Erzählung ihre Schlagkraft verleiht – aber eben auch den Anstrich von Konstruiertheit –, ist ja, daß ein Vertreter der Jungen die Kritik ausspricht.

Was mich zwang, meine Auffassung zu ändern, war ein Brief von Inger Arbsjö aus Linköping, geschrieben im Mai 1986. Ihrer Schilderung zufolge ist die Sache tatsächlich passiert, auch wenn die Details ein wenig anders waren als in der endgültigen Version. Sie spielte sich in einem Bus in Linköping ab, vor mehr als zehn Jahren, und sie selbst war Zeuge des Vorfalls gewesen:

„Berufsverkehr, alle Sitzplätze belegt. Ein älterer Mann steigt ein und sucht mit den Blicken nach einem freien Platz. Keiner steht auf. Darauf wendet sich der Mann an einen etwa achtjährigen Jungen, der neben seiner Mutter sitzt, und bittet ihn höflich, aufzustehen, damit er sitzen kann. Der Junge rührt sich nicht. Darauf wendet sich der Mann an die Mutter, die ihm aber schnippisch zurückgibt: ‚Er will halt nicht Platz machen. Mein Junge bestimmt selbst, was er tut, er ist nämlich antiautoritär erzogen.‘ Alle im Bus haben den Vorfall verfolgt, ohne eine Miene zu verziehen, alle außer zwei Teenagern, die beide aufstehen und das Geschehen lauthals kommentieren. Ein paar Haltestellen weiter steigen die Mädchen aus, und da geht die eine an der Mutter vorbei, spuckt ihr ins Gesicht und sagt: ‚Das hier ist auch antiautoritäre Erziehung!‘ Bestimmt haben noch andere außer mir im Bus gedacht: Gut gemacht, Mädchen!

Kennst du die Geschichte schon? Wie gesagt, sie ist absolut wahr und hat sich in den 70er Jahren abgespielt, als viele Eltern ihre Kinder ‚frei‘ erzogen haben, d.h. sich überhaupt nicht reingemischt haben in das, was sie taten. Das Ergebnis hat wohl dazu geführt, daß wir unsere Auffassung über Erziehung geändert haben – was ich richtig finde.“

Der einzige Einwand, den man machen könnte, wäre, daß das menschliche Erinnerungsvermögen lückenhaft ist. Es kommt vor, daß wir z.B. glauben, wir hätten Antworten gehört, die wir vielleicht erst Jahre später und in ganz anderem Zusammenhang mitbekommen haben. Interessant wäre, mit anderen Zeugen aus dem Bus oder einem der Akteure dieses Dramas Verbindung zu bekommen!

16
Die Spritze in der U-Bahn

MEINE TANTE UND ZWEI FREUNDINNEN waren mit der U-Bahn unterwegs zu einem Bridge-Abend. Weil es im Wagen ziemlich voll war, konnten nur zwei von ihnen nebeneinander sitzen. Die dritte setzte sich ein paar Bänke weiter weg.

Kurz bevor die Station kam, wo sie aussteigen mußten, gingen meine Tante und die Freundin, die neben ihr gesessen hatte, vor zu der anderen. Da saß diese mit glasigem Blick, ohne Gewalt über ihren Körper völlig weggetreten da. Sie faßten sie unter und versuchten, sie wachzurütteln. Da sagt ein wildfremder Mann, der neben ihr sitzt:

– Laßt sie in Ruhe, sie gehört zu mir. Ihr ist schlecht geworden, aber ich kümmer' mich schon um sie.

– Sie gehört überhaupt nicht zu Ihnen! protestierten die Frauen.

In dem Moment hielt der Zug an, und der Mann verschwand im Gewühl. Es gelang ihnen, ihre bewußtlose Freundin herauszuschleppen und sie in ein Taxi zu bekommen, und dann fuhren sie in ein Krankenhaus. Dort entdeckte der Arzt im Oberschenkel der Freundin die Einstichspur von einer Spritze.

Das hier ist wahr, meine Tante hat es ja selbst erlebt.

So erzählte eine Freundin meiner Schwägerin bei einer Abendgesellschaft im Februar 1974, und sie wurde sehr aufgebracht, als ich Zweifel darüber andeutete, daß die Geschichte wahr sei. Als wir uns aber das nächste Mal begegneten, gab sie zu, daß sie sich falsch erinnert hatte: Die Tante hatte es von einer andern Frau erzählt, die sie zu kennen schien.

Wahrscheinlich ist diese Geschichte unter denjenigen Sagen, die mit der Stockholmer U-Bahn verknüpft sind, die allerhäufigste. Meist dreht es sich dabei um junge Mädchen, die zum Tanzen wollen, und der junge Mann wird oft als südländischer Typ oder langhaariger Hippie beschrieben. Die Sage ist jedoch auch in andere Landesteile Schwedens vorgedrungen, und dann ist die Handlung möglicherweise in einen Zug, einen Bus oder eine Straßenbahn verlegt.

Eine Schwedin, die in den 30er Jahren in Paris gelebt hatte, berichtete mir, daß sie die Sage dort schon damals gehört hat. Damals soll es in der Metro passiert sein, und der Täter hatte zum weißen Sklavenhandel gehört und versucht, eine Frau in ein Bordell auf einem andern Kontinent zu verschleppen. So etwas kann man zwar auch heute noch hören, in den Erzählungen über Spritzen in der Stockholmer U-Bahn ist jedoch eine andere Erklärung immer häufiger geworden. Die Injektion besteht aus Rauschgift, und es geht darum, die Frau abhängig zu machen, also drogensüchtig. Daß sich auf den U-Bahnstationen der Stockholmer Innenstadt eine Zeitlang drogenabhängige Jugendliche aufgehalten haben, ist ja eine bekannte Tatsache. Wir sehen also, wie ein reales soziales Problem, der Drogenmißbrauch unter Jugendlichen, eine Erzählung aktualisieren konnte, die es seit mindestens einem halben Jahrhundert gibt.

In den USA spielt die Sage in einem ganz anderen Milieu, trotzdem aber ist es nicht schwer, das Handlungsmuster selbst wiederzuerkennen. Eine Mutter ist mit ihrer Tochter in einem großen Warenhaus, als die Tochter auf die Toilette geht. Die Mutter wartet draußen eine ganze Weile, und schließlich sieht sie die Tochter halb bewußtlos zwischen zwei Frauen herauskommen. „Was ist passiert?" fragt sie. Die eine Frau antwortet: „Das ist meine Tochter, sie ist krank geworden." Die Mutter macht einen Riesenauftritt, worauf die beiden Frauen in dem Menschenauflauf fliehen und die Tochter zurücklassen. Sie hatten sie mit Chloroform betäubt in der Absicht, sie zu einem Leben als Prostituierte in New York zu zwingen (erzählt 1981 von der 27jährigen Kathy Odean aus Minneapolis).

Nicht unerwartet wird diese Sage vor allem unter Frauen aller Altersstufen erzählt. Sie gibt deren Beunruhigung Ausdruck, von Fremden sexuell mißbraucht zu werden. Ohne buchstäblich wahr zu sein, hat sie ja einen sehr realen Hintergrund: Jeden Tag geschehen in den unterschiedlichsten Formen Übergriffe gegen Frauen, und es ist eine Tatsache, daß junge Frauen verschwinden und in Drogenabhängigkeit und Prostitution landen. Die Sage ist eine warnende Geschichte, die lehrt, daß man sich vor Unbekannten in acht nehmen soll.

Lit.: af Klintberg 1976a u. 1976b, 281 f.; Brunvand 1984, 78–81.

17
Die Ratte in der Pizza

EIN ARBEITSKOLLEGE von einem meiner Freunde hat erzählt, seine Schwester sei in einer Pizzeria auf der Hornsgatan essen gewesen. Wie sie so dasaß und die Pizza aß, spürte sie, daß sich zwischen ihren Zähnen etwas festgesetzt hatte. Sie versuchte es mit einem Zahnstocher herauszupulen, aber es ging nicht. Als sie nach Hause kam, versuchte sie es nochmal, aber auch da klappte es nicht.

Nachts wachte sie auf von einem fürchterlichen Schmerz im Zahnfleisch. Sie fuhr zur Notaufnahme ins Söder-Krankenhaus, und dort gelang es dem diensthabenden Arzt, den Gegenstand zu entfernen. Er untersuchte ihn unter dem Mikroskop und konstatierte, es sei vermutlich ein Rattenzahn.

Am nächsten Tag alarmierte der Arzt die Gesundheitsbehörde, und die schickten einen Inspektor in die Pizzeria. Er besichtigte die Räumlichkeiten und stellte fest, daß die Hygieneverhältnisse so einigermaßen annehmbar waren. Es gab aber einen Raum, der mit einem Vorhängeschloß versperrt war, und dahinein wurde ihm der Zutritt verweigert. Also blieb ihm nichts anderes übrig, als die Polizei zu rufen, die das Schloß dann aufbrach. Der Inspektor entdeckte, daß man den Raum als Kühlkammer für geschlachtete Ratten benutzte. Wie es hieß, soll er ca. fünfzig gekühlte aufgehängte Ratten gezählt haben.

Die Ratten wurden als Fleisch für die Pizzas verwendet. Die Sache soll im August 1973 passiert sein.

Die Geschichte vom Rattenzahn in der Pizza ging im Herbst 1973 in Stockholm wie ein Lauffeuer um. Als ich im Oktober meine Ethnologie-Studenten fragte, ob sie ihnen bekannt sei, bekam ich über zwanzig

Varianten zu hören. Die hier abgedruckte stammt von Rolf Rydén. In allen Varianten waren die Grundzüge dieselben, nur die Details wechselten. Viele erzählten, es sei ein kleines Stück infiziertes Rattenfleisch gewesen, das sich zwischen den Zähnen des Restaurantbesuchers festgesetzt und eine Zahnfleischschwellung verursacht hatte. Andere hatten gehört, es sei eine Rattenkralle oder ein Rattenknochen gewesen. Einem Studenten zufolge soll der Restaurantbesitzer versucht haben, den Gesundheitsinspektor mit der „hübschen Summe von 45 000 Kronen" zu bestechen, damit er über die Sache schwieg.

Ein paar Studenten bestanden darauf, die Sache hätte sich überhaupt nicht in Stockholm abgespielt, sondern in einem Restaurant auf Rhodos. Dort hätte ein schwedischer Tourist einen Rattenknochen in den Hals bekommen und ihn geduldig da gelassen, bis man ihn in einem Krankenhaus in Schweden entfernte. Die Rhodos-Version war nicht wie die Pizza-Version auf die Gegend von Stockholm konzentriert, sondern wurde auch auf dem Land erzählt.

Es scheint, als seien die Stockholmer Pizzeriagerüchte im Spätsommer 1973 aufgeblüht. Wiedergegeben wurden sie in einem Artikel in Dagens Nyheter vom 5.9.1973 *(Großalarm wegen Rattenfilet/Gesundheitsamt greift ein)*. Während eines Restaurantbesuchs sollte sich ein Mann einen Zahn ausgebissen haben, als er beim Kauen auf einen harten Gegenstand kam. Der Gegenstand hatte sich im Mund festgesetzt und war später von einem Zahnarzt entfernt worden. Der stellte fest, daß es ein Rattenzahn war. „Daraufhin hatte die Gesundheitsbehörde das Restaurant inspiziert und in den Kühltruhen massenhaft gehäutete Ratten und Elstern gefunden." Weder der Journalist noch ein interviewter Gesundheitsinspektor begriffen, daß es sich um eine Wandersage handelte. Letzterer tippte darauf, der Rattenzahn müsse schon in der Schlachterei ins Fleisch geraten sein. Die Behauptung, daß ein Restaurant regelmäßig Ratten servieren würde, hielt er für unglaubwürdig. So viele Ratten haben wir gar nicht!

Aber vielleicht auf Rhodos. Jedenfalls zögerte Dagens Nyheter nicht, die Rhodos-Sage am 30. Oktober auf der Titelseite zu bringen. Die Überschrift lautete: *Rattenknochen im Hals.*

„Kann Geflügelsalat auf Rhodos statt Hühnchen Ratten enthalten? Ja, zumindest in einem Restaurant sieht es so aus, als seien Ratten dort die Standardzutat fürs Essen. Folgendes berichtet Folkbladet Östgöten über einen Urlauber aus Linköping:

Als der schwedische Tourist nach seinem Griechenlandurlaub nach Hause kam, hatte er noch immer einen Knochensplitter im Hals stecken, der von einer seiner letzten Mahlzeiten auf Rhodos stammte. Er hatte Geflügelsalat gegessen. Einem Arzt im Bezirkskrankenhaus kam die Sache verdächtig vor, denn der Knochen stammte nicht von Geflügel. Eine Analyse zeigte, daß er statt dessen zu einer Ratte gehört hatte.

Die Gesundheitsbehörden beider Länder wurden eingeschaltet, man führte Razzien durch, und in einer Kühltruhe entdeckte man kiloweise zerstückelte, für Geflügelsalat vorgesehen Ratten."

Am andern Tag kannte ganz Schweden den Geflügelsalat von Rhodos, und noch ein paar Tage später hatte die Geschichte die Zeitungen der nordischen Nachbarländer erreicht. Bei der Nachrichtenagentur TT wollte man zeigen, daß die Schweden keine Vorurteile gegen fremdländische Eßkultur hegen. Also schickte man ein Interview mit dem Verwaltungschef eines Lebensmittelwerks über den Ticker, in dem dieser eilig erklärte: „Rattenfleisch zu essen ist ungefährlich. Ist die Ratte nur richtig gekocht oder gebraten, kann man sie ebenso gut verzehren wie z.B. Aal oder Quappen, zwei andere Beispiele für aasfressende Tiere." Das Interview tauchte dann auf der Rezeptseite einiger Provinzblätter auf.

Heute, nachdem viele Jahre vergangen und die Gerüchte über Rattenfleisch in ausländischen Restaurants in Vergessenheit geraten sind, läßt sich skizzieren, wie diese moderne Volkssage von einem westeuropäischen Land zum nächsten gewandert ist. Es scheint, als sei sie in England schon um 1960 herum voll ausgebildet gewesen. Jemand, der in London ein Chinarestaurant besucht hatte, bekam einen Knochen in den Hals, der sich als der einer Katze herausstellte. Der Besitzer wurde angeklagt, aber nicht etwa, weil er Katzenfleisch serviert hatte, sondern weil er auf der Speisekarte angegeben hatte, es sei Huhn (KU 6192, 121).

Anfang der 70er Jahre änderte sich der Inhalt dahingehend, daß es nun ein Rattenknochen war, der im Hals steckenblieb. Diese Version verbreitete sich rasch auf dem Kontinent. Mehrere Skandinavier haben bezeugt, daß die Geschichte um 1971/72 herum in Paris ein häufiges Gesprächsthema war. In Westdeutschland erzählte man sich die Sage 1973 von chinesischen wie jugoslawischen Restaurants. In Dänemark fand sie im Frühjahr 1973 intensive Verbreitung. Ein Kopenhagener, hieß es, habe einen Rattenknochen in den Hals bekommen, als er eine Frühlingsrolle aß (Weekendavisen vom 25.5.1973).

In Schweden waren Chinarestaurants in Borås und Göteborg als erste von den Gerüchten betroffen. Am 17.3.1973 brachte Göteborgs-Posten ein Interview mit dem Chefveterinär Kaj Moberg. Der dementierte nachdrücklich, daß die genannten Restaurants Rattenfleisch verarbeitet hätten. Zuvor hatte es über vierzig telefonische Anzeigen gehagelt. In sämtlichen Fällen außer einem hatte der Anzeigende anonym für einen Arbeitskollegen, einen Schwager etc. angerufen. Dies hörte nach dem Interview auf. Aber die Sage lebte weiter. Wie Anfang November 1973 unter der Signatur Dr. Glas in GT zu lesen stand, war sie der Zeitung ein ganzes Jahr lang ungefähr zweimal die Woche als heißer Tip durchtelefoniert worden.

Wie war es möglich, daß diese Sage, die sich bei näherem Nachdenken als offensichtlich unsinnig herausstellt, in West- und Nordeuropa von Hunderttausenden, ja Millionen von Menschen geglaubt wurde? Die Erklärung dafür muß sein, daß sie an latente Vorurteile gegen Asiaten und Südeuropäer appelliert. Deren Speisen sehen nicht wie unsere aus, und sie schmecken anders. Wer weiß eigentlich, was drin ist? Die Sage ist Ausdruck von ethnozentrischem Mißtrauen und Angst gegenüber dem, was fremd ist.

Die wahrscheinlichste Erklärung dafür, daß die Sage sich gerade Anfang der 70er Jahre so lawinenartig verbreitete, ist wohl, daß gegen Ende der 60er Jahre die Zahl preiswerter ausländischer Restaurants in den betroffenen Ländern angestiegen war. Noch in den 50ern waren chinesische und südeuropäische Lokale in Schweden eine große Seltenheit. Die, die es gab, lagen in Großstädten und zählten beinahe zu den Luxusrestaurants. Von 1968 an verzeichneten Pizzerias in Stockholm einen beispiellosen Erfolg; innerhalb von fünf Jahren erhöhte sich ihre Zahl von einer auf ungefähr zwanzig. In Göteborg waren zu der Zeit Chinarestaurants die verbreitetsten ausländischen Lokale. Es sieht also so aus, als sei die Rattengeschichte an denjenigen Restauranttyp gebunden, der in der kulinarischen Landschaft dominierte.

Die Sage ist aber auch Zeugnis der Rattenfurcht in unserer Gesellschaft. Im modernen westlichen Stadtmilieu halten die Ratten sich meistens verborgen. Viele der Großstadtjugendlichen, die die Sage weitererzählten, haben sicher noch nie eine richtige Ratte gesehen. Aus dem verabscheuten, aber trivialen Bestandteil unserer Umwelt ist die Ratte zu einem mythischen Tier geworden, in dem sich alles Ungesunde und Abstoßende verkörpert.

Es ist interessant zu sehen, daß die Einstellung gegenüber Essen und Ratten in der bäuerlichen Gesellschaft mit ihrer Selbstversorgung genau entgegengesetzt war. Als man noch alle Stadien der Essenszubereitung selbst überblicken konnte und überdies wußte, was Nahrungsmangel hieß, war es wichtig, sich einzuprägen, daß nichts verkommen durfte. Die bäuerliche Folklore lehrt, daß man Essen nicht wegwerfen darf, nur weil es von Ratten angenagt worden ist. In einer traditionellen Geschichte leckt der Bauer die Maus, die im Sahnetopf ertrunken ist, erst ab, ehe er sie der Katze vorwirft.

Die Sage vom Rattenzahn kann als Drama im Kleinen angesehen werden, in dem Vertretern verschiedener Gesellschaftsgruppen die Schurken- und die Heldenrolle zugeteilt worden ist. Wer die Schurkenrolle hat, brauchen wir nicht zu raten: natürlich der, der das ausländische Restaurant betreibt, besonders der Besitzer selbst. Aus reiner Habgier verwendet er Rohwaren, die zivilisierte Menschen abstoßend finden, und er versucht seine finsteren Machenschaften mittels Vorhängeschloß und Schmiergeld zu verbergen. In die Heldenrolle teilen sich all die Zahn- und anderen Ärzte, die Gesundheitsinspektoren und die Polizeibeamten, die die wahren Zustände aufdekken. Besonders der Gesundheitsinspektor hat in einigen Varianten eine herausragende Rolle. Er läßt sich nicht irremachen, sondern führt seine Untersuchung streng gesetzmäßig durch, bis die gehäuteten Ratten zum Vorschein kommen und das Lokal schließen muß. Wenn wir die Sage aus dieser Perspektive betrachten, dann erscheint sie als eine Erzählung vom Sieg westlicher Bürokratie und Wissenschaft über den Versuch hinterhältiger Fremdlinge, auf Schleichwegen ungesunde exotische Sitten und Gebräuche einzuführen.

Lit.: af Klintberg 1974, 1976b, 273 ff., 1983a; Shorrocks 1980.

18
Die leeren Konservendosen

DIESES JAHR IM MAI habe ich von einem Jungen, der im Film-Centrum in Göteborg arbeitet, gehört, es gebe dort in der Stadt ein China-Restaurant, das im Verdacht stehe, für sein Essen Katzenfutter zu verwenden. Ein Müllmann hatte in den Abfallsäcken des Restaurants ungewöhnlich viele Katzenfutterdosen bemerkt. Er schlug bei der Gesundheitsbehörde Krach, und man führte eine Untersuchung durch. Das Katzenfutter wurde für eine Art chinesischen Eintopf benutzt.

Diese kurze Erzählung, die ich im Herbst 1973 nach einem Bericht von Ulf Palmenfelt niederschrieb, besitzt einen Grad von Alltäglichkeit, der sie auf furchtbare Weise überzeugend macht. „Ein Müllmann hatte in den Abfallsäcken des Restaurants ungewöhnlich viele Katzenfutterdosen bemerkt." Es ist nur allzu leicht, einer derartigen Auskunft Glauben zu schenken. Aber die Geschichte ist eine internationale Wandersage, die sich an unzählige exotische Restaurants in Europa knüpft, besonders jedoch an chinesische. In Schweden war sie fast so häufig wie die Sage vom Rattenzahn.

Ihr frühestes Auftreten liegt im Frühjahr 1972, und zwar in Verbindung mit Chinarestaurants in Göteborg und Borås. Die genannten Lokale in Göteborg überlebten das Gerücht, auch wenn sie gewisse finanzielle Einbußen zu erleiden hatten. In Borås dagegen führten sie zum Konkurs des Restaurants „Peking". Ein Artikel im Västgöta-Demokraten vom 21. 6. 1972 vermittelt ein gutes Bild dessen, was in jenem Frühjahr in Borås vor sich ging *(Jetzt müssen die Gerüchte aufhören: Wir servieren kein Katzenfutter!)*. Der chinesische Oberkellner des Restaurants „Peking" dementiert darin die immer wilderen Gerüchte, in seinem Lokal würde Katzen- oder Hundefutter serviert. Die Sage von den leeren Dosen im Müllsack wird ebenfalls angesprochen, und es ist zu merken, daß in den Geschichten, die im Umlauf sind, auch die Rattenzahn-Sage herumspukt. Auch hier wieder wird der städtische Veterinär interviewt. Er hat mehrmals eingehende Kontrollen durchgeführt und bestätigt den sehr hohen Hygiene-Standard, die fast pedantische Sauberkeit.

KATTMAT
KATTMAT
KATTMAT
KATTMAT
KATTMAT

Darüber hinaus erfährt der Leser, daß die Gerüchte dem Restaurant eine wirtschaftliche Katastrophe bereitet haben. Im Mai 1972 war der Monatsumsatz auf ein Drittel dessen gesunken, was man Ende 1971 erzielt hatte. Das Personal mußte von zwanzig auf elf Angestellte reduziert werden. Während des Frühjahrs war man mit fingierten Tischbestellungen schikaniert worden („Für wieviel Personen? – Für mich und meinen Hund"). Jugendliche standen an der Tür und fragten Gäste, die bestelltes Essen abholten: „Hast du da drin Katzenfutter gekauft?" Kurze Zeit nach der Zeitungsreportage mußte das Lokal zumachen.

Bereits um 1950 kam die Sage von den leeren Konservendosen in New York vor: die Dosen sollten verraten haben, daß Chinarestaurants Katzenfutter benutzten, um daraus „Chop Suey" zu machen. 1969 stand in einer englischen Zeitung zu lesen, daß sich eine Dame, die in der Nähe des Kücheneingangs eines indischen Lokals wohnte, sich über die vielen Kitekat-Büchsen verwundert hatte, die dort in den Mülltonnen lagen. Sie hatte die Polizei alarmiert und die wiederum die Gesundheitsaufsicht, was zur Schließung des Restaurants führte. Daß sich niemand von den Gästen beschwert hatte, führte man darauf zurück, daß das Essen stark mit Curry gewürzt war. Auch in Frankreich und Westdeutschland ist die Sage belegt. Über ein ausländisches Lokal in Westdeutschland, das für seine Ochsenschwanzsuppe bekannt war, wird erzählt, es habe seine Gäste verloren, als eines Tages ein Nachbar über den Zaun in den Hinterhof des Lokals guckte und dort einen Berg leerer Chappi-Dosen sah.

Ein stets wiederkehrender Zug dieser Erzählungen ist, daß der Markenname auf der Dose genannt wird. Das erhöht ihre Glaubwürdigkeit und trägt gleichzeitig dazu bei, ihnen einen grausam komischen Anstrich zu verleihen. Im Dezember 1973 zeichnete ich folgende Erzählung eines Ethnologiestudenten aus Göteborg auf: „Ein Vertreter des Brauereikonzerns Pripps, den ich persönlich kenne, hatte die Aufgabe, alle Restaurants in Göteborg zu besuchen, wobei er unter anderem Bestellungen aufnehmen und Reklameschilder abliefern sollte. Er erzählte mir, daß in den Chinarestaurants die Regale voller Hundefutterdosen stünden. Es war ja eine bekannte Sache, daß alle Chinarestaurants Hundefutter servieren."

Nach und nach sind die Gerüchte in Skandinavien immer weiter nach Norden gelangt. Am 20.5.1976 enthielt das Blatt „Adresseavisa" aus Trondheim einen Artikel mit der Überschrift: *Haltlose Gerüchte um Hundefutter in Pizza.* Auch in diesem Fall wollte das Gerücht wissen, daß Stadtreinigungsarbeiter in Mülltonnen auf Hundefutterdosen gestoßen waren. Am 9.4.1981 berichtete die Zeitung Norra Västerbotten über Gerüchte, die neu eröffnete Pizzeria „Monaco" in Skellefteå hätte Hundefutter serviert. Bei einer Razzia in dem Lokal hätten Polizei und Gesundheitsamt ganze Kühlschränke voll mit Dosenfutter entdeckt. Der Journalist von Norra Västerbotten tat, was Journalisten in solchen Situationen zu tun pflegen: er rief bei Gesundheitsamt und Polizei an und bat um Stellungnahmen. Die Befragten wußten jedoch nichts, und das kann man ihnen auch nicht vorwerfen. Geschichten von Hundefutterdosen in Pizzerias sind kein Fall für die Behörden, sondern für Volkskundler.

Lit.: af Klintberg 1974, 1976 b, 1983 a; Shorrocks 1980.

19
Die Hundeköpfe in der Mülltonne

VON EINER BEKANNTEN, die zwei Jahre jünger ist als ich, habe ich folgende Geschichte. Ich selbst bin 24. Sie hat erzählt, ich glaube, es war in Göteborg, mehrere Leute hätten gesehen, daß in Mülltonnen die Köpfe von Schäferhunden lagen, und zwar im Hinterhof eines Chinarestaurants. Offenbar hat man sie beim Kochen nicht verwenden können.

Das war schon die ganze Geschichte. Erzählt hat sie sie vor ungefähr zwei Jahren.

Diese Geschichte hörte ich im August 1975 bei einem FNL-Ferienlager in Torsby in Värmland, nachdem ich dort einen Vortrag über ausländerfeindliche Gerüchte gehalten hatte. Erzählt wurde sie von Tomas Hvittfelt aus Karlstad.

Im Vergleich mit den beiden vorhergehenden Restaurant-Sagen sind Sagen über Hundeköpfe in Mülltonnen in unserem Teil der Welt selten gewesen. Zwar ist in England in Verbindung mit Chinarestaurants von Schäferhunden erzählt worden, der dramatische Höhepunkt dieser Sagen ist aber, daß die Gesundheitsbehörde, die die Küche des Lokals inspiziert, im Kühlschrank einen zerlegten Schäferhund findet.

Auf der anderen Seite des Erdballs jedoch, in Stockton in Kalifornien, wurde die Geschichte vom Hundekopffund in der Mülltonne dazu benutzt, mit Gewalt eine antivietnamesische Stimmung anzuheizen. Das deutet darauf hin, daß das Göteborger Gerücht um die Schäferhundköpfe in Mülltonnen nicht als isoliertes Phänomen gesehen werden darf. Offenbar haben wir es hier mit einem internationalen antiasiatischen Sagenmotiv zu tun, über dessen tatsächliche Verbreitung etwas zu sagen noch zu früh ist.

In einem Artikel in Western Folklore hat die Volkskundlerin Florence E. Baer 1982 die antivietnamesische Folklore ihrer Heimatstadt Stockton analysiert. Deren Ausbreitung begann 1980, als 3 000 „Boatpeople" aus Südostasien nach Stockton kamen. Von Anfang an wußte die Lokalbevölkerung zu erzählen, daß die Vietnamesen Hunde und Katzen aßen. Als dann ein junges Mädchen ihren Hund vermißte, bekamen sie die Schuld an seinem Verschwinden. Ein 17jähriger behauptete, er habe durchs Fenster gesehen, wie eine vietnamesische Familie den Hund aß. Andere erzählten, ein Müllmann hätte Kopf und Fell des Hundes in der Mülltonne hinter dem Haus der Familie gefunden.

Zu dem Gerücht um den aufgegessenen Hund kamen späterhin auch Gerüchte über gekochte Katzen. Jemand hatte in der Küche einer vietnamesischen Familie zwei Katzenschwänze gesehen, die über den Rand des Kochtopfs heraushingen. Bei der überhitzten Stimmung, die in der Stadt herrschte, kam es soweit, daß den Flüchtlingen die Scheiben eingeworfen wurden. Vietnamesen, die in Mehrfamilienhäusern mit weißen Nachbarn Wohnungen gefunden hatten, wurden gezwungen, auszuziehen.

Zwei Jahre nach Baers Artikel konnte Jan Harold Brunvand feststellen, daß die gleichen Gerüchte über Asiaten, die die Hunde und Katzen der Amerikaner essen, überall dort anzutreffen sind, wo Flüchtlinge aus Südostasien leben. Er gibt einen Zeitungsartikel aus Fairfax, Virginia vom Februar 1984 wieder, in dem eine Geschichte zu lesen ist, die einem merkwürdig bekannt vorkommt. Unbestätigten Angaben zufolge, so heißt es dort, haben Stadtreinigungsarbeiter in den Mülltonnen nahe der Wohnung einer orientalischen Familie Felle von mehreren Hunden und Katzen gefunden. Dies wurde der Polizei gemeldet, die dann bei einer Hausdurchsuchung mehrere tiefgefrorene Tierkörper entdeckte.

Der wahre Anlaß zur Feindseligkeit gegenüber den südostasiatischen Flüchtlingen ist, daß sie arme Fremde sind, die von Sozialhilfe leben müssen. Sie werden von der Lokalbevölkerung als Bedrohung für ihren Wohlstand erlebt, ja ihre bloße Anwesenheit wird als Eindringen empfunden. Diese Gefühle sind jedoch mitunter schwer zu artikulieren. Hier hält die ethnozentrische Folklore eine Handvoll stereotyper Sagenmotive bereit, die den aggressiven Gefühlen Ausdruck verleihen und gleichzeitig diskriminierende Handlungen rechtfertigen.

Lit.: Shorrocks 1980; Baer 1982; Brunvand 1984, 122–127.

20
Ein kopfloser Scherz

EINE GESCHICHTE, die ich in der Messe an Bord verschiedener Schiffe serviert bekommen habe, geht so:

Um die Weihnachtszeit durchfuhr ein schwedisches Schiff den Suezkanal. Während der Durchfahrt sind außer dem Kanallotsen auch einige ägyptische Hafenarbeiter an Bord, die in Schleusen und Engstellen beim Vertäuen zur Hand gehen. Sie haben freie Verpflegung, aber als rechtgläubige Mohammedaner sind sie äußerst genau mit dem, was sie essen. Schweinefleisch ist für sie ja tabu. Immer fragen sie, ob das Essen Schweinefleisch enthält. So machten sie es auch diesmal, als der Koch Hoppelpoppel servierte.

– I wo! sagte der Koch. Nur Rind, Zwiebel und Kartoffeln.

Sie aßen mit gutem Appetit. Nach dem Essen wollte der Koch sie aufziehen. Vom Weihnachtstisch holte er einen halb aufgegessenen Schweinskopf herüber und sagte:

– Schaut mal, von was ihr gegessen habt!

Darauf brach ein Mordsgeschrei aus, und der Koch mußte sich einschließen.

Abends legte das Schiff in Port Said an, um Ladung zu löschen. Der Koch ging an Land. Als er am nächsten Morgen zum Frühstück wachgepurrt werden sollte, war er nicht da. Beim Landgang fand man dann seinen abgeschnittenen Kopf.

Steward Kurt Wiklund aus Lotorp sandte die Geschichte im September 1975 an Expressen ein. Er selbst faßt deren Moral zusammen: Achte den Glauben und die Lebensweise des anderen. Wie in so vielen Volkssagen ist die Strafe dem Verbrechen angepaßt: Der Scherz mit dem Schweinskopf kostet den Koch den eigenen Kopf!

21
Der Schrei auf dem Balkon

EIN BEKANNTER VON MIR wohnt in einem Hochhaus in Fittja. Von ihm habe ich eine Geschichte gehört, über die dort jeder spricht. Sie handelt von einer Hausfrau, die im sechsten Stock auf ihrem Balkon sitzt und sich sonnt. Plötzlich hört sie einen furchtbaren Schrei, ein Geheul wie in Todesangst. Es kommt vom Balkon über ihr. Einen Augenblick später rinnt ein dünner Blutstrahl auf sie herunter.

– Jetzt hat der Jugoslawe seine Frau umgebracht! denkt sie und rennt zum Telefon, um die Polizei anzurufen.

Bald ist ein Streifenwagen vor Ort, und zwei Beamte laufen ins Haus, hasten zum siebten Stock hoch und schellen bei der Einwandererfamilie. Der Mann, der ihnen aufmacht, hat Blutspritzer auf seinen Sachen. Die Polizisten stürzen an ihm vorbei auf den Balkon. Dort finden sie in einer Blutlache ein frisch geschlachtetes Schwein.

Im September 1974 rief mich ein Redakteur Brolin von der Wochenzeitschrift Lektyr an und erzählte mir von dem Drama in Fittja, einem Vorort im Süden Stockholms, in dem viele Einwanderer leben. Was er unmöglich wissen konnte, war, daß genau diese Geschichte drei, vier Jahre zuvor in Schonen kursiert war. In der dortigen Version wohnt der Jugoslawe im Malmöer Stadtteil Rosengård. Sie ist ebenso unwahr wie die Erzählung aus Fittja.

In Wirklichkeit gab es die Geschichte schon, ehe Schweden in den 60er Jahren zum Einwanderungsland wurde. Der Schriftsteller Fritiof Nilsson Piraten hat sie in der Novelle „Morgen" benutzt, die im Herbst 1944 entstand, 1945 in der Literaturzeitschrift BLM abgedruckt wurde und später in der Novellensammlung „Unter Freunden" erschien. Die Novelle ist so aufgebaut, daß man glaubt, die vollgeblutete Hauptperson habe ihrer Frau das Leben genommen. Erst zum Schluß, als Polizei und Landjäger kommen und ihn abholen, wird sein Verbrechen aufgedeckt: Er hat schwarz ein Schwein geschlachtet.

Es ist kaum anzunehmen, daß die Gerüchte aus Rosengård und Fittja auf die Lektüre von Piratens Geschichte zurückzuführen sind. Mit ziemlicher Sicherheit hat die Erzählung seit den Tagen des Zweiten Weltkriegs in der mündlichen Tradition weitergelebt. Während des Krieges herrschte Fleischmangel, und Schwarzschlachtungen waren an der Tagesordnung. Fritiof Nilsson Piraten hörte die Geschichte und schmückte sie in seiner Novelle aus. Dreißig Jahre später wurde sie dann so umgemodelt, daß sie bei Einwanderern aus südlichen Ländern spielte.

Der Anlaß dazu, daß sie in Rosengård, Fittja und einigen anderen Orten Schwedens mit hohem Einwandereranteil an der Bevölkerung geglaubt werden konnte, ist, daß sich viele Schweden gern vorstellen, die Einwanderer seien primitiver als wir. Das hat zu den Gerüchten und Sagen geführt, sie hielten in ihren Wohnungen oder auf den Balkonen Schweine, Schafe und Hühner. Eigentlich erzählen diese Gerüchte mehr über uns selbst als über die Einwanderer; sie zeigen, wie sehr wir als zivilisiertere und dem modernen Lebensstil angepasstere Menschen dastehen wollen als sie.

Mit obiger Geschichte verwandt ist das Gerücht, daß einige Einwanderer ein eingesalzenes Schwein in der Badewanne liegen haben. Auch dies ist älteren Datums und erst in den 60er Jahren mit den Einwanderern verknüpft worden. In den 30ern waren es schwedische Arbeiterfamilien gewesen, die in Neubauten gezogen waren und für die eine Badewanne einen bis dahin unbekannten Luxus darstellte. Späterhin zirkulierte das Gerücht mit Blick auf Samen, Finnen aus dem Tornedal und Bewohner anderer dünn besiedelter Landstriche, die in moderne Wohnungen gezogen sind.

Lit.: af Klintberg 1978; Velure 1979.

22
Die Einwanderer und der Parkettboden

EINE EINWANDERERFAMILIE mit Großmutter und allem drum und dran bezog eine Wohnung in einem Mietshaus hier in der Stadt. Nach einer Weile reagierten die Nachbarn, deren Wohnung unter der der eingewanderten Familie lag. Ihre Wohnzimmerdecke hatte ein „Leck", und dort wie an den Wänden bildeten sich Flecken. Sie riefen das Gesundheitsamt an, und das machte einen Besuch bei der Einwandererfamilie. Im Wohnzimmer war der Parkettboden teilweise aufgebrochen. Dort baute diese Familie Kartoffeln an und unterhielt eine kleine Feuerstelle, wo sie Schweine am Spieß brieten und ihr ganzes Essen kochten. Unfaßbar, wie kann man sich bloß so aufführen.

Im Frühjahr 1975 beantworteten rund hundert Schülerinnen der Krankenschwesterschule in Eskilstuna den vom Nordischen Museum ausgearbeiteten Fragebogen „Gerüchte unserer Zeit". Viele von ihnen hatten das Gerücht gehört, die Einwanderer in ihrer Stadt hätten an ihren modernen Wohnungen Beschädigungen verursacht. Keine schien daran zu zweifeln, daß die Gerüchte wahr waren. Das Mädchen, das die obenstehende Sage wiedergab, muß, wie aus ihrem Kommentar zu schließen ist, voll und ganz daran geglaubt haben: „Unfaßbar, wie kann man sich bloß so aufführen." Sie hatte sie freilich sowohl von ihrem Onkel als auch von Lehrern an ihrer Schule gehört.

Daß viele moderne Volkssagen von Einwanderern handeln, ist nicht weiter verwunderlich. Vor allem das Unbekannte und Fremde wird Gegenstand von Gerüchten, Spekulationen und Sagenbildung. Doch die Einwanderersagen sind auf eine andere Weise eigentümlich. Sie drehen sich nur um eine einzige Sache: daß die Einwanderer gegen die Regeln verstoßen, die für das Wohnen in modernen Wohnungen gelten. Dabei spielt es keine Rolle, ob es nun

Finnen, Jugoslawen, Griechen oder Türken sind – in den Sagen werden sie alle in einen Topf „Einwanderer“ geworfen. Ins Parkett bohren sie Löcher für den Weihnachtsbaum; dasselbe machen sie mit der Trennwand zwischen zwei Wohnungen, um sich ein Telefon teilen zu können. Sie machen in der Küche Sauna. Sie rufen an, daß das Klo entleert werden soll, weil sie nicht begriffen haben, daß man die Spülung zieht. Sie halten in der Wohnung Nutztiere. Sie machen Feuer auf dem Fußboden. Usw. usw.

Das vom Nordischen Museum gesammelte Material zeigt, daß es so gut wie alle eben genannten Gerüchte in der Tradition schon gab, bevor Schweden während der Hochkonjunktur der 60er Jahre von der Einwandererwelle erreicht wurde. Früher jedoch erzählte man diese Geschichte von schwedischen Hinterwäldlern, die in moderne Wohnungen zogen, oder von irgendeinem alten Original vom Land, der eine moderne Altenwohnung bekommen hatte. Ein Bekannter von mir, der im Sommer 1958 in Luleå war, erzählte, es gingen Gerüchte über Leute aus abgelegenen Gegenden, die in ein Neubaugebiet am Rand der Stadt gezogen waren:

„Sie kamen aus primitiven Hütten mit Lehmboden und zogen in moderne Wohnungen, die sehr bald verkamen. Den umlaufenden Gerüchten zufolge hatten die neuen Mieter Löcher in die Wände gehauen, um mehr Durchgänge zwischen den Zimmern zu bekommen. Anfangs wußten sie nicht, daß man in der Toilette die Spülung ziehen mußte, sondern riefen, wenn das Klobecken voll war, beim Hausmeister an und baten ihn, er solle kommen und es leeren. Sie salzten das Weihnachtsschwein in der Badewanne ein und hängten ihre nasse Wäsche mitten in der Wohnung auf die Leine. Außerdem sollen sie für den Weihnachtsbaum Löcher in den Boden gebohrt haben.“

Die allerhäufigste Einwanderersage ist die oben wiedergegebene: daß sie den Parkettboden aufbrechen (wieviele moderne Wohnungen haben heutzutage eigentlich Parkett?), Erde einfüllen und Kartoffeln anbauen. Sie ist in praktisch jedem Neubaugebiet, in dem Einwanderer wohnen, bekannt. Oberflächlich betrachtet, kann sich so eine Geschichte wie ganz alltägliches Gerede ausnehmen, bei näherem Hinsehen jedoch kommt ihr Symbolcharakter zum Vorschein. Der Parkettboden symbolisiert eine verfeinerte bürgerliche Kultur. Bricht man ihn auf und füllt Erde hinein, beinhaltet das die Weigerung, sich einem zivilisierten Leben anzupassen. Die Einwanderer erweisen sich als unfähig, sich aus ihrer primitiven, zurückgebliebenen Herkunft zu lösen.

Selbstverständlich gibt es zwischen der Lebensführung von Schweden und Einwanderern Unterschiede; über diese wirklichen Unterschiede aber geben die Sagen keine Auskunft, die von Wert wäre. Ihre Botschaft lautet, daß die Einwanderer weniger zivilisiert und deshalb weniger wert sind als die Schweden. Daher ist es wichtig, sie als die vorurteilsbeladenen kollektiven Phantasien zu entlarven, die sie sind.

Lit.: af Klintberg 1976 b; Velure 1979.

23
Das Spinnengeschwür

DIE FOLGENDE GESCHICHTE hat mir eine Freundin erzählt, und sie behauptet, daß sie wahr ist:

Ein Mädchen war im Urlaub in Gambia, und als sie nach Hause zurückkam, hatte sie auf der Wange ein Geschwür. Sie ging zum Arzt, aber der unternahm nichts, sondern sagte, es müßte von selbst aufgehen. Das Geschwür wurde größer und größer, und zum Schluß ging sie zu einem andern Arzt, aber der gab ihr die gleiche Verhaltensregel.

Das Geschwür wurde immer noch größer, und eines Nachts, als sie im Bett lag, spürte sie, wie es aufging. Sie stand auf, machte Licht und betrachtete sich im Spiegel, und aus dem Geschwür heraus krabbelten Unmengen von kleinen Spinnen über die ganze Wange.

Das Mädchen ist jetzt in der Nervenheilanstalt.

Die Sage vom Spinnengeschwür tauchte 1975 in Schweden auf. Dort breitete sie sich lawinenartig aus und ist auch jetzt, 10 Jahre danach, noch immer weit verbreitet. Sie wird besonders oft von Frauen erzählt. Obige Version war die erste, die mir bekannt wurde. Sie war im September 1975 von Christina Fällman aus Täby an Expressen eingesandt worden, nachdem das Blatt einen Aufruf gebracht hatte, moderne Volkssagen mitzuteilen.

Das Muster der Geschichte ist in allen schwedischen Varianten gleich. Immer ist es eine Touristin, die das Geschwür bekommt, und immer bildet es sich auf ihrer Wange. Wenn es aufgeht, wimmeln kleine schwarze Spinnen hervor, und die Frau wird wahnsinnig. Die Details dagegen können wechseln. Das Urlaubsziel z.B. muß nicht Afrika sein, obwohl es am häufigsten vorkommt. Mitunter werden statt dessen Mallorca, die Kanarischen Inseln, Italien oder Rumänien genannt.

Was den Zeitpunkt angeht, zu dem die Geschichte aufkam, also gerade um 1975, läßt sich ein konkreter Anlaß nachweisen. Zu dieser Zeit nämlich berichtete eine Ärztezeitung darüber, was zwei schwedischen Urlaubern in Afrika passiert war. Als diese sich am Strand gesonnt hatten, waren Larven der „Tumbu-Fliege" *(Cordylobia anthropophaga)* unbemerkt unter die Haut gedrungen, und es hatten sich eitrige Geschwüre gebildet. Im schwedischen Krankenhaus waren die Geschwüre ohne Erfolg behandelt worden. Neun Tage nach dem Sonnenbad aber krochen zentimeterlange Larven aus ihnen hervor (DN v. 22.1.1976).

Selbst wenn einer der beiden Fälle die Geschichte aktualisiert haben mag, so sind sie doch kaum für deren Entstehung verantwortlich. Ähnliche Erzählungen hat es schon früher gegeben. In einer Aufzeichnung, auf die ich im Archiv für Volkskunde der Universität von Indiana, Bloomington, gestoßen bin, sind es keine Spinnen, die herausquellen, sondern Ameisen. Anfang der 60er Jahre erzählte man in den USA, einer Frau seien während des Sonnenbadens Ameisen auf den Leib gekrochen und hätten dort Eier abgelegt. Nach einer Weile habe ihre eine Wange furchtbar zu jucken angefangen. Die Frau geriet ganz außer sich und kratzte derart heftig, daß sie sich tiefe Wunden in die Wange riß. Da krochen kleine, frisch geschlüpfte Ameisen hervor und bissen sie! (FA 71:576).

Auch in Sammlungen moderner Sagen aus Holland (Portnoy 1980, 152) und England finden wir die Sage vom Spinnengeschwür. Die englische Version hat gewisse Ähnlichkeiten mit der aus USA: Ein Mädchen, das im Urlaub in Spanien ist, wird von einer Spinne am Hals gebissen. Ungefähr eine Woche darauf sitzt sie daheim im Garten und sonnt sich, als es zu jucken anfängt. Sie reißt den Grind ab, und den Hals herunter wimmelt ein Gelege gerade geschlüpfter Spinnen (Dale 1984, 68). Die in der Bundesrepublik erzählte Fassung der Sage stimmt mit der schwedischen völlig überein. Als Volker Knierim sie unter Studenten in Essen und Göttingen aufzeichnete, wurde zum Beweis der Richtigkeit der Aussagen auf zurückgebliebene Narben im Gesicht der betroffenen Frauen verwiesen (Knierim 1985, 238).

Mindestens einmal wurde die Geschichte als Nachricht in die Presse aufgenommen. Am 19.3.1980 brachten mehrere norwegische Blätter eine Meldung von Norsk Telegrambyrå unter der Überschrift *Spinne in Wange ausgeschlüpft.* Der Inhalt lautet:

„Bergen (NTB): Eine Bergenserin, die kurz vor Weihnachten auf Urlaub in ein südliches Land gefahren war, erlitt wenige Wochen nach der Heimkehr einen Schock. Auf ihrer rechten Wange, so berichtet Bergens Arbeiderblad, bildete sich ein Geschwür, das von einem Arzt als ‚nicht ernst' eingeschätzt wurde. Er verschrieb eine Salbe, die jedoch nicht half. Das Geschwür auf ihrer Wange wuchs, und als die Frau eines morgens vor dem Spiegel stand, um es zu überschminken, brach es auf, und heraus kam eine große Spinne."

Es kann kein Zufall sein, daß praktisch alle, die die Geschichte vom Spinnengeschwür erzählten, Frauen waren. Vor allem bei ihnen löst sie heftige Reaktionen aus. Auf ganz andere Weise als die männliche läßt die weibliche Geschlechterrolle Gefühle des Ekels und Abscheus vor allen Arten von

Kleingetier zu. Auch lernen sich Frauen eine minutiöse Schönheitspflege an und werden indoktriniert, sich ständig um ihr Aussehen zu sorgen. An der norwegischen Zeitungsmeldung fällt auf, daß das Geschwür in dem Moment aufbricht, als die Frau vorm Spiegel steht und gerade versucht, die entstellende Schwellung unter Schminke zu verbergen.

Die Sage vom Spinnengeschwür ist daher nicht nur Ausdruck einer allgemeinen Beunruhigung durch tropische Parasiten, sondern einer spezifisch weiblichen Furcht vor unangenehmem Kleingetier sowie davor, sein gutes Aussehen zu verlieren. Die Wange ist in diesem Zusammenhang ein symbolischer Körperteil. In der Literatur ist die glatte, rosige Wange ein klassisches Symbol für jugendlich frauliche Anmut und Schönheit. Die Spinne, die aus dem Geschwür hervorbricht, ist vergleichbar dem Wurm, der den runden, glatten Apfel anfrißt. Er ist ein beredtes Symbol der *vanitas,* der Vergänglichkeit. Das Bild von der Spinne oder den Spinnen, die sich über die Wange ergießen, hat jedoch eine stärkere Aufladung als die meisten klassischen Vanitas-Symbole, es ist ein alptraumhaftes Bild, das an Dalis surrealistische Phantasien denken läßt.

In einem Artikel in der Osloer Zeitung Dagbladet (v. 29. 3. 1980) hat Ebba Lind auf einen literarischen Vorläufer der Geschichte vom Spinnengeschwür hingewiesen und eine interessante Deutung vorgelegt. Das Motiv der Spinne, die aus einem Geschwür herauskommt, erscheint in einer romantischen Novelle aus dem 19. Jahrhundert, und zwar in „Die schwarze Spinne" von Jeremias Gotthelf aus dem Jahr 1842. Die Handlung spielt in der Feudalgesellschaft des Mittelalters. Darin schließen die Bewohner eines Dorfes einen Pakt mit dem Teufel, und eine Frau erhält zum Zeichen dafür einen Teufelskuß auf die Wange. Als aber die Dorfbewohner den Teufel um seinen Lohn prellen wollen, sieht die Frau zu ihrem Entsetzen ein schwarzes Geschwür auf ihrer Wange wachsen. Dieses bricht auf, und heraus kriechen schwarze, giftige Spinnen, die auf alles Vieh im Dorf losgehen und es töten.

Auch in der modernen Version ist die Spinne eine Bestrafung, die ausschließlich Frauen trifft. Der Teufelspakt, den sie eingehen, besteht darin, daß sie im Urlaub in südliche Länder reisen und dort dunkelhäutige, südländische Männer kennenlernen, mit denen sie ins Bett gehen. So werden sie zu einer Art moderne Hexen, die sich über die Moralgesetze der Männergesellschaft hinwegsetzen. Dafür aber müssen sie dann auch den Teufelskuß auf die Wange in Form des Spinnengeschwürs hinnehmen.

Lit.: Bausinger 1962; Lind 1980.

24
Der Irrtum des Bodenlegers

EIN BODENLEGER AUS SUNDSVALL hatte bei einer Familie einen Teppichboden verlegt. Als er mit der Arbeit fertig war, bekam er Lust auf eine Zigarette und suchte wie gewöhnlich in der Brusttasche nach dem Päckchen. Aber da war es diesmal nicht. Dafür wölbte sich irgendetwas unter dem Teppichboden.

Der Bodenleger fluchte vor sich hin. Er hatte keine Lust, nur wegen eines Zigarettenpäckchens den ganzen Boden wieder rauszureißen. Also nahm er seinen Hammer und klopfte solange auf der Beule herum, bis alles schön glatt und eben war.

Am nächsten Tag rief der Auftraggeber an und bedankte sich für die Arbeit. Er erwähnte auch, daß man auf dem Küchentisch ein Päckchen Zigaretten gefunden habe. Ob das womöglich ihm gehöre? Und hatte er vielleicht zufällig den Hamster der Familie gesehen, der seit gestern verschwunden sei?

Ungefähr so erzählte Astrid Forsberg aus Härnösand die Geschichte in einem Brief vom Januar 1981. Sie hatte sie von einem 25jährigen Innendekorateur, der die Konkurrenzfirma aus Sundsvall, bei der der Bodenleger arbeitete, namentlich nennen konnte. Sie hatte aber auch andere Versionen gehört, in denen es ein Kanarienvogel war, der plattgeklopft wurde. Deshalb war ihr klar, daß es sich um eine Sage handeln mußte.

Zum Thema verunglückte Haustiere gibt es auffallend viele moderne Sagen. Einige davon sind in der vorliegenden Auswahl enthalten: außer dem „Irrtum des Bodenlegers“ die Geschichten vom Pudel im Restaurant und der Katze im Mikrowellenherd. Andere, von denen der Leser verschont bleiben soll, sind die vom Hund, der über die Balkonbrüstung (13 Stockwerke hoch) einem Ball nachspringt, und die von der Katze in der Waschmaschine. Warum nehmen wir unsern Hunden, Katzen, Hamstern und Kanarienvögeln in den Sagen eigentlich immer das Leben?

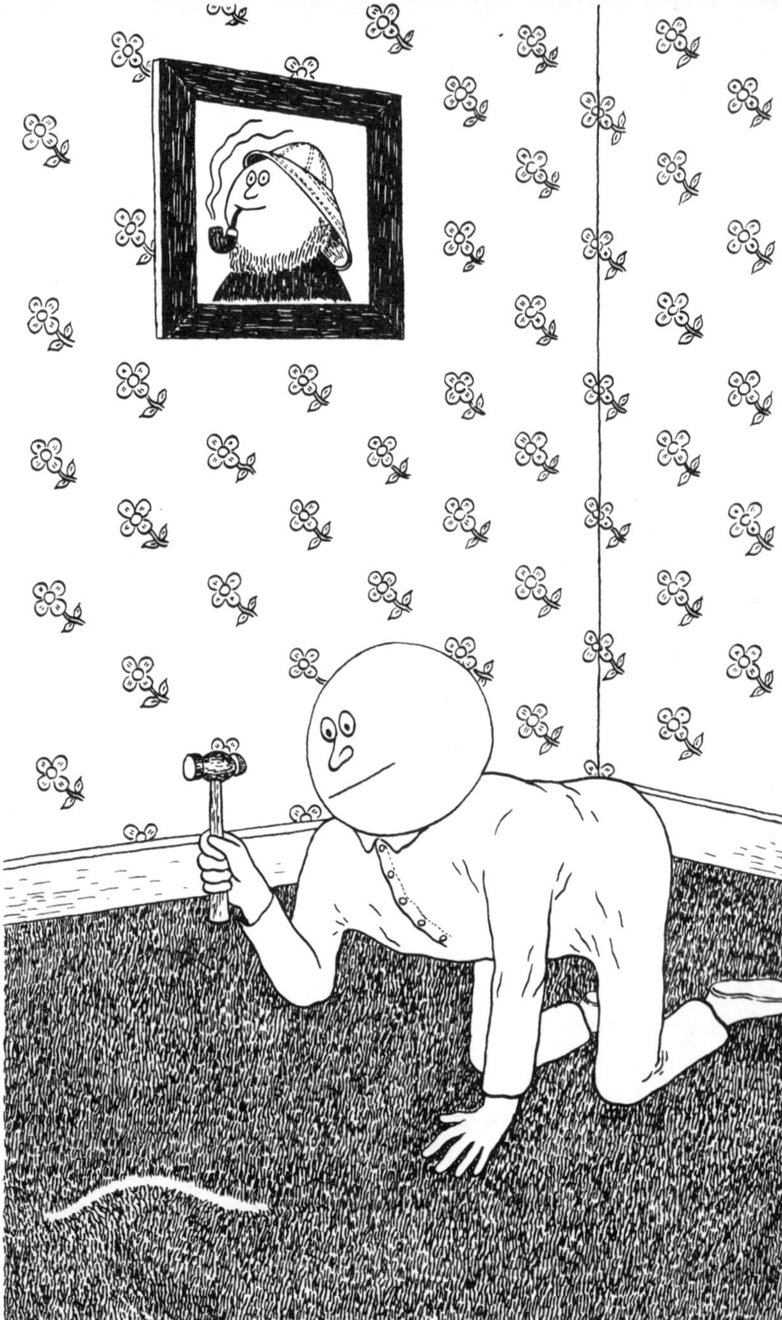

In seinem Buch „The choking doberman" versucht Jan Harold Brunvand diese Frage zu beantworten (S. 93). Er ist der Ansicht, daß die schockierende Schlußpointe dieser Sagen aus dem Grunde Lachen hervorruft, weil es letzten Endes doch nur um Tiere geht. Außerdem ahnen die meisten, daß diese Erzählungen nicht wahr sein können. Man kann sie als lustige Anekdoten erzählen, und dadurch wird die Gewalt genauso harmlos wie die in einem Tom-und-Jerry-Film oder bei Woody Woodpecker.

Ich persönlich meine, es ist wichtig, daran zu erinnern, daß es sich hier um eine Sagenkategorie handelt, die es früher nicht gab. Die grausame Komik schockiert uns, weil unsere Haustiere normalerweise der Gegenstand sentimentalster Fürsorge sind – ganz im Gegensatz zu den Nutztieren, die eher verdinglicht werden. In der alten bäuerlichen Gesellschaft mit ihrer unsentimentalen Einstellung den Nutztieren gegenüber hätte diese Sorte von Geschichten kaum aufkommen können.

In ihrer Sammlung moderner Sagen aus Holland gibt Ethel Portnoy eine grausame Parallele zur Bodenleger-Geschichte zum besten. Hier handelt es sich beim Verschwinden des Tiers nicht um ein Versehen. Eine Dame geht mit ihrem Schoßhündchen an der Leine spazieren. Sie trifft eine Freundin und bleibt stehen, um sich mit ihr zu unterhalten. Direkt neben ihr sind Straßenarbeiter damit beschäftigt, den Gehsteig neu zu pflastern. Als die Dame weitergehen will, ist der Hund weg, und die Leine, die sie in der Hand hält, verschwindet unter einem Pflasterstein. So etwas passiert in Holland öfters, berichtet Ethel Portnoy. Die Straßenarbeiter hassen dort Hunde wie die Pest.

Lit.: Portnoy 1980, 34; Brunvand 1984, 93–95.

25
Der Seidenaffe

EINE FAMILIE AUS BROMMA hatte sich einen Seidenaffen angeschafft. Der Mann hatte ihn auf einer Auslandsreise gekauft, und nachdem der Affe drei Monate in Quarantäne gewesen war, holte er ihn nach Hause. Dort wurde der Käfig geöffnet, und das Tier sprang heraus, noch ganz durcheinander von der Fahrt und verschreckt durch die fremde Umgebung. Die ganze Familie war versammelt und jubelte über den neuen Spielkameraden. Der Affe sprang an einer Gardine hoch und schwang sich von da zur nächsten. Nachdem er so von Gardine zu Gardine im ganzen Zimmer herumgehüpft war, wechselte er, gefolgt von der freudig aufgeregten Familie, ins nächste über. Mit wilden Sprüngen gelangte er so durchs ganze Haus.

Schließlich erreichte der Seidenaffe das Bad, wo sein Blick auf die Toilette und die Kette für die Spülung fiel. Er machte also einen Satz an die Kette, als auch schon mit Getöse die Spülung losging. Darüber erschrak der Affe dermaßen, daß er die Kette losließ und in die Schüssel fiel, und im nächsten Moment war er hinuntergespült. Rund um die Toilette stand eine völlig verdutzte Familie, die sich ganze fünf Minuten lang an ihrem Affen hatte erfreuen können.

Mats Hellspong, der große Humorist unter meinen Arbeitskollegen am Institut für Volkskunde in Stockholm, schrieb die Geschichte vom Seidenaffen 1975 so auf, wie er sie vom Ende der 60er Jahre her noch in Erinnerung hatte. Gehört hatte er sie von einer ehemaligen Schulkameradin, und er hatte den Eindruck gewonnen, sie könnte wirklich passiert sein.

Wie es sich auch immer verhalten mag hinsichtlich des realen Hintergrundes, so können wir doch feststellen, daß die Geschichte ein stark zeittypisch gefärbtes Detail aufweist. Donnernde Wasserklosetts, die man durch Ziehen an einer Kette betätigt, gibt es heute nicht mehr. Ihre Produktion wurde vermutlich um die Mitte unseres Jahrhunderts eingestellt. Die Exemplare, die noch in Benutzung sind, werden mit jedem Jahr weniger. In ein paar Generationen wird man die Geschichte vom Seidenaffen nicht mehr erzählen können, weil niemand mehr versteht, wie es zugehen konnte, daß der Affe sich selbst hinunterspülte.

Die Geschichte hat Berührungspunkte mit vielen anderen Wandersagen unserer Zeit, die sich um Haustiere drehen. Wie die Sagen von verunglückten Hunden und Katzen in Mikrowellenherden und Waschmaschinen lassen sie das Haustier in der Begegnung mit der Technologie moderner Wohnungen unterliegen. Ganze fünf Minuten nur darf sich die Familie aus Bromma der Illusion hingeben, ihre Villa sei ein lianenverhangener Dschungel; dann kommt das schnöde Erwachen in den Alltag.

Man kann dabei freilich auch an die Sagen von den Alligatoren in der New Yorker Kanalisation denken oder an die Boas in den Abflußrohren von Göteborg. Von den Alligatoren wird erzählt, sie seien im Klo hinuntergespült worden, als ihre Besitzer sie als Haustiere nicht mehr haben wollten, und die Boas schlängeln sich freiwillig in die Toilettenschüsseln, um Ratten zu jagen. Im Unterschied zum Seidenaffen, der hoch über dem Boden zu Hause ist, erlaubt man ihnen, in der unterirdischen Welt der Kanalisation zu überleben.

26
Der Haken

FOLGENDES PASSIERTE AUF DER AUTOBAHN IN DEUTSCHLAND. Ein junges Liebespaar ist mit dem Auto unterwegs und fährt ab auf eine kleine Nebenstraße. Dort stehen sie und knutschen und küssen sich, während das Autoradio läuft. Auf einmal unterbricht eine dringende Meldung das Musikprogramm. Der Sprecher teilt mit, daß aus einer Anstalt ganz in der Nähe ein Geisteskranker ausgebrochen ist. Zu erkennen ist er daran, daß ihm eine Hand fehlt; an ihrer Stelle trägt er einen Eisenhaken. Er hat schon früher junge Pärchen in Autos überfallen, wobei er dem Jungen mit dem Haken die Kehle durchschnitt und danach das Mädchen vergewaltigte.

Nach der Meldung kommt wieder Musik. Aber das Mädchen ist unruhig geworden. Sie findet es gruselig, weiter auf dem kleinen Seitenweg zu bleiben, und so bittet sie den Jungen, von dort wegzufahren. Widerwillig geht er darauf ein. Er läßt den Motor an, gibt Vollgas und braust mit quietschenden Reifen davon.

Nach einer Weile müssen sie tanken. Sie fahren an eine Tankstelle, und der Junge steigt aus. Da hört er ein klingendes Geräusch von der Außenseite der Wagentür. Als er nachsieht, hängt am Türgriff ein Haken. Sie hatten sich in letzter Sekunde gerettet.

Erik Lindstrand hörte den „Haken" um 1965 herum in Göteborg von einem Neffen, der „in solchen Geschichten schwelgt", und erzählte ihn mir neun Jahre später. In den USA ist er unter Teenagern eine der häufigsten und gewöhnlichsten Horrorgeschichten, bekannt seit Ende der 50er Jahre. Wie andere Teenager-Schocker auch spiegelt er das Dating-System der dortigen Collegejugend wider, bei dem die Jungen die Mädchen zu einer Autotour einladen, was im günstigsten Fall auf erotische Erfahrungen hinauslaufen soll. Erzählt werden diese Geschichten vor allem abends in den sogenannten dormitories, in denen die Collegejugend während des Semesters wohnt.

Alan Dundes will in dem Eisenhaken, der die Autotür aufzubekommen versucht, ein Phallussymbol sehen. Ihm fiel auf, daß die Sage vor allem unter weiblichen Teenagern erzählt wird, und er meint, sie spiegele die Unruhe wider, die junge Mädchen fühlen, wenn sie in einem geparkten Auto mit einem jungen Mann zusammensitzen, der gerade sein Bestes tut, sie zu verführen. Wenn die weibliche Hauptperson in der Geschichte unruhig wird und den Jungen überredet, heimzufahren, rettet sie sich nicht nur vor dem Angreifer draußen im Dunkeln, sondern auch vor den sexuellen Attacken des Jungen. Dundes' Deutung wird dadurch gestützt, daß der Junge nur äußerst widerwillig darauf eingeht, wegzufahren. Als er seine erotischen Aktivitäten abbrechen muß, ist er so enttäuscht, daß er einen Kavalierstart macht – den Kavalierstart, der dazu führt, daß der Haken abreißt und er selbst (wenigstens diesmal) symbolisch kastriert wird.

Lit.: Barnes 1966; Dégh 1968 b; Dundes 1971, 29 ff.; Mullen 1972, 97 f.; af Klintberg 1976 b, 289, u. 1983 b; Brunvand 1981, 48 ff.

27
Der Tod des Freundes

ICH HABE MAL EINE GESCHICHTE GEHÖRT von einem Jungen und einem Mädchen. Die Geschichte soll wirklich wahr sein.

Passiert ist es in Deutschland, und die beiden waren mit dem Auto unterwegs. Mitten im Wald war plötzlich der Tank leer, und er machte sich auf den Weg, um etwas Benzin zu organisieren. Ehe er ging, sagte er ihr, daß sie niemandem aufmachen sollte. Während sie also da im Auto saß, kam durchs Radio eine Warnung vor einem Geisteskranken. Der war aus einer Irrenanstalt in der Nähe ausgebrochen.

Sie saß also eine ganze Weile da und wartete. Plötzlich hörte sie hinten am Wagen ein Kratzen. Dann war es wieder eine Zeitlang still, und dann tat es vom Autodach her gleichmäßige dumpfe Schläge. Im gleichen Moment sah sie einen Streifenwagen mit laufenden Sirenen. Die Polizisten stiegen aus. Sie nahmen ein Megafon und riefen ihr zu, sie solle aus dem Wagen kommen und auf sie zugehen. Sie dürfe aber absolut nicht nach hinten sehen. Also machte sie die Wagentür auf und stieg aus, und dabei hörte man weiter diese dumpfen Schläge. Aber als sie ein Stück vom Auto weg war, machte sie genau das, was sie absolut nicht gedurft hatte. Sie drehte sich um, und auf dem Autodach sah sie den Irren. Zwischen seinen Händen hielt er den Kopf ihres Freundes, den er mit voller Wucht gegen das Dach schmetterte.

Diese Geschichte habe ich das erste Mal von einem Kumpel gehört, aber seitdem noch öfters. Egal, wo sie her sind, immer wenn sie sagen, daß sie einem jetzt was Grauenhaftes erzählen, kriegt man die Geschichte hier zu hören. Als ich sie zum ersten Mal gehört habe, war's die böseste Geschichte, die mir je vorgekommen ist, und alle behaupten ja, daß sie wahr ist.

Diese Horrorgeschichte verbreitete sich in der ersten Hälfte der 70er Jahre sehr schnell unter schwedischen Jugendlichen. Heute stellt sie zweifellos den populärsten Schocker innerhalb ihrer mündlichen Erzähltradition dar. Obige Version wurde im Mai 1975 von einer Schülerin der 9. Klasse der Gylle-Schule in Borlänge aufgeschrieben.

Seit Herbst 1975 ist die Geschichte oft mit einem besonderen Einleitungsmotiv ausgestattet. Ein Mädchen aus Schweden hat eine deutsche (englische, türkische) Brieffreundin, die ihr auf einmal nicht mehr schreibt. Ein paar Jahre herrscht Funkstille; dann kommt ein Brief, in dem die Freundin erzählt, daß sie im Krankenhaus gelegen hat. Sie hatte einen Schock erlitten, als sie mit ihrem Freund unterwegs gewesen und er von einem Irren umgebracht worden war. Diese Einleitung erhöht zusätzlich die Glaubwürdigkeit der Geschichte, besonders wenn der Erzähler andeutet, er/sie kenne die schwedische Brieffreundin. Was uns auffällt, ist, daß die Erzählung, genau wie „Der Haken", nach Deutschland verlegt ist. Das kann damit zusammenhängen, daß es tatsächlich einen aufsehenerweckenden Fall gegeben hat, bei dem ein Pärchen aus Schweden, das dort in der Nähe einer Autobahn im Zelt übernachtete, ermordet worden war. In der mündlichen Tradition sind die beiden Horrorgeschichten offenbar mit dieser Tat verschmolzen worden, wodurch sich ihr Grad an Authentizität erhöhte.

In Wirklichkeit ist auch die Geschichte vom Tod des Freundes unter amerikanischen Jugendlichen entstanden. Dort wurde sie 1964 das erste Mal dokumentiert. Der Inhalt der amerikanischen Version weicht in einigen Punkten von der schwedischen ab. Das Mädchen, das in dem verschlossenen Auto sitzt, hört ein schwaches Kratzgeräusch vom Dach her, das während der Nacht ab und zu wiederkommt. Als schließlich der Streifenwagen ankommt und das Mädchen der Aufforderung, auszusteigen, folgt, kommt die atemstockende Auflösung: Sie dreht sich um und sieht, wie ihr Freund tot an einem Seil hängt, das um einen Ast über dem Auto geschlungen ist. Er ist das Opfer des Irren geworden. Seine Füße reichen gerade eben ans Autodach, und das war es, was das Mädchen die ganze Nacht hindurch gehört hatte. Sie waren im Wind hin und hergeschaukelt. Mitunter ist die Auflösung noch böser: Der Freund ist an den Füßen aufgehängt, sein Kopf abgeschnitten und sein Blut an den Seiten des Wagens heruntergelaufen. Hier sind es seine Fingernägel, die sie gegen das Auto kratzen gehört hat.

In der schwedischen Version ist der irre Mörder selbst da, er sitzt auf dem Autodach und hält den Kopf des Freundes in seinen Händen. Diese Ausformung scheint in Europa entstanden zu sein. Erhängen als volkstümliche Gewalttat ist in den USA weit bekannt, unter europäischen Jugendlichen jedoch hat das Motiv offensichtlich nicht die gleiche Resonanz, was zur Veränderung geführt haben wird.

Der äußere Rahmen von „Der Tod des Freundes" weist große Ähnlichkeiten mit dem des „Haken" auf. Beide Erzählungen drehen sich um einen Jungen und ein Mädchen, die im Auto des Jungen zusammen rausgefahren sind und von einem geisteskranken Gewalttäter überfallen werden. Der

Unterschied liegt darin, daß sie im „Haken“ mit dem Leben davonkommen, während in „Der Tod des Freundes“ der Junge dem Mörder zum Opfer fällt. Linda Dégh hält für wahrscheinlich, daß es zwischen beiden einen genetischen Zusammenhang gibt: Die letztere Geschichte wurde von jemandem erfunden, der den „Haken“ kannte und das unheimliche Thema noch um eine Stufe steigern wollte. Ihre Ingredienzen stammen aus Zeitungsberichten und Horrorfilmen über geisteskranke Mörder, zugleich aber auch aus einer jahrtausendealten Volksdichtung, und zwar dann, wenn es darum geht, daß das Mädchen gegen das Verbot, sich umzudrehen, verstößt. Dieses Motiv kommt bereits im griechischen Mythos von Orpheus vor, der Eurydike aus der Unterwelt zurückholen will.

In der Bundesrepublik ist die Geschichte nach Finnland verlegt worden. Die folgende Variante wurde Volker Knierim 1976 von einem Essener Schulkameraden als das Urlaubserlebnis gemeinsamer Bekannter erzählt:

„*Ein Paar fährt mit seinem ‚Käfer‘ durch die finnische Wildnis. Gegen Abend bemerkt der Mann etwas Ungewöhnliches am Straßenrand und hält an. Er will aussteigen, um irgend etwas genauer sehen zu können. Vorher aber warnt er seine Freundin eindringlich, hier auf ihn zu warten, das Auto fest verschlossen zu halten und es auf keinen Fall zu verlassen. Darauf verschwindet er bei beginnender Dämmerung in der Wildnis. Die Frau wartet und fängt allmählich an, sich zu fürchten, zumal rund um das Auto und vom Wagendach herab seltsame Geräusche zu hören sind, die in ein monotones Klopfen übergehen. Irgendwann am nächsten Tag erscheint die rettende Polizei. Man bedeutet der verwirrten Frau, das Auto zu verlassen und sich dabei keinesfalls umzusehen. Bevor sie ins Polizeiauto einsteigt, blickt sie sich aber doch um und ist entsetzt: Auf dem Dach des ‚Käfers‘ sitzt ein verwilderter Waldmensch, der den abgerissenen Kopf ihres Freundes in Händen hält. Der Waldmensch wird dann als entlaufener Irrer erklärt, dem der Freund des Mädchens nachgegangen war.*“ (Knierim 1985, 234–35)

Lit.: Barnes 1966; Dégh 1968a; af Klintberg 1976b, 288 f.; Brunvand 1981, 5–16; Knierim 1985.

28
„Auch Menschen können lecken"

DA WAR MAL EIN MÄDCHEN, die hatte einen Hund. Wenn sie abends ins Bett ging, legte sich auch der Hund auf einen Vorleger direkt daneben. Und wenn sie nachts aufwachte, streckte sie immer ihre Hand runter und ließ den Hund ihre Finger lecken. Dann fühlte sie sich geborgen und schlief wieder ein.

Eines Nachts wachte sie von einem Geräusch im Zimmer auf. Sie streckte die Hand runter, und als der Hund ihre Finger leckte, beruhigte sie sich und schlief wieder ein. Morgens wachte sie auf und sah, daß der Hund nicht wie sonst auf dem Vorleger lag. Sie dachte sich aber nichts weiter dabei, sondern ging ins Bad, um sich zu waschen und die Zähne zu putzen.

Aber da bot sich ihr ein grauenhafter Anblick. Ihr geliebter Hund lag mit durchschnittener Kehle tot auf dem Boden. Und an die Wand hatte jemand mit Blut geschrieben: „Auch Menschen können lecken!"

Wie so viele andere Teenager-Schocker – z.B. „Der Tod des Freundes" – stammt diese Geschichte aus der nordamerikanischen Teenagerkultur. Der obenstehende Text wurde übernommen aus einer kanadischen Sammlung moderner Sagen (Fowke 1976, 266).

Die Handlungsstruktur hat gerade mit „Der Tod des Freundes" große Ähnlichkeiten. Wieder ist der gleiche irre Mörder am Werk, diesmal aber ist es nicht der Freund, sondern der treue Hund, der den Kopf abgeschnitten bekommt. In beiden Erzählungen hat das Mädchen den Verrückten ganz nah bei sich, ohne daß es ihr bewußt würde (die Schläge aufs Autodach, die leckende Zunge unter dem Bett). In beiden fällt der, der sie beschützen soll, dem Mörder zum Opfer.

Dies hier sind Geschichten, die sich in erster Linie an junge Mädchen richten. Sie sind es, die erschaudern und aufschreien sollen, wenn sich abends die

Jugend trifft und einander mit scheußlichen Geschichten erschreckt. Solche Erzählumgebungen sind mit erotischer Spannung geladen. Mädchen bieten diese Geschichten die Möglichkeit, als schutzsuchend aufzutreten, und Jungen, Schutz und Geborgenheit zu bieten.

„Auch Menschen können lecken" kommt auch in einer Kinderversion vor. Diese hat sich mehr von der Wirklichkeit entfernt und weist Stilzüge auf, die für Spukgeschichten von Kindern typisch sind. So liegt z.B. das Mädchen da und hört das Blut des toten Hundes heruntertropfen, ehe sie aufsteht und ihn findet.

Lit.: Brunvand 1984, 73–77.

29
Der Mörder auf dem Rücksitz

DIESE GESCHICHTE HÖRTE EINE DÄNISCHE JOURNALISTIN, als sie in den USA war. Sie behauptet, daß die Frau, die ihr das erzählt hat, dieselbe ist, der sie passiert war.

Die Frau war bei Bekannten gewesen und wollte mit dem Auto heimfahren. Es war mitten in der Nacht. Als sie vom Parkplatz wegfuhr, hängte sich ein Riesen-Lkw direkt an sie dran und leuchtete in ihren Wagen hinein. Das Licht wurde vom Rückspiegel reflektiert und blendete sie. Da dachte sie noch, daß das nur ein besonders blöder Scherz sei.

Später auf der Autobahn hing der Lkw dann Kilometer auf Kilometer hinter ihr und ließ seine Fernstrahler andauernd in ihren Wagen hineinleuchten. Sie wurde langsamer, damit er überholen konnte. Es war irgendwo im mittleren Westen, mit diesen endlosen Geraden, so daß es nicht schwer war, vorbeizukommen. Aber der Lkw blieb hinter ihr, und als sie an die Seite fuhr und anhielt, hielt der andere auch. Die Frau war jetzt ordentlich in Angst. Als sie sich umdrehte, sah sie bloß eine Batterie blendender Scheinwerfer und über ihnen eine schwarze Windschutzscheibe.

Das letzte Stück fuhr sie so schnell sie konnte. Sie kam bei dem Haus an, wo sie wohnte, stürzte aus dem Auto und machte, daß sie reinkam. Durch ein Fenster sah sie, wie der riesenhafte Lkw hinter ihrem Wagen hielt. Ein Mann sprang aus dem Führerhaus runter auf den Bürgersteig, ging auf ihre Haustür zu und schellte.

Jetzt war die Frau vor Schreck völlig gelähmt. Sie war allein zu Hause, und der Mann da draußen hörte nicht auf zu schellen. Auf das schlimmste gefaßt, machte sie auf. Der Lkw-Fahrer sagte ihr, er habe zufällig in ihren Wagen geschaut, als sie aus dem Parkplatz rausfuhr. Dabei hätte er gesehen, wie auf dem

Rücksitz ein Mann mit einem Messer in der Hand kauerte. Als er die Fernstrahler eingeschaltet hatte, hatte sich der Mann weggeduckt. Deshalb sei er ihr den ganzen Weg nach Hause hinterhergefahren. Das war die einzige Möglichkeit gewesen, sie vor dem Mörder auf dem Rücksitz zu retten.

Diese Gruselgeschichte erzählte mir im März 1974 ein Redakteur Bagge von Blekinge Läns Tidning am Telefon. Zum ersten Mal aufgezeichnet wurde sie Anfang der 60er Jahre bei der amerikanischen College- und Universitätsjugend. Die Erzähler sind zum größten Teil Frauen, was leicht zu verstehen ist, da sie sich mit dem weiblichen Autofahrer identifizieren können. Wie viele andere Teenager-Schocker hat die Geschichte sexuelle Untertöne: Die Angst der Frau vor dem Lkw hinter ihr beruht darauf, daß sie glaubt, der Fahrer wolle sich an ihr vergehen.

In den USA existiert die Erzählung in mehreren Versionen. In der Regel endet sie damit, daß der versteckte Mann – der häufig als Neger angegeben wird – vom Lkw-Fahrer, vom Ehemann oder der herbeigerufenen Polizei überwältigt wird. Nicht immer ist der Verfolger/Retter ein Lkw-Fahrer, er kann auch ein Mann in einem normalen Pkw sein. In einer Version wird die Frau von einem Tankwart gerettet. Als sie ihm einen Zehn-Dollar-Schein durchs Fenster reicht, sagt er, sie müsse in den Kassenraum mitkommen, der Schein sehe gefälscht aus. Drinnen erklärt er ihr dann, daß dies nur ein Vorwand war; er habe sie vor dem Mann warnen wollen, der hinter den Vordersitzen kauere.

Nach der Version des verfolgenden Lastwagens wurde in den USA auch ein TV-Thriller gedreht („Duell“, Regie: Steven Spielberg, 1971; A.d.Ü.).

Lit.: Drake 1968; Cord 1969; Brunvand 1981, 52–53.

30
Der Elefant auf dem VW

DAS HIER IST IRGENDWO IN DEN USA PASSIERT, als ein Zirkus durch eine Stadt paradierte. In dem langen Zug von Zirkuswagen gingen auch ein paar Elefanten. Und die waren darauf dressiert, sich auf einen roten Schemel zu setzen, wenn ihr Dompteur auf der Trillerpfeife blies.

Plötzlich war mitten im Verkehrslärm so ein Signal zu hören. Die Elefanten wandten sich um, und einer von ihnen sah an einer Ampel einen roten VW stehen. Ein paar Augenblicke später saß er auch schon auf dem VW, die Vorderbeine in die Luft gestreckt. Von allem, was es in der nächsten Umgebung gab, hatte das Auto dem Schemel am ähnlichsten gesehen.

Brita Frostell, eine meiner Schülerinnen am Institut für Volkskunde, erzählte diese Geschichte im September 1975. Sie hatte sie von amerikanischen Freunden gehört. Ein paar Tage vorher, am 15. September, hatte Expressen auf der letzten Seite ein phantastisches Foto gebracht: ein Elefant, der sich auf einen VW gesetzt hatte, und das mitten auf der Kreuzung Valhallavägen/Sturegatan in Stockholm. Wie hing das zusammen? Hatte auch dieser Elefant im Verkehrslärm ein Pfeifsignal gehört? Nein, der Zirkus Scott hatte die bekannte moderne Volkssage nur inszeniert, um seinem Einzug in die Stadt mehr Publicity zu verschaffen. Auch davon war in dem Artikel in Expressen die Rede gewesen.

Früher wurde dieses Lügenmärchen bedeutend ausführlicher erzählt. Olov H. Tångeberg hat berichtet, daß es ihm schon 1952 zu Ohren gekommen war. Damals war die Hauptperson ein Mann aus Örebro, der mit seinem kleinen knallroten Fiat nach Kopenhagen gefahren war und ihn dort vor der Hauptpost geparkt hatte, ganz nahe beim Hauptbahnhof. Während er auf der Post war, begann ein Zirkus, der gerade mit einem Sonderzug angekommen war, seine Parade durch die Straßen von Kopenhagen. Ein Elefant sah den Fiat und setzte sich drauf, weil er dressiert war, sich auf einen roten Schemel zu setzen. Als der Mann zu seinem platt gemachten Auto zurückkam, erklärte ihm der Zirkusdirektor, was passiert war und zahlte ihm eine angemessene Entschädigung. Der Mann entschloß sich, zu versuchen, nach Örebro zurückzufahren. Am Motor war nichts kaputt, aber er selbst mußte in hockender Stellung sitzen und äußerst langsam fahren. In der Gegend von Kolmården war dann die Straße durch mehrere verunglückte Autos blockiert. Der Mann hielt und fragte, ob er helfen könne, als ein Polizeibeamter seinen Wagen sah und fragte, ob er auch in den Unfall verwickelt sei. Der Mann antwortete, das sei er nicht, und erzählte von dem Elefanten. Die Folge war, daß er mit zur Polizeistation nach Katrineholm fahren mußte, wo man einen Alkoholtest bei ihm machte.

Als die Geschichte in den letzten Jahren auftauchte, spielte sie immer öfter in einem Safaripark. Eine Familie hat irgendwo im Park angehalten, um ihren mitgebrachten Proviant zu verzehren. Plötzlich drückt sich ein Elefantenrüssel durchs Fenster und schnappt sich ein Butterbrot. Die Mutter, die vorne sitzt, gerät in Panik und dreht das Fenster hoch, so daß der Rüssel festklemmt. Darauf wird der Elefant wild und stemmt beide Vorderbeine gegen das Autodach, um loszukommen. Man dreht das Fenster wieder runter, damit der Elefant seinen Rüssel rausziehen kann, und verläßt dann eilig den Schauplatz in einem verbeulten Auto. Der Familienvater fühlt, daß er sich vor Antritt der Heimfahrt noch mit einem Bier stärken muß. Unterwegs gerät er dann in einen Massenauffahrunfall und mußder Polizei eine Erklärung für die Blechschäden an seinem Wagen geben. Die Beamten riechen die Bierfahne, holen das Röhrchen und kommandieren: Blasen! Als die Safari-Version das letzte Mal in einer schwedischen Zeitung zu lesen stand (Dagens Nyheter v. 5.4.1986), wurde behauptet, die Sache sei in Neuseeland passiert, und im Autofenster war kein Elefant, sondern eine Giraffe eingeklemmt worden!

Lit.: Smart 1970; af Klintberg 1976b, 286 f.; Brunvand 1984, 58 ff.

31
Der Freund mit dem offenen Hosenschlitz

EIN JUNGER MANN war das erste Mal zum Abendessen bei der Familie seiner Freundin eingeladen. Sie hatte ihn schon vorgewarnt, daß ihre Eltern etwas altmodisch wären und viel auf gute Manieren gäben. Als er nun bei Tisch saß und gerade eine angestrengte Unterhaltung mit einer älteren Verwandten führte, flüsterte ihm seine Freundin ins Ohr, er solle seinen Hosenschlitz zumachen. Der junge Mann senkte verstohlen den Blick und sah den Hosenschlitz offenstehen. Er tat, als hätte er durch die großen Eßzimmerfenster draußen etwas entdeckt.

„Sehen Sie mal!“ rief er und zeigte nach draußen.

Alle am Tisch wandten sich zum Fenster und sahen hinaus. Eilig zog er den Reißverschluß zu. Gleichzeitig merkte er, wie das Gemurmel am Tisch verstummte und in eisige Stille umschlug. Als er nun aus dem Fenster sah, begriff er warum. Da draußen auf dem Rasen waren zwei Hunde dabei, sich zu paaren.

Nach einer Weile, die ihm wie eine Ewigkeit vorkam, war die Mahlzeit beendet und die Tischgäste standen auf. Der junge Mann erhob sich ebenfalls. Der Reihe nach fielen Teller, Gläser und Besteck mit ohrenbetäubendem Geklirr zu Boden. Ein Zipfel der Tischdecke war in seinem Hosenschlitz eingeklemmt worden, als er den Reißverschluß zugezogen hatte.

Die Sage ist vermutlich in Schweden nicht ganz unbekannt; die Pointe mit der Tischdecke, die sich im Hosenschlitz verklemmt, ist in der Fernsehsendung „So ist das Leben“ als Sketch gezeigt worden. Man kann sie aber vor allem in den USA erzählen hören. Die oben mitgeteilte Version habe ich Jan Harold Brunvands Buch „The vanishing hitchhiker“ (S. 139) entnommen.

Viele moderne Sagen schildern auf ähnliche Weise alptraumartige peinliche Erlebnisse. Sie spiegeln Ängste wider, die wir alle kennen: uns zu blamieren, ungewollt gegen die guten Sitten zu verstoßen. Aber wenn die Hauptperson in diesen Sagen ein Tabu verletzt, dann so gründlich, daß ein komischer Effekt entsteht. Unser Freund lenkt die Aufmerksamkeit gerade auf das, was er verbergen will: auf den Hosenschlitz und den Bereich der Sexualität, der damit verknüpft ist.

32
Penis captivus

EINE SCHEUSSLICHE GESCHICHTE zirkulierte in meiner frühen Jugend, das war um 1922. Der sie erzählte, hieß Sture, erinnere ich mich. Wir Jungen blickten alle zu ihm auf und glaubten blind, was er sagte. Sie handelte von einem Pärchen, das sich eines Sommerabends in Halmstad bei einem Tanz im Freien kennengelernt hatte. Sie zogen sich hinter ein Gebüsch in der Nähe zurück und schliefen miteinander. Doch plötzlich bekam sie eine Art Krampf mit der Folge, daß sie sich nicht mehr voneinander lösen konnten. Wo sie lagen, ging es abschüssig zum Ufer des Flusses Nissan hinunter, und in ihrer Verzweiflung versuchten sie, ins Wasser zu rollen und sich zu ertränken. Einige andere Jugendliche, die sich am Tanzplatz befanden, hörten den Plumps, und es gelang ihnen, die zwei zu retten. Pitschnaß und noch immer fest vereint, wurden sie ins Krankenhaus gebracht. Dort behandelte man sie, indem man sie abwechselnd in warmem und kaltem Wasser baden ließ. Die Kur schlug an; wenn sie aber keinen Erfolg gehabt hätte, so wäre der letzte Ausweg gewesen, die Frau zu töten, erzählte uns Sture. Ärzte erklärten die Geschichte für erfunden, hörte ich später; aber seinerzeit glaubte ich daran.

Eine etwas lustigere Geschichte, die ich um dieselbe Zeit hörte, ereignete sich während einer Betstunde. Das Licht war plötzlich ausgegangen, und ein Mädchen, das am offenen Kamin saß, fühlte, wie jemand sie betastete. Sie nahm etwas Ruß vom Kamin und strich jener Person übers Gesicht. Als das Licht wieder anging, war der Prediger schwarz im Gesicht. Ich hielt die Geschichte für wahr, bis ich 1933 in Dalarna genau dieselbe zu hören bekam und begriff, daß sie zu den Wandersagen gehört.

Arnold Lindberg aus Malmö, örtlicher Gewährsmann des Nordischen Museums, erinnert sich an diese beiden Erzählungen aus seiner Jugendzeit. Sie waren unter den von ihm eingesandten Antworten auf eine Umfrage „Gerüchte unserer Zeit“, im Jahre 1975 (KU 6284). Die erstere ist unter dem Titel „Penis captivus“ in der Fachliteratur bekannt. Sie gründet sich auf die verbreitete Vorstellung, Frauen könnten beim Geschlechtsverkehr eine krampfartige Zusammenziehung der Muskeln in der Vagina kriegen, den sogenannten Vaginismus, der dazu führt, daß das männliche Glied festgeklemmt wird.

Die Erscheinung ist nicht ungewöhnlich, wenn Hunde sich paaren, aber es ist kein einziger Fall belegt, wo es beim Geschlechtsakt zwischen Menschen dazu gekommen sein sollte. Es ist ein Volksglaube, der vor allem die männliche Angst vor dem Geschlechtsorgan der Frau ausdrückt. Der Text gibt ein anschauliches Bild von dem Milieu, in dem diese Geschichte zu Hause ist, nämlich in einer Jungen-Clique, wo ein primitiver männlicher Chauvinismus herrscht (hier dadurch exemplifiziert, daß die Frau letzten Endes hätte getötet werden müssen). Die Geschichten über den „Penis Captivus“ sind von Gershon Legman im Teil II seiner monumentalen Arbeit über sexuelle Erzähltradition „No laughing matter“ abgehandelt und werden dort mit den Mythen von der „Vagina dentata“, der gezähnten Vagina, in Verbindung gebracht, die als Ausdruck männlicher Kastrationsangst gedeutet werden.

Ein ganz charakteristischer Zug in den Sagen über sich liebende Paare, die nicht voneinander loskommen, ist der für ein Liebesspiel riskante Schauplatz. Wenn es nicht gerade die freie Natur in der Nähe eines Tanzbodens ist, dann vielleicht das Innere eines Zuges. Ethel Portnoy gibt eine Version wieder, die auf einem Bahnhof spielt. Passagiere des Riviera-Expreß, die im Seitengang des Schlafwagens stehen, sehen einen Krankenwagen auf den Bahnsteig fahren und zwei Männer mit einer Tragbahre in den Zug steigen. Auf dieser Trage bringen sie dann zwei nackte, eng umschlungene Liebende heraus, die nur notdürftig mit einer Decke umhüllt sind. Es handelt sich durchweg um verbotene Liebe, wobei der Vaginalkrampf der Frau als Bestrafung eintritt.

Die klassische Erzählung von einem Paar, das bei verbotener Liebe kläglich aneinander hängenbleibt und zum Objekt lästiger Blicke seiner Umgebung wird, ist der griechische Mythos von Aphrodite und Ares im Netz des Hephaistos. Der Schmied Hephaistos war der Stelldicheins seiner Gemahlin Aphrodite mit ihrem Liebhaber, dem Kriegsgott Ares, endlich überdrüssig und schmiedete ein dünnes aber starkes Netz, in dem sich die beiden mitten im Liebesakt verfingen. Die anderen Götter des Olymps sammelten sich um das nackte Paar und brachen in ein nicht enden wollendes Gelächter aus.

Eine moderne Zeitungssage, die als Variation des „Penis-captivus“-Themas angesehen werden kann, handelt von einem Mann und einer Frau, die beide mit anderen Partnern verheiratet sind und die es in einem parkenden Sportwagen treiben. Auf dem engen Vordersitz bekommt der Mann plötzlich einen Hexenschuß und kann sich nicht mehr vom Fleck rühren. Die Frau liegt unter ihm gefangen, doch es gelingt ihr, mit dem Fuß an die Hupe zu kommen. Immer mehr Passanten sammeln sich um das Auto, und der herbeigerufenen Feuerwehr gelingt es schließlich, das Paar zu befreien, indem sie die Karosserie auseinanderschneidet. Der Nachrichtenagentur Reuter zufolge soll sich dies alles im Regent's Park zugetragen haben, aber auch zahlreichen anderen Schauplätzen wird das Drama zugeschrieben.

Auch die Erzählung über den Prediger, der durch Ruß im Gesicht entlarvt wird, hat uralte mythologische Parallelen. Nach einem grönländischen Mythos, der auch bei den Eskimos und bei Indianern in Nordamerika bekannt ist, sind die Flecken auf dem Mond auf eben diese Weise entstanden. Mond und Sonne waren ursprünglich Bruder und Schwester. Im Schutz der Dunkelheit stahl sich der Bruder zu einer Schäferstunde mit seiner Schwester, diese aber wollte wissen, wer der Liebhaber war, berußte ihre Hände und strich ihm damit übers Gesicht. Als es Tag wurde sah sie, daß ihr eigener Bruder Flecken im Gesicht hatte, und diese können die Menschen noch heute bei Vollmond sehen. Diese Geschichte findet sich auch in einer der bekanntesten Sagensammlungen des 17. Jahrhunderts, Basiles 1634 in Italien herausgekommenem „Pentamerone" (Tallqvist 1948, 161).

Lit.: Legman 1975; Brunvand 1984, 142 ff.

33
Der Geisterzug in der U-Bahn

EINE MENGE LEUTE IN STOCKHOLM GLAUBEN, daß es einen U-Bahn-Zug gibt, in den man auf keinen Fall einsteigen darf, denn dann kommt man nicht mehr heraus, jedenfalls nicht so leicht. Es ist einer der neuen Züge aus silbergrauem Metall, und er fährt auf der Linie 18, aber nur zur Hauptverkehrszeit. Leute, die eingestiegen sind, verschwanden oder wurden viel später in ganz anderen Stationen gefunden, als wo sie hinfahren wollten.

Manche Leute haben solche Angst, an diesen „Fliegenden Holländer", wie der Zug genannt wird, zu geraten, daß sie lieber den nächsten Zug abwarten, als in einen der Silberzüge zu steigen. Bei den Verkehrsbetrieben ist man über das Gerücht beunruhigt, da es dazu geführt hat, daß manche Züge leer fahren müssen, obwohl Hauptverkehrszeit herrscht.

Dies erzählte Alvar Janson, ein sehr bekannter schwedischer Rundfunksprecher, im März 1981. Das erste Mal hörte er von dem mysteriösen U-Bahn-Zug schon mehrere Jahre vorher. Die Auffassungen darüber, wann er fährt und was mit den Fahrgästen geschieht, scheinen zu variieren; das einzige, worüber Einigkeit herrscht, ist, daß der Zug silberfarben ist und nur auf der Linie 18 fährt.

Im Oktober 1984 konnte Ulf Palmenfelt mit Hilfe eines zwölfjährigen Jungen folgendes aufzeichnen:

„Die U-Bahn-Wagen in Stockholm sind blau oder grün. Es gibt aber auch eine Art silberfarbener Wagen. Auf der Linie 18 geht nach Süden ein solcher Zug, der „Silberpfeil" genannt wird. Man bekommt den Silberpfeil nur nach Mitternacht zu sehen. Da rast er zwischen den gewöhnlichen Abfahrtzeiten vorbei. Einige behaupten, daß der Silberpfeil nur einmal im Jahr anhält. Die übrige Zeit saust er mit großer Geschwindigkeit durch die Tunnel unter Stockholm.

Andere sagen, daß der Silberpfeil öfter hält, aber nicht an allen Stationen. Die mit dem Silberpfeil gefahren sind, berichten, sie hätten das Gefühl gehabt, als hätten sie dort Tage oder Wochen gesessen, obwohl sie nur einige Stationen gefahren sind. Ein Mann war eine Woche von zu Hause weg. Er war nur zwischen Hötorget und Centralen gefahren.

Manche kommen nie aus dem Silberpfeil heraus. Man kann sie mit gelblicher Haut sitzen und vor sich hinstarren sehen, während der Zug weiterrast."

In Annika Johanssons Seminararbeit in Ethnologie „Sagen und Gerüchte über die Stockholmer U-Bahn" erzählt die 24jährige Linda bei einem Interview, wie sie vor dem Silberzug gewarnt wurde. Sie wartete an der Station Fruängen, zusammen mit einer Freundin, die in Fruängen wohnte, auf die U-Bahn. Als der Silberzug einlief, sagte die Freundin: „Man muß sich hüten, da einzusteigen." Nach ihren Worten werden diejenigen, die mit dem Zug fahren, stumpfsinnig. Sie sitzen da und starren leer vor sich hin und kümmern sich um nichts mehr. Die mit dem Silberzug gefahren sind, erleben später Unglücke oder seltsame Begebenheiten.

Der Spukzug in der U-Bahn ist ein später Beitrag zu einer vielhundertjährigen Tradition. „Der fliegende Holländer", den Alvar Janson nannte, ist eine Gestalt, die dem alten Aberglauben der Seeleute angehört. Der Sage nach war er ein holländischer Schiffer, der seine Verachtung für den christlichen Glauben dadurch zum Ausdruck brachte, daß er am Karfreitag aufs Meer hinausfuhr. Zur Strafe mußte er mit seinem Schiff bis zum Jüngsten Tag auf den sieben Meeren umherirren. In der bäuerlichen Gesellschaft gab es viele Sagen von Geisterkutschen, die von schwarzen Pferden gezogen wurden. In unserer Zeit gibt es Erzählungen von Gespensterlastwagen aus den USA.

Die metallfarbenen U-Bahn-Züge in Stockholm wurden im November 1965 in Betrieb genommen. Ihre auffällige Farbe ist eine hinlängliche Erklärung für das Entstehen der Gerüchte. Das Ungewöhnliche hat immer die Fähigkeit gehabt, Folklore zu schaffen.

Der Beweis für die Existenz des Spukzuges ist für diejenigen, die daran glauben, der Anblick von Reisenden in metallglänzenden Wagen, die mit ausdruckslosen Gesichtern dasitzen und leer vor sich hinstarren. Dieses typische Großstadtverhalten hat jeder, der mit der U-Bahn gefahren ist, wahrnehmen können. Die Menschen vermeiden Kontakte, ihre Gesichter spiegeln keine Gefühle wider. Auf einen neu Zugezogenen kann dies sicher erschreckend wirken. In der Sage vom Geisterzug hat diese Erfahrung ihre mythologische Gestaltung erhalten.

Lit.: Johansson 1985.

34
Pech im Übermaß

EIN MANN wird mitten in der Nacht von seiner Frau aufgeweckt. Sie hat im Garten ein Geräusch gehört und möchte, daß er nachsieht, ob dort Einbrecher sind. Noch schlaftrunken steht er auf, geht zum Balkonfenster und schaut hinaus in die Finsternis. Sein Unterkörper ist nackt, denn für gewöhnlich schläft er nur mit der Pyjamajacke bekleidet. Er bemerkt nicht, daß der Hund aufwacht und lautlos tappend ankommt, um zu sehen, was los ist. Plötzlich berührt eine kalte Hundeschnauze den Hintern des Mannes. Der erschreckt sich so sehr, daß er die Arme hochreißt und dabei die Fensterscheibe zerschlägt. Von seinen Flüchen alarmiert, eilt seine Frau herbei und verbindet ihm die Schnittwunden. Anschließend entfernt sie die Blutflekken mit Benzin aus dem Teppich. Den Wattebausch wirft sie ins Klosett, vergißt aber, ihn runterzuspülen.

Der Mann hat einen derartigen Schock gekriegt, daß er aufs Klo muß. Während er dort sitzt, zündet er sich eine Zigarette an, um sich zu beruhigen. Das brennende Streichholz wirft er zwischen den Beinen durch in die Kloschüssel. Die Explosion ist so gewaltig, daß er Hals über Kopf aus dem Badezimmer fliegt. Als seine Frau sein angesengtes und übel zugerichtetes Hinterteil zu sehen kriegt, telefoniert sie nach einem Krankenwagen. Zwei Sanitäter sind kurz darauf zur Stelle und heben den Mann vorsichtig auf die Trage. Während sie die Treppe runtergehen, erzählt der Mann, was passiert ist. Da bricht der eine Sanitäter in ein solches Lachen aus, daß er den Tragegriff losläßt, worauf der Mann runterfällt und sich den Arm bricht.

Der Künstler Lars Hedin weckte stürmische Heiterkeit, als er diese Begebenheit 1974 vor einigen Arbeitskollegen zum besten gab, ich war dabei. Wenn man wollte, könnte man das Mißgeschick auch noch steigern, sagte er. Man könnte zum Beispiel den Krankenwagen mit einem Baum kollidieren lassen. Er seinerseits hatte die Geschichte von einem Bekannten gehört, einige andere wiederum, die diese Geschichte in ihrem Repertoire haben, wollen sie um das Jahr 1970 herum in irgendeiner Zeitung gelesen haben. Offenbar ist sie um diese Zeit des öfteren in der Tagespresse aufgetaucht. Auch in Stig Nahlboms und Leendets Lindhs „Sanna historier?" („Wahre Geschichten?"), 1970, ist sie zu finden. Später hat Reidar Jönsson sie in seinem Roman „Mein Leben als Hund" (1983) verwendet. Darin wird der Onkel der Hauptperson zum Opfer einer Lokusexplosion.

Wahrscheinlich hat die Erzählung ihre heutige Fassung dadurch erhalten, daß zwei ursprünglich voneinander unabhängige Episoden kombiniert worden sind, die eine von der kalten Hundeschnauze am Hintern und eine andere von der Lokusexplosion und den Sanitätern. Man trifft beide häufig auch einzeln an wie etwa in einer englischen Sammlung von Gegenwartssagen (Smith 1983, 37 und 48). Die zusammengesetzte Erzählung erwies sich ihrerseits wieder als kombinierbar mit anderen Geschichten über komisches Mißgeschick, wenn der Erzähler die beiden arg zugerichteten Männer gegenseitig schildern läßt, was ihnen jeweils widerfahren ist (siehe „Der fliegende Schneeräumer", S. 235).

Es ist offenkundig, daß kein anderer Körperteil so komisch ist wie der entblößte Hintern. Wenn andere Körperteile Schaden leiden – und das ist in Gegenwartssagen oft der Fall – ruft das in der Regel nicht Gelächter, sondern Schauder hervor. Aber wenn einem nackten Podex etwas zustößt, dann wirkt das komisch, ob er nun einem Mann in Pyjamajacke gehört oder einer Frau mit heruntergezogener Skihose (siehe „Harndrang am Skihang", S. 200).

In einer etwas älteren Sage von einem verhängnisvollen Toilettenbesuch ist die Komik geradezu beklemmend: ein junges Mädchen macht Baby-Sitting in einer Familie, wo man gerade die hölzerne Klobrille frisch gestrichen hat. Davon aber weiß das Mädchen nichts, und als sie sich auf die Klobrille setzt, bleibt sie mit den Oberschenkeln kleben. Sie schreit um Hilfe und schließlich kommt die herbeigerufene Polizei und schraubt den Toilettensitz ab. Der klebt immer noch an den Oberschenkeln fest, als man das Mädchen ins Krankenhaus fährt.

Lit.: Brunvand 1981, 181.

35
Brüderchen und Schwesterchen

EINE FAMILIE, die bis dahin aus Mama, Papa und der dreijährigen Tochter bestand, sollte Zuwachs bekommen. Als die Mutter von der Entbindungsstation mit dem neugeborenen Jungen nach Hause kam, fragte die Kleine, was denn das Brüderchen zwischen den Beinen habe. Die Mama antwortete, das sei etwas, was der Onkel Doktor vergessen habe wegzumachen.

Eines Tages, als sie gerade dabei ist, dem Baby die Windeln zu wechseln, klingelt das Telefon. Sie legt das Kind auf den Boden und bittet das Schwesterchen aufzupassen. Einen Moment später hört sie einen fürchterlichen Schrei. Die Mama stürzt von ihrem Telefongespräch weg und sieht das Mädchen mit blutiger Schere in der Hand bei dem Baby stehen. „Jetzt hab' ich das weggemacht, was der Onkel Doktor vergessen hatte", sagt sie. Die geschockte Mama geht mit Vorwürfen auf das Mädchen los, das davonläuft und sich versteckt. Die Mutter bekommt irgendwas zu fassen, was sie dem Kleinen umwickeln kann, und rennt zum Auto, um ins Krankenhaus zu fahren. Mit einem Blitzstart fährt sie los, merkt aber sofort, daß sie etwas überfahren hat. Sie springt raus und sieht ihre Tochter hinter dem Auto liegen, schwer verletzt. Das Mädchen war in seiner Angst nach draußen gelaufen und hatte sich unter dem Auto versteckt. Das war zu viel für die Mama. Nicht fähig, irgendetwas zu tun, steht sie nur da, während der Sohn verblutet und die Tochter an ihren Verletzungen stirbt.

Diese grausige Erzählung ist international verbreitet. Unter anderem ist sie in einer englischen Sammlung von Gegenwartssagen zu finden (Dale 1978, 151 f.). Auch in Schweden scheint sie recht bekannt zu sein. In drei Varianten wurde sie im Herbst 1975 an die Zeitung Expressen eingesandt, als dort nach modernen Volkssagen gefragt worden war. Der obige Text geht auf einen Leserbrief von Margaretha Josefsson aus Nyköping zurück. In einem Brief aus Värmland handelt die Geschichte von einem vierjährigen Jungen und einem einjährigen Mädchen. Der Vater der beiden verbietet dem Jungen, am Pimmel herumzufingern, und droht einmal sogar damit, wohl scherzhaft, ihm den Pimmel mit dem Rasiermesser abzuschneiden, wenn er mit seinen schlechten Gewohnheiten nicht aufhöre. Eines Tages, als die Mutter dabei ist, die Kleine zu baden, hört sie den Knaben laut schreien. Sie rennt von dem Mädchen weg und sieht, wie der Junge versucht hat, sich mit Vaters Rasiermesser den Pimmel abzuschneiden. Als sie ins Badezimmer zurückkehrt, ist die Kleine in der Badewanne ertrunken.

Erzählungen über „akkumuliertes Unglück" haben durch alle Zeiten hindurch starken Eindruck auf die Menschen gemacht. Sie können sich komisch entwickeln, wie in „Pech im Übermaß" (S. 108) oder auch tragisch wie hier. Ursache des Tragischen ist hier, daß eines der Elternteile das ältere Kind mit einer Lüge entweder irreführt oder verängstigt hat. Die Sage kann als warnendes Beispiel dafür dienen, was man anrichten kann, wenn man derartige Erziehungsmethoden anwendet.

In der värmländischen Variante ist ein Motiv enthalten, das ganz sicher auf eine Sage aus der alten nordischen bäuerlichen Gesellschaft zurückgeht. Sie kam häufig in Finnland und in schwedischen Siedlungen mit finnischer Bevölkerung vor. Eine Mutter ist an einem Winterabend mit den beiden kleinen Kindern allein zu Hause. Während sie das Baby in der Wanne badet, geht das ältere Schwesterchen vor die Tür austreten, wo es stockdunkel ist. Es hält eine Wachskerze in der Hand. Durch das Fenster sieht die Mutter plötzlich, wie die Kerze sich ruckartig bewegt und dann jäh entfernt. Sie rast nach draußen und sieht, wie ein großer Wolf das Mädchen wegschleppt. Die Mutter nimmt die Verfolgung auf, im tiefen Schnee schafft sie es aber nicht, den Wolf einzuholen. Als sie in ihre Hütte zurückkehrt, ist das Jüngste in der Wanne ertrunken.

Die stärkste Steigerung erfährt die Tragik, wenn eine Serie von Unglücksfällen dazu führt, daß alle Mitglieder einer Familie zu Tode kommen. Eine Kurznotiz in der deutschen Zeitung „Tägliche Rundschau" von 1927 berichtet von einer solchen Familientragödie (Kügler 1933):

„Belgrad, 1. Dezember. Im Dorf Kruschevica in der Herzegowina hat ein fünfjähriger Knabe, der seinem Vater beim Schlachten eines Schafes zugesehen hatte, sein sechs Monate altes Schwesterchen durch Messerstiche getötet. In der furchbaren Erregung hierüber versetzte der Vater dem Knaben einen tödlichen Schlag und verübte dann Selbstmord. Als die Mutter das Unglück sah, stürzte sie sich ins Wasser und ertrank."

Wenn dies tatsächlich geschehen ist, so wäre es nur eines von vielen Beispielen dafür, daß die Wirklichkeit die Dichtung nachahmt. Die gleiche Episode wurde nämlich schon im 19. Jahrhundert bei den Tscheremissen, einem finno-ugrischen Volksstamm im nordöstlichen Rußland, aufgezeichnet. Da handelt sie von zwei Brüdern, vier und fünf Jahre alt, die zugucken, wie ihr Vater das Hausschwein schlachtet. Daraufhin schlägt der ältere Bruder dem jüngeren vor, Schweineschlachten zu spielen. Er bittet sein Brüderchen, ihm Hände und Füße zu fesseln und ihm anschließend den Hals aufzuschneiden. Das macht der kleine Bruder auch, als aber der ältere stirbt, bekommt er es mit der Angst zu tun, läuft davon und versteckt sich hinter dem Brennholz im Kamin. Ahnungslos zündet die Mutter das Holz im Kamin an, und das Kind verbrennt. Sie entdeckt, was sie angerichtet hat und findet kurz darauf den älteren Jungen mit aufgeschlitztem Hals. In ihrer Verzweiflung erhängt sie sich. Als der Mann nach Hause kommt und die ganze Familie tot auffindet, wird auch er von Verzweiflung übermannt. Er macht das Pferd vom Schlitten los, legt sich die Zügel als Schlinge um den Hals und treibt das Pferd mit der Peitsche an, so daß es im gestreckten Galopp losstürmt und ihn hinter sich herschleift, bis er tot ist (Alhoniemi & Saarinen 1983, 63).

Die starre Unausweichlichkeit der Handlung in den klassischen griechischen Tragödien rief die Katharsis hervor, eine innere sittliche Reinigung der Zuschauer. In vergleichbarer Weise haben über die Jahrhunderte hinweg jene Überlieferungen von Familientragödien ihre Wirkung erlangt. Den Eltern haben sie eine Möglichkeit geboten, ihre unausgesprochene Angst, was den Kindern alles zustoßen könnte, auszuleben. In den Sagen werden so viele Gruselgeschichten aneinandergereiht, bis es sich nicht mehr steigern läßt. Sie geben auf diese Weise ein Abbild vom „Schlimmsten, was überhaupt passieren könnte“. „Brüderchen und Schwesterchen“ ist also trotz der modernen Requisite keineswegs nur eine moderne Geschichte. Sie gehört vielmehr zu der gleichen zeitlosen Tradition wie die tscheremissische Erzählung.

36
Ein Biologe im China-Restaurant

EIN JURIST WAR ZU BESUCH IN LONDON, zusammen mit einem alten Schulfreund, der inzwischen Biologieprofessor war. Eines Tages gingen sie in ein chinesisches Restaurant essen. Sie bekamen ein Gericht, das ganz ausgezeichnet schmeckte. Nachdem sie zu Ende gegessen hatten, bat der Professor darum, mit dem Wirt des Restaurants sprechen zu dürfen. Der Wirt kam und erkundigte sich, ob er mit irgend etwas zu Diensten stehen könne.

„Vielen Dank für das Rattenfleisch", sagte der Professor zu ihm.

Der Chinese verbeugte sich schweigend und fragte dann, wieso er wissen könne, daß es Rattenfleisch gewesen sei. Der Professor klärte ihn auf, er habe viel an Ratten gearbeitet und die Zeichnung in der Muskulatur des Rattenfleisches wiedererkannt. Es gebe nicht den geringsten Zweifel, daß es Rattenfleisch gewesen sei, was sie da gerade gegessen hätten. Der Wirt betrachtete sie grübelnd und sagte dann:

„Wenn Sie es nun doch schon wissen, kann ich Sie ja auch wohl unsere Haustiere sehen lassen."

Die beiden Gäste folgten dem Wirt in den Keller. Dort bot sich ihnen ein verblüffender Anblick. An allen Wänden standen Käfige mit Ratten, die gemästet wurden, um anschließend zur Zubereitung der Mahlzeiten verwendet zu werden.

Diese Geschichte ist eine ältere Restaurantsage, an die sich einige erinnerten, als ich in den 70er Jahren nach Varianten der Sage „Ratte in der Pizza" suchte. Unser Text stammt aus einem Brief, den ich im Januar 1974 von dem dänischen Volkskundler Peter Ludvigsen erhielt. Er hörte die Geschichte erstmals schon etwa zehn Jahre zuvor, als er gemeinsam mit seiner Frau ein neueröffnetes japanisches Restaurant in Kopenhagen besuchte. Ein Fleischgericht ungewöhnlichen Aussehens veranlaßte seine Frau damals, die Geschichte zu erzählen, die sie ihrerseits von einer Freundin gehört hatte, welche wiederum behauptete, sie von der Tochter jenes Juristen erfahren zu haben, der in London gewesen sei. Seitdem, so Ludvigsen in seinem Brief, habe er immer dann davon erzählt, wenn sich die Gelegenheit ergab, daß man Speisen mit einem fremdartigen Aussehen aufgetischt bekommen habe.

Die gleiche Sage gibt es auch in einer englischen Sammlung von Gegenwartssagen, da spielt das Geschehen allerdings in einem indischen Restaurant. Ein Mann bestellt sich Curryhühnchen. Als es ihm auf den Tisch gestellt wird, sieht er sofort, daß es sich um Katzenfleisch handelt, obwohl auch ein paar Stücke Hühnchenhaut in der Soße sind. Der Mann ist nämlich Professor für Anatomie an der Tierärztlichen Hochschule. Die Geschichte war seit den 50er Jahren in jeder englischen Stadt in Umlauf, in der es sowohl ein indisches Restaurant als auch eine Tierärztliche Hochschule gibt. In anderen Städten übrigens auch – allerdings ist der Professor dann auf Gastvorlesung (Dale 1978, 145).

Als sie mir der Stockholmer Lennart Elfving 1975 erzählte, war auch die Rede von Katzenfleisch: „Während der schlechten Zeiten 1940 bis 1945 kursierten ja eine Menge Gerüchte, was man eigentlich auf dem Teller hatte, wenn man in einem Restaurant war. Ich erinnere mich, daß ich einmal von zwei Männern hörte, die Hase bestellt hatten. Der eine war Biologe. Als der ‚Hase' serviert wurde, stellte er fest, das sei eine Katze. Der Oberkellner stritt es zunächst ab, geriet dann aber in Bedrängnis und mußte schließlich zugeben – es war eine Katze. Ich weiß nicht mehr genau, wo diese Begebenheit stattgefunden haben soll, ob das nun in Schweden war oder in Kopenhagen. Nehmen wir mal an, daß es zwei Schweden in einem Kopenhagener Restaurant waren."

Diese Variante hat uns in die Zeit des Zweiten Weltkriegs geführt, in der sich auch hiesige Restaurants der Gerüchte zu erwehren hatten, bei ihnen würden Hunde, Katzen, Füchse und Dachse unter anderen Menübezeichnungen aufgetischt. Die Geschichte selbst ist aber wahrscheinlich noch älter. Die Künstlerin Mollie Faustman erzählt in ihren Memoiren „Damals" (1958) über ihre Jahre als Kunststudentin in Paris 1909 und 1910: „Wir aßen in Lokalen jeglichen Schlages ... Kaninchenfrikassee kostete nur 14 Öre, und damals bekam man einen ganzen Teller voll, meistens Kaninchenkopf und -augen. Man erzählte sich, schwedische Zoologen hätten diese Kaninchenköpfe untersucht und festgestellt, daß sie von Ratten, großen Ratten stammten; daran glaube ich aber nicht."

Die Sage vom Restaurantbesuch eines Biologen kann man offenbar mit allen möglichen Restaurants in Verbindung bringen, denen man nachsagt, daß sie Fleisch unter falscher Bezeichnung servieren. Es gab sie vermutlich bereits zu Beginn dieses Jahrhunderts. Held der Geschichte ist, wie in so vielen Sagen unserer Zeit, ein Naturwissenschaftler. „Die Wissenschaft“ vertritt in den modernen Sagen höchste Autorität, und was Wissenschaftler sagen, wird gleichermaßen vorbehaltlos angenommen wie die Sprüche des Pfarrers in den Sagen der bäuerlichen Gesellschaft früher.

37
Die schreienden Ratten in der Metzgerei

HOULBERGS WURSTFABRIK, einer der größten Wurstwarenhersteller in Dänemark, ging Pleite. Auslöser war, daß sich das Gerücht verbreitet hatte, es gäbe dort Ratten im Wurstteig. Die Ratten schlichen sich nachts in die Fleischerei. Sie kletterten in die großen Fleischwölfe und fräßen die übrig gebliebenen Fleischreste vom Vortag auf. Morgens dann, wenn die Fleischwölfe in Betrieb gesetzt würden, würden sie dort hineingezogen und zu Wursteig verarbeitet.

Das Gerücht bekam Nahrung, als ein Arbeiter nach dem anderen bei Houlsberg kündigte. Als Grund gaben sie Nervenbeschwerden an. Sie hielten es nicht aus, das Schreien der Ratten anzuhören, die in die Fleischwölfe geraten waren.

Dies hörte ich im Januar 1974 von meinem norwegischen Volkskunde-Kollegen Brynjulf Alver aus Bergen. Er seinerseits hatte die Geschichte von seiner Frau Bente gehört, einer gebürtigen Dänin. Das Gerücht war 1961/62 unter den Studenten der Kopenhagener Universität weit verbreitet. Der gleiche Gerüchtetyp kommt auch in Schweden vor. In seinem Brief vom Januar 1974 teilt Gunnar Fornehed aus Järfälla mit: „In Lindesberg gab es 1946/47 fünf Fleischereien. In einer davon war ein 18jähriger Junge als Laufbursche und Helfer angestellt. Ein Bekannter von mir kannte diesen 18jährigen und wußte zu erzählen, wie die Ratten manchmal morgens aus dem Fleischwolf gesprungen waren, wenn dieser sie startete. Manchmal kam es auch vor, daß eine Ratte es nicht rechtzeitig schaffte rauszuspringen sondern zermalmt wurde."

Seit die industrielle Wurstfabrikation ihren Anfang genommen hatte, fühlten sich die Leute immer im Ungewissen darüber, was denn nun eigentlich den Inhalt der Wurst ausmachte. Das führte dazu, daß eine ungewöhnlich reiche Gerüchteflora um die Wurstherstellung entstand. Nach den Berichten der Massenmedien zu urteilen, haben wir manchmal Grund dazu, beunruhigt zu sein. Über die Rattenschreie aus den Fleischwölfen kann es allerdings nur eine Meinung geben: sie sind von der Phantasie des Volkes erschaffen worden.

Die Leute haben sich auch dafür interessiert, was geschieht, wenn die Würste beim Verbraucher ankommen. Es gibt eine Menge Geschichten, in denen irgendjemand eine Rattenklaue oder sonstwelche unappetitlichen Ingredienzen in der Wurst entdeckt. Die folgende kam mir 1973 zu Ohren, und zwar von Tom Berg, der sie aus seiner Schulzeit in Stockholm erinnerte:

„Als ich zur Realschule ging, hörte ich von einem Jungen, der bei einem Wurstverkäufer, wie sie damals viel vor den Schulen standen, ein heißes Würstchen gekauft hatte. Der junge Bursche spürte ein hartes Teilchen in der Wurst. Er zeigte es einem Chemielehrer, der legte es unter ein Mikroskop und untersuchte es. Dann hielt er das Teilchen vor der ganzen Klasse mit einer Pinzette hoch und sagte, daß es ein Stück Rattenschwanz sei. Der junge Kerl rannte hinaus auf den Flur und mußte sich übergeben. Das ist so eine Story, wie sie 1949/50 im Umlauf gewesen ist, aber ich glaubte kaum, daß sie wahr ist.“

Die skandalösen sanitären Verhältnisse in den großen Schlachthäusern von Chicago um die Jahrhundertwende sind von Upton Sinclair in seinem Roman „The jungle“ geschildert worden. Dort begegnet der Leser Geschichten, die an die Sagen von den schreienden Ratten in der Metzgerei erinnern.

38
Hier ist das Kalbfleisch

IN BERLIN gab es während des Zweiten Weltkrieges eine Menge armer elternloser Jungen auf der Straße. Man behauptet, unbekannte Männer seien auf sie zugegangen und hätten ihnen ein paar Groschen in die Hand gedrückt, wofür sie eine Nachricht zu einer Wurstfabrik in der Stadt bringen sollten. Man hat nie wieder etwas von diesen Jungen gehört. Ein Mal hat ein Junge den Brief geöffnet, bevor er sein Ziel erreicht hatte. Darin stand nur: „Hier ist das Kalbfleisch."

Ich habe die Sache von einem Finnen in Stockholm gehört, der ging in einen Schwedisch-Kurs, den ich geleitet habe.

Anna-Karin Berg erzählte dies im November 1973 auf einem Fest bei Norstedts Buchverlag (kurz nachdem ihr Mann Tom seine Wurstgeschichte erzählt hatte, siehe weiter oben). Wenn man in Schweden Sagen hört von Menschen, die zu Wurst werden, so ist die Handlung meistens nach Berlin oder in andere deutsche Großstädte verlegt, und der Zeitpunkt sind die Jahre um den Ersten- oder Zweiten Weltkrieg. Es sind die berüchtigten Massenmörder Großmann in Berlin und Haarmann in Hannover und deren blutiges Geschäft, die ihre Spur in der mündlichen Erzähltradition hinterlassen haben.

Bereits im 19. Jahrhundert kommen zahlreiche Erzählungen von ungewolltem Kannibalismus vor. In Dickens' Roman „The Pickwick papers", Kapitel 31, berichtet der Diener Sam Weller Mr. Pickwick die schauerliche Begebenheit von einem Metzger, der eine neue Wurstmaschine erfunden hat. Weller versichert seinem Herrn, diese sei derartig effektiv, daß sie einen Pflasterstein so leicht zu Wurst zerkleinern könne, als wäre es ein zarter Säugling. Eines schönen Tages ist der erfinderische Metzger verschwunden. Es wird allgemein angenommen, er sei seiner nörgeligen Frau davongelaufen, sie ist auch diejenige, die das Geschäft übernimmt. Bald darauf kommt ein Kunde in den Laden und beschwert sich, er habe Knöpfe in der Wurst gefunden; Knöpfe, die die Frau zu ihrem eigenen und des Kunden Entsetzen als die Hosenknöpfe ihres verschwundenen Mannes wiedererkennt.

Geschichten über ruchlose Mörder, die die Leichen ihrer Opfer zu Fleischwaren verarbeiteten, gab es im London des 19. Jahrhunderts zur Genüge. Die berüchtigste von allen ist die von Sweeney Todd, dem teuflischen Barbier von der Fleet Street, der eine Falltür unter seinem Barbierstuhl hatte. Durch sie fielen die Opfer mit durchschnittener Kehle in einen Keller, wo Fleischpastete aus ihnen gemacht wurde. Geschaffen wurde sie 1850 von dem Romanautor T.P. Prest, dessen Buch zahlreichen populären melodramatischen Stücken auf englischen Bühnen zugrunde liegt. Letztes in der Reihe und dazu der größte internationale Erfolg ist Stephen Sondheims Oper „Sweeny Todd".

Lit.: Simpson 1983.

39
Des Busfahrers Heldentat

EINIGE TAGE NACH BEGINN DER DEUTSCHEN OKKUPATION in Norwegen wiesen die Deutschen einen norwegischen Busfahrer an, einen Bus von Oslo nach Hönefoss zu fahren. Der Bus war voll mit deutschen Soldaten. Sie sollten eine Säuberungsaktion gegen norwegische Widerständler durchführen. Der Busfahrer wußte, daß am Weg viele tiefe Abgründe waren. Er steuerte den Bus geradewegs auf einen dieser Abgründe zu und kam zusammen mit all seinen Passagieren ums Leben. Nach Kriegsende wurde an jener Stelle ein Stein zur Erinnerung an die heldenmütige Tat des Busfahrer errichtet.

Wie ein Lauffeuer verbreitete sich diese Erzählung in Norwegen, gleich nachdem die deutschen Truppen das Land besetzt hatten. Viele haben bezeugt, welch befreienden psychologischen Effekt sie gehabt hat. Die Geschichte vertrieb das Gefühl von Pessimismus und Hoffnungslosigkeit, das auf die Okkupation gefolgt war, und trug dazu bei, den Widerstandsgeist zu stärken. Der Busfahrer, der sein Leben geopfert hatte, wurde zu einem aufrüttelnden Beispiel. Keiner mochte auch nur einen Augenblick in Frage stellen, ob sich die Sache tatsächlich zugetragen hatte. Details der Erzählung konnten allerdings variieren. Am 24. April 1940 war in mehreren schwedischen Tageszeitungen folgende Notiz zu lesen:

„Stockholm, den 23. April (TT). Vor einigen Tagen fuhren drei norwegische Busfahrer ihre großen Busse einen Steilhang hinunter. Alle drei kamen ums Leben, mit ihnen aber auch zahlreiche deutsche Soldaten. In jedem der Busse saßen annähernd 60 Deutsche; es gab keine Hoffnung auf Rettung. Dies berichtet Oslo-Korrespondent Reidar Haanes, der Oslo vor wenigen Tagen verlassen hat und am Dienstag in Stockholm angekommen ist.“

Erst nahezu dreißig Jahre später fand man heraus, daß die Geschichte zu den modernen Volkssagen zu zählen ist. Es war Svale Solheim, Professor für Volkskunde in Oslo und selbst aktiver Widerständler während des Krieges, der es verwunderlich fand, daß es keinen einzigen konkreten Nachweis dafür gab, daß sich die Sache tatsächlich ereignet hatte: keine Angaben über den Namen des Busfahrers, keine Grabsteine, kein Busunternehmen, das ein Fahrzeug vermißte. Allerdings gibt es eine alte norwegische Volkssage, die der Geschichte vom Busfahrer auffallend ähnlich ist. Sie wurde in früheren Jahrhunderten erzählt, in Verbindung mit Kriegen, unter anderem zwischen Schweden und Norwegern. In dieser Sage führt ein norwegischer Führer das Feindesheer in einen Abgrund und alle kommen dabei um. Es scheint also, als ob ein älteres Sagenmuster 1940 wieder zum Leben erweckt worden sei, um die Norweger in ihrem Kampf um die Freiheit zu aktivieren.

Lit.: Solheim 1970.

40
Die Prophezeiung von Hitlers Tod

DIE FOLGENDE GESCHICHTE hörte ich in der Zeit kurz vor Adolf Hitlers 50. Geburtstag. War das 1938? Eine Frau, deren Glaubwürdigkeit zu bezweifeln ich keinerlei Grund hatte, erzählte einem Verwandten von mir (den ich damals jedenfalls auch als glaubwürdig ansah), daß ihr Mann mit einigen guten Freunden von ihr diese Geschichte erlebt hätte.

Sie waren mit dem Auto auf der Heimfahrt nach Stockholm. Da sahen sie eine uralte Frau die Straße entlang wandern und luden sie ein mitzufahren. Als sie ausstieg, „bedankte" sich die Frau fürs Mitnehmen mit ungefähr diesen Worten: „So sicher wie Sie eine Leiche im Auto haben werden, bevor sie in Stockholm ankommen, so sicher wird Hitler noch vor seinem 50. Geburtstag sterben."

Nachdem sich die Weissagung erfüllt hatte, soweit es „die Leiche im Auto" betraf – Details kann ich hier übergehen – glaubten wir tatsächlich, daß sie auch in bezug auf Hitler Wirklichkeit werden würde. Was sich leider als Irrtum erwies.

Maj Gyllstedt aus Malmö hat diese Wandersage vom Ende der 30er Jahre für die Nachwelt in einem Brief verwahrt, den sie im April 1985 als Beitrag zu dem Radioprogramm „Folkloristischer Briefkasten" geschickt hat. Die Sage von einem Mitfahrer, der Hitlers Tod vorhersagt, war kurz vor Kriegsausbruch in Europa weit verbreitet. Eine bekannte Psychoanalytikerin, Marie Bonaparte, Prinzessin von Griechenland und ergebene Anhängerin der Theorien Freuds, ließ sich davon faszinieren und veröffentlichte einen Aufsatz, den sie „The myth of the corpse in the car" betitelte. Der wird eingeleitet mit jener Version, die der Verfasserin zuerst bekannt wurde. Das war im Herbst 1938.

Ein junger Mann, der darauf wartet, jeden Augenblick zum Kriegsdienst einberufen zu werden, bringt seine Freundin im Auto von Paris nach Laval, wo sie Verwandte hat. Unterwegs hält er an, um zu tanken. Er wird von einem Herrn mittleren Alters und dessen Frau gefragt, ob er die Frau im Auto mitnehmen könne; der Mann müsse sich am nächsten Morgen bei seinem Regiment einfinden. Auf der Weiterfahrt unterhalten sich die drei im Auto über die drohende Kriegsgefahr. Bei dem Gedanken an die bevorstehende Trennung fängt die Braut an zu weinen, aber die andere Frau versichert ihr, es gäbe keinen Grund zu weinen. Der Krieg würde nicht ausbrechen, und Hitler wäre innerhalb von sechs Monaten tot. In Laval angekommen, warnt sie den jungen Mann davor, postwendend nach Paris zurückzufahren. Wenn er das tue, werde er eine Leiche ins Auto bekommen, sagt sie. Sowohl der junge Mann als auch seine Braut sind nun davon überzeugt, daß die Frau nicht ganz bei Troste ist, und als ein anderer Mann, der in Kürze seine Musterung erwartet, fragt, ob er mit zurückfahren könne, erlauben sie es ihm. Der neue Passagier gibt an, er sei müde, legt sich auf den Rücksitz und schläft ein. Als das Auto in Paris hält, versucht der Fahrer, ihn zu wecken. Er stellt fest, daß der andere tot ist.

Marie Bonaparte gibt insgesamt zwölf Varianten der Sage wieder, die sie in den Jahren 1938 bis 1940 in Frankreich, England und in der Schweiz gesammelt hat. Das Handlungsmuster ist im großen und ganzen dasselbe: ein fremder Passagier im Auto (oder eine wahrsagende Zigeunerin am Straßenrand) sagt Hitlers (in einigen Varianten auch Mussolinis) Tod voraus. Die Person kündigt auch an, daß eine Leiche im Auto sein wird, bevor das Ziel erreicht ist. In mehreren Varianten wird der Autofahrer von der Polizei angehalten, die ihn bittet, eine bei einem Verkehrsunfall verletzte Person ins Krankenhaus zu fahren. Die verletzte Person stirbt, bevor er dort ankommt.

In den Ländern, in denen die Geschichte erzählt wurde, war Hitler der bedrohliche Feind. Man wünschte sich inbrünstig, er möge sterben, damit sich Elend und Krieg vermeiden ließen. Die Weissagung der Frau ist Ausdruck dieses Wunsches, und ihre Vorhersage über die Leiche im Auto wird zur Gewähr dafür, daß sich die Prophezeiung von Hitlers Tod auch tatsächlich erfüllen soll.

Warum gewinnt man diese Gewähr gerade dadurch, daß jemand anderes stirbt? Warum prophezeit die Frau nicht zum Beispiel, daß der Autofahrer den Höchstgewinn im Lotto macht? Das hat damit zu tun, schreibt Marie Bonaparte, daß der Mann, der im Auto stirbt, eine Art Opfer darstellt. In prähistorischer Zeit brachte man den Göttern Menschenopfer dar, um sich eines gewünschten Resultates zu versichern. Opferhandlungen waren eine Art Geschäft mit den Mächten nach dem Prinzip von Gabe und Gegengabe. So ist es auch hier: Das Leben des jungen Mannes wird geopfert, damit Millionen anderer Leben vor den Verheerungen des Krieges gerettet werden können. Durch den Befehl zur Musterung ist er als Opfer auserwählt. Der Opferaltar, wo er den Tod erleidet, ist das Auto.

Allerdings: der Zweite Weltkrieg brach aus, trotz der Prophezeiung, und Hitler blieb am Leben. Nachdem der Krieg einige Jahre andauerte, wurde die

Prophezeiung in der Sage allmählich dahingehend verändert, daß nun die Rede davon war, wann der Frieden kommen würde. Es tauchten Varianten in den Vereinigten Staaten auf. Im „San Francisco Chronicle" wurde am 26. Januar 1942 ein Artikel über ein bemerkenswertes Vorkommnis abgedruckt, über das eine gewisse Mrs. Robert Nuddin aus Elwood, Indiana, der Zeitung berichtet hatte. Sie und ihr Mann waren auf dem Weg nach Indianapolis, als sie einen alten Mann die Straße entlang gehen sahen. Sie hielten an und boten ihm an mitzufahren. Als er ausstieg, beklagte er die Tatsache, daß er kein Geld habe, ihnen ihre Freundlichkeit zu vergüten. Allerdings könne er ihnen stattdessen eine Frage nach der Zukunft beantworten, welche es auch sei. Der Ehemann stellte die Frage, wann der Krieg zu Ende sei. „Das ist eine leichte Frage", sagte der Alte. „Der ist am 1. Juli zu Ende." Beide Eheleute lachten, doch ihr Passagier wiederholte seine Vorhersage und sagte, das sei genauso sicher wie die Tatsache, daß sie einen toten Mann im Auto haben würden, bevor sie noch zu Hause wären. In der Nähe von Indianapolis wurde ihr Auto von einem Rettungsfahrzeug angefahren, das infolgedessen in einen Graben rutschte und umstürzte. Der Fahrer bat Mr. Nuddin, den Patienten zum Krankenhaus zu fahren, was dieser auch tat. Bei der Ankunft war der Patient tot (Brunvand 1981, 30).

In der ältesten bekannten Belegstelle für die Sage, die aus dem Jahr 1923 stammt, spielt das aufsehenerregende Ereignis in einer Straßenbahn in Frankfurt. Einige Fahrgäste streiten über den Mord an Rathenau. Ein fremder älterer Herr macht hierbei einen abweisenden Ausspruch: „Rechten Sie nicht meine Herren. Es hat doch keinen Sinn. Das vorgezeichnete Schicksal muß sich an jedem erfüllen." Aber die Diskussion geht weiter. An der Haltestelle rüstet sich der Herr zum Aussteigen und nimmt noch einmal das Wort und erklärt prophetisch: „Im Jahre 1923 wird in Deutschland wieder Ruhe und Ordnung sein; das ist so sicher wie die Tatsache, daß bevor der Wagen sein Ziel erreicht hat, ein Mensch darin sterben wird." Am Eschenheimer Turm steigt ein Fahrgast ein, der nach wenigen Minuten tot zusammenbricht (Weber-Kellermann 1955, 170).

Dreißig Jahre später, im November 1952, wird die Sage erneut zum Leben erweckt, möglicherweise zum letzten Mal. Sie ging damals in Berlin von Mund zu Mund, und Hauptperson war eine Wahrsagerin, Frau Kardos, die stadtbekannt war. Beim Grenzkontrollpunkt zwischen Bundesrepublik und DDR soll diese ein Ehepaar gefragt haben, ob sie gegen Beteiligung an den Benzinkosten in deren Auto mitfahren könne nach Berlin. Die beiden sagten, sie könne gern mitfahren ohne Bezahlung, aber – so fragten sie – ob sie ihnen denn nicht etwas über die Zukunft sagen könne. Die Wahrsagerin macht eine Vorhersage über eine Leiche im Wagen, die in der Nähe von Magdeburg in Erfüllung geht, als man sie bittet, ein Verkehrsopfer zum Krankenhaus zu bringen. Sie prophezeit ebenso, daß Deutschland noch vor Weihnachten wiedervereinigt sein und Berlin dann eine freie Stadt sein werde (Weber-Kellermann 1955, 166).

Wir sehen, sowohl die älteste als auch die jüngste Belegstelle stammt aus

Deutschland. Es scheint daher nicht ausgeschlossen, daß auch die Version, in der Hitlers Tod vorausgesagt wird, in Deutschland entstanden ist, obgleich sie ihre stärkste Verbreitung in den Ländern erfahren hat, die während des Zweiten Weltkrieges Kriegsgegner Deutschlands waren. Immer hat die Sage jedoch die gleichen Wunschträume von Frieden und Eintracht zum Ausdruck gebracht, und niemals hat sich die Hoffnung erfüllt, die bei den Zuhörern geweckt worden ist – wir, die wir das schließliche Ende der Geschichte kennen, können das feststellen.

Lit.: Bonaparte 1941; Weber-Kellermann 1955.

41
Ein Kind prophezeit den Frieden

IN BASEL UND MEHREREN ANDEREN SCHWEIZER STÄDTEN war 1941 eine merkwürdige Geschichte von einem Neunjährigen mit Prophetengaben im Umlauf. Er wohnte mit seiner Mutter in der Ahornstraße in Basel, der Vater war des Krieges wegen einberufen.

Eines Morgens sagt der Junge, daß er zum Bahnhof will, um den Vater abzuholen. „Aber Papa kommt frühestens in einer Woche nach Hause", hält ihm die Mutter entgegen. Der Junge ist hartnäckig, er will unbedingt zum Bahnhof; und als er dort ankommt, trifft er den Vater, der unerwartet Urlaub bekommen hat. Er umarmt seinen Vater und flüstert ihm ins Ohr: „Papa, ich muß Dir etwas erzählen. Mama wird am Freitag sterben!"

Die Eltern glauben, er phantasiert und bringen ihn zu Bett. Aber am Freitag stirbt die Mutter ganz plötzlich. Das erregt natürlich gewaltiges Aufsehen. Die Nachricht vom Kind, das wahrsagt, verbreitet sich wie ein Lauffeuer, und es wird von einem Professor aus Basel untersucht. Der Professor fragt den Jungen unter anderem, wann der Krieg zu Ende sein werde. Das Kind antwortet: „Der ist im Februar 1942 zu Ende!"

Es war Ende November/Anfang Dezember 1941, als diese Erzählung von dem Kind mit prophetischen Fähigkeiten in Basel Wellen schlug. Der Volkskundler Willy Schweizer hat sie in dem Aufsatz „Die Friedensprophezeiung des Kindes" behandelt, und er kommt darin zu der Schlußfolgerung, daß die Sache von vielen Menschen, die den Frieden herbeisehnten, vorbehaltlos geglaubt wurde. Der obige Text ist der genannten Untersuchung entnommen.

Die Sage ist eng mit der oben genannten „Die Prophezeiung vom Tod Hitlers“ verwandt. Auch in den Schweizer Sagenversionen bezieht sich die Prophezeiung in einigen Fällen auf den Tod des Führers. Unterschiede bestehen darin, daß ein Kind die prophetischen Gaben besitzt und nicht eine alte Frau oder ein alter Mann und daß derjenige, der geopfert wird, kein fremder Passagier ist, sondern die eigene Mutter des Kindes. Möglicherweise hat „Die Friedensprophezeiung des Kindes“ ihren Ursprung in einer älteren Sage, wo das Kind selbst stirbt als Bekräftigung dessen, daß seine Weissagungen sich erfüllen werden. Zu Beginn des Ersten Weltkrieges erzählte man in Deutschland vielerorts von einem kleinen Jungen, der im Frühjahr 1914 den Kriegsausbruch im August vorhergesagt haben soll. Ein Jahr danach wurde der Junge auf einmal unruhig und traurig, und man fragte ihn, woran das liege. Widerwillig sprach er davon, daß er bald sterben müsse und daß es zwei Monate nach seinem Tod Frieden geben werde. Und richtig, der Junge starb! Dieselbe Sage zirkulierte auch mit einem Mädchen in der Hauptrolle. Sie soll 1913 einen Schulaufsatz geschrieben haben, in welchem sie voraussagte, daß 1914 ein furchtbarer Krieg ausbrechen werde. Aber sie hätte auch zu erzählen gewußt, daß der Krieg sechs Wochen nach ihrem eigenen Tod zu Ende gehen werde. Im April 1915 verbreitete sich die Nachricht, das Mädchen sei am 28. März gestorben.

Erzählungen von Kindern mit prophetischen Gaben kamen während des Ersten Weltkrieges allerorten in Europa vor. Eine ganz berühmte Legende ist die vom sogenannten „Fatima-Brief“. Gegen Ende des Krieges soll sich die Jungfrau Maria drei Kindern in einem portugiesischen Dorf gezeigt und dem ältesten Kind, einem Mädchen, einen Brief diktiert haben, der seither im Vatikan aufbewahrt wird. Verschiedenste Versionen dieser Legende vom „Fatima-Brief“ kommen auch heute noch in weiten Teilen der katholischen Welt vor. Bei einigen von ihnen sagt der Briefinhalt nicht nur das Ende des Ersten Weltkrieges, sondern auch den Ausbruch des Zweiten Weltkrieges voraus und außerdem einen dritten Weltkrieg, der den Weltuntergang bedeuten werde (nach mündlicher Überlieferung von Daniel Barnes, 1985).

Lit.: Schweizer 1942; McClure 1983, 71–86.

42 Als König Christian den Davidstern trug

KÖNIG CHRISTIAN X. VON DÄNEMARK pflegte regelmäßig einen Morgenritt durch Kopenhagen zu machen, und er tat dies auch während der Zeit der deutschen Okkupation Dänemarks.

Eines Tages kommt der Befehl aus dem Nazi-Hauptquartier, alle dänischen Juden hätten eine gelbe Armbinde mit einem Davidstern zu tragen. Noch in der selben Nacht gibt die Radiostation der Untergrundbewegung die Mitteilung durch, König Christian habe dem deutschen Befehlshaber geantwortet, daß alle dänischen Bürger gleich seien. Um dies deutlich zu machen, wolle er sich selbst den Judenstern anstecken, und er erwarte, daß alle Dänen seinem Beispiel folgen würden.

Am nächsten Morgen machte der König seinen üblichen Ausritt, um den Arm eine gelbe Binde mit einem Stern darauf. So gut wie alle Menschen auf Kopenhagens Straßen trugen ebensolche Armbinden wie ihr König. Die Deutschen sahen sich gezwungen, die Anordnung aufzuheben.

Dies ist eine Sage, die man nach wie vor von Dänen und vor allem von Juden in den USA hören kann. Ich habe sie nach dem aus Dänemark stammenden amerikanischen Volkskundler Jens Lund wiedergegeben, der eine sehr gründliche Untersuchung des historischen Hintergrunds und der Verbreitung vorgenommen hat.

Leider, so muß man sagen, hat sich das Ereignis in Wirklichkeit nicht zugetragen. Die Nazis haben den Gebrauch des Davidsterns als Erkennungsmerkmal für die Juden in den meisten besetzten Gebieten durchgesetzt, nicht aber in Dänemark. Dies beruhte allerdings zum geringsten auf dem persönlichen Eingreifen des Königs, sondern darauf, daß die dänische Regierung sich den

Sondermaßnahmen gegen Juden mit Bestimmtheit widersetzte, als solche 1941 vorgeschlagen wurden; man warnte eindringlich vor Unruhen und Sabotage als Folgen der Durchführung derartiger Maßnahmen. Ähnliche Begebenheiten, wie sie in der Sage geschildert werden, hat es in anderen besetzten Gebieten tatsächlich gegeben, wie etwa in Holland, wo Nichtjuden ihre Loyalität mit Juden dadurch demonstrierten, daß sie den „Judenstern" auch selbst trugen. Daß man die Angelegenheit mit Christian X. in Verbindung brachte, läßt sich damit erklären, daß er für viele Dänen zur Symbolfigur für den Widerstand gegen die Nazis wurde. Die Geschichte mit der Armbinde ist nur ein Stück aus dem Sagenkranz, der um ihn entstanden ist.

Die Sage kam 1941 auf, wurde dann unmittelbar von der Widerstandsbewegung übernommen und später dann von dänischen Juden in den USA verbreitet, zum Beispiel Victor Borge. Sie ist auch mehrere Male in literarischem Kontext wiedergegeben worden, unter anderem in dem Roman „Exodus" von Leon Uris. Jens Lund ist der Meinung, die außerordentliche Popularität unter den Juden in den USA beruhe darauf, daß es eine der wenigen ermutigenden Geschichten aus einer Zeit mit unerträglich vielen Zeugnissen von Tod und Vernichtung sei. Sie gestaltet ganz einfach den Traum vom Sieg des Guten über das Böse.

Lit.: Lund 1975.

43
Das Geheimnis der Deutschlehrerin

UNSERE DEUTSCHLEHRERIN AUF DER REALSCHULE in den fünfziger Jahren wurde von allen in der Klasse als das Urbild einer unverheirateten Lehrerin betrachtet. Nicht direkt eine alte Jungfer, aber immerhin. Vielleicht war sie zu barsch und energisch. Bis wir eines Tages ein Gerücht zu hören bekamen, und zwar von einem aus einer der höheren Klassen:

Sie war mit einem deutschen Kampfflieger verlobt und unsterblich in ihn verliebt gewesen. Alles war für die Hochzeit klar gewesen, da wurde er abgeschossen, und sie blieb auf tragische Weise allein. Sie hatte ihm die Treue gehalten und danach nie mehr einen anderen Mann geliebt. Die Tante stieg natürlich in unserer Achtung, als wir das zu hören bekamen.

Das hat sich in dem Marktflecken Sunne in Värmland zugetragen. Meine Schwestern, die zur städtischen Mädchenschule auf Kungsholm in Stockholm gingen, hatten indessen exakt die gleiche Geschichte über ihre unverheiratete Deutschlehrerin gehört. Demnach scheint es ja wohl ein moderner Mythos zu sein.

Schülergeschichten über Lehrer sind ein großes und unerforschtes Gebiet, auch wenn reichhaltiges Material in der Memoirenliteratur vorliegt. Meistens möchte man wohl glauben, daß Lehreranekdoten – seien sie wahr oder erfunden – jeweils nur an der eigenen Schule lebendig sind. Die romantische Sage von der Deutschlehrerin, mitgeteilt in einem Brief – datiert am 14. Juli 1983 – von Björn Wester aus Nässjö, macht deutlich, daß einige dieser Geschichten auch Wandersagen sein können.

44 Das Ende vom Junggesellenkehraus

MEIN PFADFINDERFÜHRER HAT ERZÄHLT, er habe einige Freunde, die auf dem Junggesellenkehraus eines Bekannten gewesen sind. Sie hatten ihn sinnlos besoffen gemacht und dann in einen Teppich eingerollt. Anschließend hatten sie eine Fahrkarte für eine einfache Fahrt zu irgendeinem Ort weit im Norden gekauft. Sie luden sich den Bekannten auf und trugen ihn, in den Teppich eingerollt, zum Bahnhof und stiegen mit dem Gepäckstück in den Zug und stellten es in ein Abteil.

Aber sie waren ja selber sturzbetrunken, und so stellten sie ihn auf den Kopf. Als das Zugpersonal ihn am nächsten Morgen fand, war er mausetot.

Niedergeschrieben wurde diese Sage 1975 von Ingvar Svanberg, der hatte sie von Torgny Frembäck, Student an der Universität Uppsala, der sie in seiner Kindheit in Karlskoga gehört hatte. Ein gewaltiges rituelles Besäufnis ist wohl das hervorstechende Merkmal des Junggesellenkehraus, bei dem der werdende Ehemann den Abschied von seiner Junggesellenzeit in der Gesellschaft seiner männlichen Freunde feiert. Manchmal schon haben die Kameraden den betrunkenen Ehrengast einem mehr oder minder gelungenen „practical joke" ausgesetzt. Dieser Brauch hat dazu geführt, daß eine Blütenlese von Geschichten sich gebildet hat, die von derartigen Scherzen erzählt. Ein Teil davon geht auf tatsächliche Begebenheiten zurück, ob das aber bei der hier aufgeführten Erzählung der Fall ist, ist unsicher. Sie ist in erster Linie eine Warnsage.

In einer Sammlung zeitgenössischer Sagen aus Holland wird von einem jungen Mann erzählt, der von seinen Kameraden vor der Hochzeit total betrunken gemacht wird, wonach sie ihm sein eines Bein eingipsen. Als er am nächsten Morgen mit einem furchtbaren Kater aufwacht, glaubt er, sich das

Bein gebrochen zu haben. Zwei Wochen liegt er im Bett, bevor der Ulk aufgedeckt wird (Portnoy 1980, 150).

Lit.: Baughman 1945 b; Hellspong 1969.

45
Die verschwundene Braut

FOLGENDES SOLL SICH ZU BEGINN DES JAHRHUNDERTS ZUGETRAGEN HABEN. Ein junges Pärchen heiratete, und nach der Trauzeremonie ging das Hochzeitsfest im Haus der Braut weiter. Sie wohnte bei ihren Eltern in einem großen alten und etwas verfallenen Haus. Man aß, trank und tanzte, und die Stimmung war ausgelassen. Spät in der Nacht schlug jemand vor, Versteck zu spielen. Die meisten Gäste waren alte Freunde aus der Kinderzeit des Brautpaares und hatten schon viele Male in dem Haus gespielt. Alle gingen auf den Vorschlag ein.

Man stellte sich in einen Kreis und guckte einen aus, der suchen sollte. Der Bräutigam wurde es. Die anderen liefen davon und versteckten sich, und er zählte bis hundert und begann dann, die anderen zu suchen. Einer nach dem anderen wurde gefunden, und nach und nach war es nur noch eine, die sich versteckt hielt – die Braut. Schließlich begann man zu rufen: Das Spiel ist aus, komm raus! Aber sie kam nicht raus.

Sie kam auch am nächsten Tag nicht. Sie war und blieb verschwunden. Manche nahmen an, sie hätte ihre Heirat plötzlich bereut und sei auf die andere Seite des Globus geflüchtet. Ihr Mann hoffte bis zuletzt, daß sie von sich hören lassen würde, aber schließlich wurde die Ehe für nichtig erklärt, und er heiratete eine andere. So vergingen viele Jahre. Die Eltern des Mädchens starben, das alte Haus wurde verkauft. Als die Möbelpakker dabei waren, das Haus auszuräumen, entdeckten sie eine staubige Kiste, die in der Kellerecke hinter einer Menge Gerümpel stand. Der Deckel ließ sich nicht öffnen, sondern mußte aufgebrochen werden. Da lag ein Skelett in Schleier und Haube und halb vermodertem Brautkleid.

An einem Abend Mitte der siebziger Jahre hielt ich in der Bibliothek in Handen einen Vortrag über zeitgenössische Volkssagen. Wie so oft übernahm ganz allmählich mein Publikum das Erzählen. Als uns ein junger Mann seine Version von „Die verschwundene Braut“ hören ließ, erschauerte das Publikum derartig, daß die Kerzen im Luftzug zu flackern begannen. Ich habe versucht, die Geschichte genauso wiederzugeben, wie er sie erzählt hat.

In einer etwas abgewandelten Form findet man sie in P.G. Evanders Roman „Himmel der Hunde“ (1982). Die männliche Hauptperson erzählt von seiner ersten Liebe, einem hübschen Mädchen mit wallendem dunklen Haar, ihr Name ist Ingegerd Dahlen. Sie wohnt auf einer Insel in den Schären, Rissarkläppen, und dort feiert sie ihre Hochzeit mit einem Schulfreund des Romanhelden. In den Schären (so lesen wir) gibt es nach altem Brauch gewisse Spiele, die man bei Hochzeiten oder auch bei Beerdigungen veranstaltet, unter anderem auch eine Abart des gewöhnlichen Versteckspiels. Kurz bevor die Frischvermählten mit einem geschmückten Motorboot davonfahren sollen, spielt man dies Versteckspiel, und es endet damit, daß die Braut verschwindet.

Vergeblich wird die Insel von einer Suchkette durchkämmt. Man muß sich mit der Erklärung begnügen, daß die Braut von einer Klippe abgerutscht und im Meer ertrunken ist. Mehr als ein Vierteljahrhundert später sollen auf Anweisung der Behörden ein paar abseits gelegene Bootsschuppen abgerissen werden, die so ramponiert sind, daß sie eine Gefahr für jugendliche Touristen bilden, die dort unerlaubterweise hineingehen. Während der Abbrucharbeiten stößt man an der äußersten Längswand auf eine Seemannskiste.

„In dieser Kiste fand man nun das Skelett eines Menschen, immer noch im Brautschleier und in goldbraunes Gewand aus sprödester Seide gekleidet, der Schädel lag gebettet in langes schwarzes Haar, und die Zahnreihen waren wie neuestes Fischbein. Die Brautkrone fand man eingeklemmt unter dem Hüftknochen wieder.

Die Entdeckung veranlaßte die beiden Abrißarbeiter, ihre Arbeit zu beenden und bereits am Vormittag Feierabend zu machen. Das wurde ihnen allgemein nachgesehen, einer von ihnen war nämlich der Cousin der Frau, von deren sterblichen Überresten sie nun Zeugnis geben konnten. Das war sie also, Ingegerd Dahlén von Rissarkläppen, meine allererste und richtige große Liebe.“

Man kann fast ahnen, daß diese schauerlich-romantische Geschichte keine moderne Schöpfung ist. Sie war bereits zu Beginn des 19. Jahrhunderts wohlbekannt. Der englische Lieddichter Thomas Haynes Bayly (1797–1839) gab sie in der Ballade von Lord Lovels Braut wieder. Heutzutage gehört sie zur festen Überlieferung von Gruselgeschichten in vielen Ländern. Es gibt sie zum Beispiel in Ethel Portnoys holländischer Sammlung „Broodje aap“ (Nr. 27, De bruid in de kist). Dort tragen sich die Ereignisse in einem alten Schloß in Schottland zu. Die Hochzeitsgäste bechern mächtig und spielen Spiele, und die Braut versteckt sich in einer Truhe, die ins Schloß fällt. Keiner hört ihre verzweifelten Hilferufe.

46
Würmer in der Dauerwelle

ES WAR ZU DER ZEIT, als die hohen Frisuren so modern waren – Farah-Diba-Frisuren hat man sie genannt. Die Schwierigkeit bestand darin, sie so hinzubekommen, daß sie die Form behielten; dabei ging eine Menge Haarspray drauf.

Ein Mädchen mit einer solchen Frisur sagte eines Tages zu ihren Mitschülern, sie habe furchtbare Kopfschmerzen. Kurze Zeit später fiel sie in Ohnmacht. Sie wurde ins Krankenhaus gefahren, und dort entdeckte der Arzt ein mehrere Wochen altes Brötchen in ihrer Dauerwelle. Es war verschimmelt und voll Würmer, die auch in die Kopfhaut eingedrungen waren und die Kopfschmerzen verursacht hatten.

Diese hochtoupierten Dauerwellen waren in den Fünfzigern sehr modern. In diesen Jahren konnte man überall die Geschichte von dem Mädchen hören, das so lange mit einer Dauerwelle rumlief, bis die Würmer und anderes Ungeziefer drin waren. Hin und wieder läßt man sie sogar sterben: die kleinen Viecher haben sich bis ins Gehirn hineingebohrt.

In jener Zeit glaubten viele daran, die Sache hätte sich wirklich so abgespielt. Die Gymnasiasten aus der Gegend von Stockholm, die sie mir 1975 erzählten, waren sich hingegen im klaren darüber, daß die Geschichte aus dem Volksmund der fünfziger Jahre stammte.

Wenige moderne Sagen sind so allgemein verbreitet gewesen wie diese. Sie ist aus zahlreichen europäischen Ländern wie auch aus den USA einwandfrei belegt. In den Details gibt es Unterschiede. In den Varianten außerhalb Schwedens findet man nur selten die Angabe, daß sich das Mädchen ihre Frisur um ein Brötchen herum hochtoupiert hat. Das Viehzeug, das man im Haar findet, kann neben Würmern auch etwas anderes sein, zum Beispiel Läuse, Ohrwürmer, Kakerlaken oder Spinnen.

In den USA handelt es sich fast immer um Spinnen, manchmal um ein ganzes Spinnennest. Das Mädchen hat seine Dauerwelle monatelang gehabt und verpaßt ihr jeden Tag eine neue Dusche mit Haarspray, bis sie plötzlich in

Ohnmacht fällt und ins Krankenhaus gebracht werden muß. Manchmal stirbt sie vom Biß einer giftigen Spinne, bevor sie im Krankenhaus ankommt.

Warnende Geschichten dieses Schlages gab es schon im Mittelalter. In einer englischen Sammlung von Predigtexempeln aus dem 13. Jahrhundert, „Speculum laicorum", wird von einer adligen Dame in Oxfordshire berichtet, die so viel Zeit benötigt, sich die Haare fein zu machen, daß sie erst in der Kirche eintrifft, kurz bevor die Messe zu Ende ist. Eines Tages setzt sich der Teufel in Gestalt einer Spinne in ihr Haar. Das eitle Fräulein stirbt fast vor Schreck. Nichts will anschlagen gegen die Spinne, Gebete nicht, kein Exorzismus, kein Weihwasser. Erst als der Abt ihr die heiligen Sakramente vorsetzt, gibt sie auf und verschwindet.

Sowohl die mittelalterliche Schauergeschichte wie auch die aus den fünfziger Jahren warnen vor den gefährlichen Folgen übertriebener weiblicher Eitelkeit. Damals wie heute konnte man einem mit schwarzen, haarigen Spinnen Furcht einjagen. Der Unterschied ist, daß die mittelalterliche Erzählung der christlichen Verkündigung diente, während die neuzeitliche die Bedeutung peinlicher Sauberkeit und regelmäßiger Haarpflege predigt.

Lit.: Marchalonis 1976; Brunvand 1981, 76–81; Solberg 1983.

47
Zwei Geburtsgeschichten

AN BENGT AF KLINTBERG BETREFFEND NEUE VOLKSSAGEN. Wenn Sie heutzutage Volkssagen hören wollen, dann müssen Sie schwanger sein, so wie ich (mir ist klar, das wird schwierig). Zu Beginn meiner Schwangerschaft bin ich in mehreren Büchern über Entbindung und Geburt davor gewarnt worden, daß die Leute mit haarsträubenden Geschichten kommen würden, aber ich glaubte nicht daran, sondern dachte: früher ja, aber nicht heutzutage ...

Geschichte 1 (mein Favorit, erzählt von verschiedenen Personen): Es war ein Vater, der die Geburt seines ersten Kindes verpaßt hatte, da er geschäftlich unterwegs war. Als das nächste unterwegs war, legte er sich angesichts der bevorstehenden Geburt ganz mächtig ins Zeug. Er besorgte sich eine Videokamera mit Tonaufnahmegerät, Stativ, Spotlight usw. usw. Dann sitzt er da glücklich hinter seinen Apparaten, um „DAS EREIGNIS" zu verewigen! Das Kind, das geboren wird, ist schwarz, denn seine Frau ist ihm untreu gewesen.

Geschichte 2 (mir mit der üblichen Einleitung erzählt: „Man sollte ja sowas nicht bei deinem Zustand erzählen, aber du bist so vernünftig, daß dir klar ist, daß dir so etwas nicht passieren kann"): Ein Arzt sagt zu einer schwangeren Frau, daß sie sich darauf einrichten müsse, daß er wohl einen Kaiserschnitt werde machen müssen, weil sie so eng sei und es andernfalls zu Einrissen kommen könne. Die werdende Mutter weigert sich, denn sie hat sich vorgenommen, natürlich zu gebären. Sie bekommt einen Riß vom Nabel bis zum Kreuz.

Es gibt eine Menge Schwangerschafts- und Geburtsgeschichten. Die meisten laufen darauf hinaus, daß man selbst oder aber das Kind zu Schaden kommt, wenn man glaubt, man wisse es besser als die Ärzte. Oder es handelt sich um Ärzte, die geradezu horrible Fehldiagnosen stellen. Sehr oft, wenn Menschen, die ich als gute Freunde ansehe, mir so etwas erzählen und eisern darauf beharren, daß es wahr sei, werde ich traurig. Warum versuchen sie, mir Angst einzujagen? Wie können zum Beispiel akademisch gebildete junge Leute glauben, daß ein Dammriß bis zum Nabel gehen könnte?

Entschuldigen Sie, daß dieser Brief so nachlässig geschrieben ist, aber Sie verstehen, ich schreibe zwischen den Wehen, und deshalb fühle ich mich zwiespältig, aber ich wollte schreiben, bevor das Kind kommt, weil ich danach wohl keine Zeit mehr haben werde.

Derart dramatische Briefe kann man kriegen, wenn man Volkskundeforscher ist. Dieser wurde Ende Februar 1986 von Jane Ekblom aus Vällingby an mich geschrieben, nachdem sie einen Aufsatz von mir in der Zeitung „Vi" (Wir) unter der Rubrik „Neue Volkssagen" gelesen hatte. Ich hoffe, daß alles gut gegangen ist, Jane!

Mehrere andere Personen haben bestätigt, daß die erste der beiden Geschichten in Schweden sehr verbreitet ist. Drückt sie die Furcht schwedischer Männer aus, ihre Frauen könnten sich farbigen Männern hingeben? Das wäre wohl möglich. Aber wenn man daran denkt, daß ja Geburtsgeschichten vor allem Frauenüberlieferung sind, liegt es näher, sie als Resultate weiblichen Wunschdenkens zu betrachten. Es steckt eine kräftige Abneigung in dem Bild des erwartungsvollen Vaters, der hinter seiner Videokamera lauert. Bei der Geburt des ersten Kindes hatte er die Geschäfte vorgehen lassen, und nun ist er mehr daran interessiert, Kameramann zu spielen als seiner Frau bei der Geburt eine Stütze zu sein. Soll er doch gern auf diese brutale Weise zu der Einsicht kommen, daß er betrogen worden ist!

Warum Menschen, die es besser wissen sollten, werdenden Müttern mit Geschichten über schreckliche Zwischenfälle bei der Geburt Angst einjagen, läßt sich kaum erklären. Es kann zahlreiche Anlässe geben: das fängt mit der ganz normalen Sorge um die Freundin an und geht bis zu einer mehr oder weniger bewußten Neigung, ihre Verletzlichkeit auszunutzen.

48
Das gegrillte Baby

EINE BEKANNTE VON MIR, die in Jämtland aufgewachsen ist, erzählte mir neulich folgende Geschichte. Sie gab an, sie kenne den, der die Person kennt, um die es sich in der Geschichte dreht.

Da war eine Frau, die gerade ein Baby zur Welt gebracht hatte. Sie bekam eine Schwangerschaftspsychose und bereitete ihren kleinen, nackten Säugling im Herd zu. Als ihr Mann von der Arbeit nach Hause kam, hatte sie das Blech mit dem gegrillten Baby auf den Eßtisch gestellt. Er hielt es, nachdem er einen flüchtigen Blick darauf geworfen hatte, für ein Brathähnchen. Als er begriff, daß es das eigene Kind war, wurde er wahnsinnig. Beide Eheleute landeten in der Östersunder Nervenklinik.

Diese Geschichte stand in einem Brief von Astrid Qvarforth aus Täby, verfaßt im Juni 1984. Darin waren auch interessante Angaben über die Gelegenheit, bei der sie selbst die Erzählung gehört hatte. Die Frau, die sie wiedergab, wollte selbst ein Kind, hatte aber noch keins bekommen. Astrid war gerade kurze Zeit zuvor glücklich mit einem Baby niedergekommen. In dem Brief gibt sie ihrer Verwunderung darüber Ausdruck, daß die Freundin gerade ihr solch eine gräßliche Geschichte erzählt hat, als wenn es ein indirekter Ausdruck des Neides wäre.

Selten erhält man ein Beispiel, aus dem die Bedeutung der Erzählsituation für die Interpretation einer Sage so klar hervorgeht. Wenn wir den Text für sich allein betrachten, könnten wir vielleicht sagen, er sei Ausdruck der Angst junger Mütter vor der anstrengenden Zeit nach der Geburt. In unserem Zusammenhang bekommt er eine ganz andere Funktion. Jemand, der fühlt, daß er das Mutterglück einer Freundin nicht verkraften kann, benutzt die Geschichte, um zu beunruhigen und zu erschrecken. Bei der Sage vom gegrillten Baby handelt es sich um eine typische Frauenüberlieferung; alle Belege, die ich habe, kommen von Frauen. Die in Schweden üblichste Form ist genau die, die wir im Brief von Astrid Qvarforth vorfinden, wo es heißt, die

Wahnsinnstat beruhe auf einer Wochenbettpsychose. Manchmal hört man auch, sie rühre daher, daß die Mutter auf der Entbindungsstation so unter Drogen gesetzt worden sei, daß sie nicht wisse was sie tut.

In Carola Hanssons Roman „Das erträumte Kind" (1983) ist die Hauptperson gerade eben Mutter geworden, sie wird von Phantasien geplagt, sie würde ihr Kind im Backofen grillen. Ich fragte die Autorin, ob sie die Geschichte von dem gegrillten Baby gehört habe, doch das verneinte sie. Anscheinend ist es eine Zwangsvorstellung, die sich bei vielen einstellt, die gerade Mutter geworden sind. Deren Sorge um das Wohlbefinden des Babys mischt sich mit verdrängten Aggressionen und trivialen Überlegungen, was es zum Abendbrot geben soll. Die Assoziation vom Kind auf dem Wickeltisch mit den in Embryonalstellung angezogenen Beinen hin zum Braten im Herd liegt durchaus nahe.

In den USA und in Kanada hat die Sage eine ganz und gar eigenständige Ausformung erhalten. Dort ist es nicht die Mutter, sondern ein Baby-Sitter, der das Kleine in einem Zustand geistiger Umnachtung in den Ofen schiebt. Die Eltern sind eingeladen und haben einen Teenager zum Baby-Sitten engagiert. Zwischendurch rufen sie von ihren Bekannten aus zu Hause an und erkundigen sich, ob alles zum Besten steht. Der Baby-Sitter: Alles, wie es sein muß, ich habe den Truthahn gerade eben in den Ofen geschoben. Die Antwort beunruhigt die Eltern, denn sie haben keinen Truthahnbraten im Haus. Hastig brechen sie auf und fahren nach Hause, wo sie den Baby-Sitter mit LSD angetörnt und das Baby tot im Ofen finden.

„The hippie babysitter" tauchte in den USA um 1970 auf; der Zusammenhang der Sage mit dem Drogenmißbrauch Jugendlicher ist ganz offensichtlich. Die Besorgnis von Eltern, wie übrigens auch von Baby-Sittern, der Inhalt der Sage könnte Wirklichkeit werden, ist leicht zu verstehen. Gleichwohl vermute ich, daß die amerikanische Version das Resultat einer Projizierung von Aggressionen und Angstvorstellungen der Mutter selbst ist. Der Gedanke, die Mutter könnte ihr eigenes Kind in den Backofen setzen, erscheint kaum hinnehmbar; man läßt deshalb die Bedrohung von jemandem außerhalb der Familie ausgehen.

Lit.: Langer 1952; Nyman 1974, 70–73; Brunvand 1981, 65–69; Solberg 1983, 110–113.

49
Der Baby-Sitter kam nicht

EIN EHEPAAR hatte sich entschlossen, zwei Wochen auf Mallorca Urlaub zu machen. Oma sollte kommen und auf das Kind aufpassen, während sie abwesend waren. Die Abflugzeit der gebuchten Maschine kam näher und näher, und schließlich ließen sie ihr Kind, angeschnallt im Kinderstuhl, allein und machten sich auf den Weg. Die Oma hatte angerufen, kurz bevor sie von zu Hause weggefahren war, und mußte bald da sein.

Als sie zurückkehrten, saß das Kind immer noch im Stuhl – tot. Die Oma hatte einen Verkehrsunfall erlitten und lag bewußtlos im Krankenhaus.

Es geschieht nicht nur in den alten, grausamen Märchen, wie zum Beispiel „Hänsel und Gretel", daß Kinder von ihren Eltern alleingelassen werden. Es kommt auch in modernen Sagen vor, und darin geht es richtig übel aus für die Kleinen. Die Geschichte oben erzählte man sich in Helsinki, wie Gunilla Harling-Kranck in einem Brief mitteilt, den sie mir im Mai 1976 geschickt hat.

Das skandinavische Land, in dem sie weit verbreitet ist, ist Norwegen. Dort hat man sie auch in mehreren Städten an der Westküste lokalisiert. Ende August, Anfang September 1972 widerrief die Zeitung „Rogaland Avis" eine Meldung, wonach sich das Ereignis in Stavanger abgespielt haben sollte. Am 22. September des gleichen Jahres war es dann das Blatt „Bergens Tidende", das davon sprach, das Erzählte sei nichts anderes als freie Phantasie. Der Polizeichef wurde interviewt und dementierte, daß man ein Kind, verhungert und in seinem Stühlchen festgebunden, in der Gegend von Bergen aufgefunden hätte. Trotz dieser Dementis lebte die Geschichte noch viele Jahre fort. Sie verbreitete sich von Norwegen aus in viele andere europäische Länder; in Rodney Dales englischer Sammlung „It's true, it happened to a friend" wird sie wie oben über ein norwegisches Paar berichtet (Dale 1984, 89).

Dennoch ist Norwegen nicht das Ursprungsland dieser Sage. Ich fand sie in einer Aufzeichnung aus dem Jahr 1970 im Volkskundearchiv von Bloomington,

Indiana, in den USA. Da wird der Baby-Sitter nicht auf dem Weg angefahren, sondern kommt ganz einfach nicht in die Wohnung. Die Tür, die – so war es vereinbart – offenstehen sollte, war verschlossen. Der Baby-Sitter geht nach Hause, in der festen Überzeugung, die Eltern hätten ihr Kind doch mitgenommen. Als diese nach zwei Wochen wieder nach Hause kommen, finden sie ihr Kind verhungert vor. Bevor es gestorben ist, hatte es begonnen, die eigenen Finger zu essen (FA 70/314).

Diese Geschichte ist eine Warn-Sage, die einem einprägt, daß man niemals ein Risiko eingehen darf, wenn es um die Sicherheit eines Kindes geht. Wenn es das Unglück will, wird es so ausgehen wie in diesem Fall.

Lit.: Kvideland 1973, 9; Brunvand 1981, 67.

50
Ein dreister Diebstahl

EINE GESCHICHTE, die in letzter Zeit in Mjölby rundging, handelt von einem ungewöhnlich dreisten Diebstahl. Die Bestohlene ist eine bekannte Frau aus Mjölby, Witwe eines Schlachters und aktive Heimwehrhelferin.

Sie war mit dem Bus zum Kaufhaus nach Ullared gefahren, um sich ein Kleid zu kaufen. Als sie in der Umkleidekabine stand und anprobierte, sah sie, wie eine Hand hineinlangte und ihre Handtasche entwendete. Ihr blieb nichts anderes übrig, als den Diebstahl anzuzeigen und wieder nach Hause zu fahren.

Tags darauf wurde sie von einem Mann angerufen, der ihr mitteilte, daß es seine Frau gewesen sei, die die Handtasche gestohlen hätte. Sie wäre Kleptomanin, und wenn sie mit Diebesgut nach Hause käme, versuche er jedesmal die Dinge zurückzugeben, so weit es eben gehe. Er wohne allerdings ziemlich weit von Mjölby entfernt, sagte der Mann. Ob sie nicht jeder die Hälfte der Strecke fahren könnten, um sich in Gränna zu treffen. Dort würde er sie zum Mittagessen einladen und ihr bei dieser Gelegenheit ihre Handtasche wiedergeben.

Also, die Frau aus Mjölby fuhr nach Gränna und ging in das Gasthaus, wo sie den Mann aber nicht finden konnte. Allerdings war ein Menü auf ihren Namen bestellt, und die Rechnung sei auch bereits bezahlt, eröffnete ihr die Kellnerin. So aß sie allein und fuhr anschließend wieder nach Hause. Dort stellte sie fest, daß sie Besuch von Einbrechern gehabt hatte. All ihre Wertsachen waren gestohlen.

Am 27. Oktober 1984 wurde mir diese Geschichte mit der Bitte um einen Kommentar telefonisch mitgeteilt von Håkan Bergström, einem Journalisten der Zeitung „Svenska Dagbladet"; sie war in ganz Mjölby verbreitet worden, und die Lokalzeitung hatte sich bei der besagten Dame erkundigt, die jedoch abstritt, selbst bestohlen worden zu sein.

Die gleiche Geschichte wurde in anderen südschwedischen Städten von anderen Frauen erzählt. Ein immer wiederkehrendes Detail dabei ist, daß der Taschendieb, indem er sich am Telefon als Ehegatte (in einigen Fällen auch als Mutter) einer kleptomanischen Person ausgibt, sein Opfer derartig täuscht, daß es das Haus verläßt. Sieht man von dieser neueren Zutat ab, so ist die Geschichte aber eine weit verbreitete Wandersage. Folgendermaßen wurde sie von Gun Andersson aus Örebro in einem Brief an die Zeitung „Expressen" wiedergegeben, der am 21. September 1975 veröffentlicht wurde:

„Diese Geschichte hat mir ein Bekannter erzählt, und sie hat sich tatsächlich ereignet.

Eine Dame war in einem größeren Kaufhaus hier in Örebro und kaufte ein. Als sie an die Kasse kam und bezahlen wollte, war ihre Handtasche weg. Jemand hatte, ohne daß sie es bemerkt hätte, die Riemen abgeschnitten und die Tasche gestohlen. Zum Glück hatte sie die Autoschlüssel in der Manteltasche, und im Auto war ein extra Hausschlüssel. Sie fuhr nach Hause, und nachdem sie schon einige Zeit da war, klingelte das Telefon. Es meldete sich eine männliche Person und sagte, sie sei vom Kaufhaus. „Wir haben ihre Tasche gefunden", sagte die Stimme, „Sie können sie hier abholen."

Die Dame war natürlich sehr glücklich darüber und setzte sich gleich ins Auto und fuhr zu dem Kaufhaus. Aber als sie dort ankam und ihre Tasche in Empfang nehmen wollte, war das Personal völlig ahnungslos. Sie hätten keine Tasche gefunden und auch nicht angerufen. Es blieb ihr nichts anderes übrig, als unverrichteter Dinge wieder nach Hause zu fahren. Dort angelangt, findet sie ihr Haus von den gewitzten Dieben ausgeräumt."

In gewisser Hinsicht repräsentiert die Örebro-Version eine vereinfachte Form der Sage: für gewöhnlich muß die Frau nämlich machtlos zusehen, wie eine Hand ihre Tasche wegnimmt. Gegen Ende der sechziger Jahre erzählte man sie in England, und zwar von einer Frau, die eine Damentoilette bei Harrods in London aufsuchte. Als sie in ihrer Kabine sitzt, die Handtasche unmittelbar vor sich auf dem Fußboden, sieht sie eine Hand unter der Tür hindurchgreifen und die Tasche schnappen. Die Fortsetzung ist die übliche: sie zeigt den Diebstahl an, fährt nach Hause, das Telefon klingelt, und sie wird zu Harrods gelockt. Als sie enttäuscht nach Hause kommt, sieht sie ihre Hausschlüssel im Schloß stecken. Aus der Wohnung sind all ihre Juwelen verschwunden.

Die neuzeitlichen Sagen über Diebe kann man, grob vereinfacht, in zwei Kategorien einteilen. In der einen kommt die ganz alltägliche Aggression und

Rachsucht gesetzestreuer Bürger gegenüber Dieben zum Ausdruck: es handelt sich darum, daß Diebe stümperhaft vorgehen oder höchst unbehagliche Überraschungen erleben (siehe z.B. „Der röchelnde Schäferhund" und „Die Beute des Handtaschenräubers"). In der anderen Kategorie treffen wir eine widerwillige Bewunderung für unverschämte Diebe an, die ihre Absicht erfolgreich verwirklichen können, weil sie alles genau und mit großem Einfallsreichtum austüfteln.

„Ein dreister Diebstahl" gehört zu der zweiten Kategorie. Sie hat einen Aufbau, der in vielen Sagen wiederkehrt und den ein englischer Forscher auf die Formel „verdoppelter Diebstahl" gebracht hat: der erste Diebstahl ermöglicht einen zweiten, größeren. Wir finden diese Struktur wieder in der hier nachfolgenden Sage.

Lit.: Simpson 1972; Brunvand 1984, 193 f.

51
Die Theaterkarten

DAS FOLGENDE PASSIERTE in einem Villenvorort nördlich von Stockholm. Ein Familienvater entdeckte eines Morgens, daß man in der Nacht sein Auto gestohlen hatte. Am nächsten Morgen stellte er zu seiner Verwunderung fest, daß das Auto wieder an seinem gewöhnlichen Platz stand. Auf dem Vordersitz lag ein Brief des Diebes. Der schrieb, er sei gezwungen gewesen, das Auto zu entleihen. Auf die Gründe könne er leider nicht näher eingehen, aber es sei eine Notlage gewesen. Er hoffe, daß es nicht allzu viele Umstände gemacht habe. Als Wiedergutmachung wolle er den Mann und seine Frau zu einem netten Theaterabend einladen. Im Briefkuvert lagen zwei Theaterkarten für eine Aufführung, die damals gerade in Stockholm Furore machte.

Der Mann und seine Frau gingen ins Theater, und sie waren sich einig, daß der Dieb, wer es nun auch gewesen sein mochte, sich wie ein Gentleman benommen hatte. Als sie nach Hause kamen, war in ihre Villa eingebrochen worden. Alles, was Wert hatte, war weg. Nachbarn erzählten, einige Männer hätten Fernseher, Bilder und Möbel in einen Umzugswagen getragen und wären damit davongefahren.

Ungefähr in dieser Form wurde die Geschichte Mitte der siebziger Jahre von mehreren meiner Studenten von der Universität Stockholm wiedergegeben.

Es ist dies wahrscheinlich die bekannteste moderne Sage zum Thema „smarte Diebe". Man erzählt sie in vielen Ländern und auch in Amerika. Häufig heißt es, das Auto sei für einen eiligen Krankentransport ausgeliehen worden. „Ihr Auto rettete ein Leben", verkündet der Dieb dramatisch in einer englischen Variante.

Die beiden Eintrittskarten, der Köder, der die Eheleute dazu bringt, das Haus zu verlassen, sind meistens für eine Theatervorstellung bestimmt. Aber hier gibt es zahlreiche Variationen. Symphoniekonzert, Ballettvorstellung, Popkonzert oder Eishockeyspiel kommen ebenfalls vor. In einer norwegischen Variante der Sage enthält das Kuvert zwei Billetts für das Revuetheater Chat Noir in Oslo. Eine holländische Fassung schreibt die Eintrittskarten einer Vorstellung der Oper „La traviata" zu, eine passende Wahl, wenn man daran denkt, daß der italienische Titel soviel bedeutet wie „Die Betrogene".

Die Einleitung mit dem gestohlenen und wieder zurückgebrachten Auto kommt in den frühesten Belegen für die Sage nicht vor. Mein norwegischer Volkskundlerkollege Reimund Kvideland fand in einem norwegischen Lehrbuch für Deutsch, „Geschichten zum Nacherzählen" von A. Midsen und O. Sandnes, eine Erzählung mit dem Titel „Ein Diebstrick". Sie wurde 1926 beim Realschulexamen als Aufgabe für eine Übersetzung aus dem Deutschen ins Norwegische verwendet. Darin bekommen Herr und Frau Schmidt eines Morgens von einer unbekannten Person einen Brief, in dem zwei Theaterkarten liegen. Am Abend gehen sie ins Theater und vermuten, sie würden dort im Publikum irgendeinen Bekannten treffen. Aber sie kennen niemanden im ganzen Theatersaal. Als sie nach Hause zurückkehren, finden sie ihre Wohnung in der wildesten Unordnung nach einem Einbruch vor.

Im Mai 1976 wurde ich in der Wochenzeitschrift Femina über Volkssagen in unserer Zeit interviewt *(Nr. 22 Warum glauben wir an solche Geschichten?)*. Daraufhin kam ein Brief von Josephine Beckhaus aus Sereetz in der Bundesrepublik Deutschland. Sie erzählte von einem Erlebnis, das Bekannte ihrer Nachbarn gehabt haben sollen. Ein gut gekleideter Herr hatte bei ihnen geklingelt und darum gebeten, die Toilette benutzen zu dürfen. Anschließend sahen sie, daß er zwei Kinokarten auf der Toilette liegen gelassen hatte. Sie glaubten, er würde zurückkommen, aber als dies nicht geschah, entschlossen sie sich in letzter Minute, die Karten auszunutzen. Als sie im Kino saßen, nahm der Bekannte zwar wahr, daß sich sein Banknachbar zur Linken zehn Minuten nach Beginn der Vorstellung von seinem Platz erhob und ging, aber er dachte sich nichts weiter dabei. Als das Paar nach Hause kam, fanden sie ihre Wohnung ausgeräumt.

Man kann die Vermutung wagen, daß die Sage deutschen Ursprungs ist und das Einleitungsmotiv mit dem gestohlenen und wiedergebrachten Auto relativ spät hinzugekommen ist. Aber es ist diese Einleitung, die die Erzählung zu der populären Geschichte gemacht hat, die sie heute ist. Durch sie wird erst die dankbare, überraschende Pointe vom „doppelten Diebstahl" geschaffen. Durch sie gewinnt auch der Charakter eines Gentlemandiebes seine Prägung, das volkstümliche Gegenstück zu den Büchern und Filmen von Arsène Lupin.

Lit.: Smith 1973; Portnoy 1980, 25; Brunvand 1984, 193 f.; Kvideland 1985.

52
Ein wirklicher Gentleman

EINE DAME AUS MALMÖ war eines Abends spät auf dem Weg nach Hause. Bei Triangeln wurde sie von einer Gruppe jugendlicher Radaubrüder in Lederjacken belästigt. Zu ihrer großen Erleichterung hörte ein stattlicher und kräftig gebauter Herr ihre Hilferufe. Er kam herbeigeeilt, und mit seinem resoluten Auftreten gelang es ihm, die Rowdys zu vertreiben. Anschließend erbot er sich, die Frau nach Hause zu geleiten. Sie nahm sein Angebot dankbar an, und er ging an ihrer Seite bis zu ihrer Wohnung in der Davidshallgatan. Am Eingang sagte er: „Jetzt will ich den Lohn für die Rettung haben. Her mit dem Pelz!" Die Dame war gezwungen, den wertvollen Persianer auszuziehen und ihn dem Mann zu überlassen, der sich schleunigst aus dem Staube machte.

Auf eine Umfrage „Gerüchte unserer Zeit", die das Nordische Museum veranstaltete, wurde diese Geschichte vom örtlichen Vertreter des Museums in Malmö, Arnold Lindborg, 1975 eingesandt. Sie ist auch in Stockholm wohlbekannt: meine Schwiegermutter hat sie auch gehört, diesmal mit einer Dame aus Östermalm.

Arnold Lindborg geht nicht weiter darauf ein, ob der Begleiter der Frau mit den jugendlichen Rowdys unter einer Decke steckt. In anderen Erzählungen über dieses Thema ist es gewöhnlich schon von vornherein abgesprochen, daß sich die Angreifer von einem heldenmütigen Retter verjagen lassen.

53 Der röchelnde Schäferhund

EINE ALLEINSTEHENDE GOTLÄNDERIN kommt eines Tages nach Hause in ihre Wohnung. Sie wundert sich, warum ihr Schäferhund nicht kommt und sie begrüßt, wie er es sonst immer macht. Sie findet den Hund im Wohnzimmer auf dem Teppich liegen. Er atmet schwer und röchelt, als wenn er sich erbrechen muß. Die Frau nimmt den Schäferhund in einem Taxi mit zum Tierarzt, der den Hund untersucht. Anschließend beruhigt er die Frau und sagt, soweit es den Hund betreffe, werde die Sache schon wieder in Ordnung kommen. Aber sie selbst täte am klügsten, wenn sie schleunigst Verbindung mit der Polizei aufnähme. Und dann zeigt er ihr, was da im Hals des Hundes festgesessen hatte: zwei abgebissene Finger!

Die Polizei wird alarmiert, und zwei Beamte begleiten die Frau nach Hause. Hinter dem Sofa findet man einen Einbrecher, vom Blutverlust bewußtlos. An der einen Hand fehlen zwei Finger.

Dies ist eine Sage, die zu Beginn der achtziger Jahre weite Verbreitung in den USA gefunden hatte. Daß sie inzwischen auch Schweden erreicht hat, beweist diese Fassung aus Gotland, die der Volkskundeforscher Ulf Palmenfelt aufgezeichnet hat.

In den USA ist der Hund meistens ein Dobermann-Pinscher. Das veranlaßte Jan Harold Brunvand, der Sage den Namen „The choking doberman“ zu geben, dies wurde auch der Titel seines zweiten Buches über moderne Sagen.

Die erste Zeitungsversion, auf die Brunvand stieß, stand am 24. Juni 1981 in „New Times“ in Phoenix, Arizona. Dort wurde im großen und ganzen die gleiche Geschichte wie oben wiedergegeben. Einziger Unterschied ist, daß der Tierarzt darum bittet, den Hund zur Untersuchung dazubehalten. Die Frau fährt nach Hause, aber kaum hat sie die Tür geöffnet, da klingelt das

Telefon und der Tierarzt ist am Apparat. „Machen Sie, daß sie aus dem Hause kommen", sagt er, „laufen Sie zu den Nachbarn und rufen Sie die Polizei!" Er hatte die Finger gefunden und begriffen, daß der Dieb noch im Haus sein mußte.

Die Sage wurde von einem Staat zum anderen weitererzählt und war wieder und wieder in Zeitungen zu lesen. Innerhalb eines Jahres hatten Journalisten das angebliche Ereignis in mindestens zwanzig Ortschaften auf dem nordamerikanischen Kontinent lokalisiert. Als Brunvand die Zeitungsmeldungen mit den Versionen verglich, die er aus mündlicher Überlieferung hatte sammeln können, bemerkte er einen Unterschied. Die Zeitungen erwähnten nichts von der ethnischen Herkunft des Einbrechers, in der mündlichen Überlieferung dagegen waren die Finger immer schwarz! Diese mündliche Überlieferung bringt also die rassistische Vorstellung zum Ausdruck, daß es die Schwarzen sind, die in den USA die Einbrüche verüben. 1982 zirkulierte eben diese Version mit den schwarzen Fingern in England. Zu Beginn des Jahres 1984 wurde die Sage in einer australischen Zeitung wiedergegeben, da angesiedelt im Bundesstaat Victoria.

Gleichzeitig wurde in Australien eine mündliche Fassung verbreitet, in der das Schicksal des Einbrechers noch grausiger verläuft:

„Ein Ehepaar aus Adelaide fuhr für zwei Wochen in Urlaub, ließ aber seinen scharfen Schäferhund zu Hause, um Diebe fernzuhalten. Den Hund ließen sie im Haus frei herumlaufen und vereinbarten mit den Nachbarn, daß diese jeden Tag Futter bereitstellten. Als sie aus dem Urlaub wieder nach Hause kamen, bemerkten sie einen ekelerregenden Gestank im Haus. Es erwies sich, daß er von der Leiche eines Einbrechers herrührte, dem die Hälfte der einen Hand abgebissen worden war und der sich dann auf das oberste Regal der Kleiderkammer geflüchtet hatte und dort verblutet war."

Man fragt sich, ob die Ursache der globalen Verbreitung der Dobermann-Sage einzig und allein darin liegt, daß es sich um eine besonders aufregende Geschichte für eine breite Öffentlichkeit handelt. Nein, es gibt gewiß einen tiefer liegenden Grund. Diese Sage ist eine der vielen modernen Sagen, die einem verdrängten Rachegefühl gegenüber dem Gesetzesbrecher gestattet, an die Oberfläche zu kommen, und zwar ohne, daß dadurch beim Erzähler ein schlechtes Gewissen hervorgerufen werden müßte, weil es sich ja um ein unschuldiges Tier handelt, das die Rache bewerkstelligt.

Lit.: Brunvand 1984, 6–49; af Klintberg 1984; Palmenfelt 1985, 20–21.

54
In den Wurstteig gekotzt

IN DER FABRIK, wo man die guten Sibylla-Würstchen herstellt, ereignete sich eines Montagmorgens dieses: Ein Arbeiter kam in die Fabrik, obwohl er sich nicht besonders gut fühlte; er hatte nämlich das ganze Wochenende gefeiert, und ihm war noch etwas flau im Magen. Als er gerade dabei war, den Wurstteig zuzubereiten, merkte er, wie es ihm hochkam. Er schaffte es aber nicht mehr bis zum Lokus, sondern spie direkt in den Wurstteig, wagte aber anschließend nicht, es jemandem zu erzählen, und so wurde aus diesem Brei schließlich auch Wurst.

Diese Schauergeschichte hörte ich in der Gegend meiner Heimat in Südnärke von mehreren Leuten, für wahr gehalten habe ich sie natürlich keineswegs.

Eva-Lotta Persson, Schwesternschülerin in Ekilstuna, antwortete 1975 auf die Umfrageaktion des Nordischen Museums „Gerüchte unserer Zeit" unter anderem auch mit dieser knallharten Geschichte. Ein nicht genannter Schüler des altsprachlichen Gymnasiums in Malmö hörte im Herbst 1984 das gleiche Gerücht über die Bäckerei Lockarps:

„Ein Kumpel meines Onkels arbeitete bei Lockarps, und eines Montagmorgens kam einer seiner Arbeitskollegen mit dickem Kopf zur Arbeit und kotzte direkt in die laufende Teigmaschine, und weil sie es nicht fertigbrachten, den Teig auszuwechseln, ließen sie einfach alles, wie es war."

Dies ist natürlich genau so unwahr wie das Gerücht über die Sibylla-Würstchen. Erzählungen dieses Schlages kann man als indirekte Kritik am übertriebenen Arbeitstempo in solchen Fabriken interpretieren, wo Nahrungsmittel in Massenproduktion nach dem Fließband-Prinzip hergestellt werden, vor allem sind sie aber eine typische Erscheinung unter Jugendlichen, die sie bei den Mahlzeiten in der Schule erzählen, damit ihre Mitschüler sich ekeln sollen.

55
Die Quecksilberapfelsinen

EINE PRIVATPERSON IN STOCKHOLM erklärte, in einer Apfelsine Quecksilber gefunden zu haben. Die Apfelsine wurde vom Gesundheitsamt in Stockholm der Lebensmittelprüfstelle übergeben. Bei der Untersuchung durch das Labor stellte sich heraus, daß die Apfelsine, die bereits aufgeschnitten war, metallisches Quecksilber enthielt. In der Schale fand man ein frisch eingestochenes Loch. Die Angelegenheit wurde der Polizei zur weiteren Ermittlung übergeben (TT, Uppsala).

So lautete eine Presse-Information, die am 25. Januar 1979 vom Gesundheitsamt herausgegeben wurde. Am darauffolgenden Tag wurde sie in zahlreichen Zeitungen unter anderem auch in „Dagens Nyheter" (hier unter der Überschrift *Vergiftete Apfelsine in Stockholm gefunden*) abgedruckt. Man mag sich nun fragen, was das in einem Buch mit dem Untertitel „Volkssagen in unserer Zeit" zu suchen hat. War es vielleicht nicht wahr, was da in der Presse-Information gestanden hatte? Doch, jedes Wort. Es war Quecksilber in der Apfelsine, wahrscheinlich von einem Fieberthermometer. Doch bevor es dort landete, hatten die Zeitungen in ganz Europa dazu beigetragen, daß jenes Schreckgespenst verbreitet wurde, dessen Ursprung in der mündlichen Erzähltradition unserer Tage zu suchen ist. Das Ganze begann genau ein Jahr vorher, am 25. Januar 1978.

Damals kaufte eine Hausfrau in der holländischen Stadt Maastricht 3 1/2 Kilo Jaffa-Apfelsinen. Als sie und ihr vierjähriges Kind am nächsten Tag die Apfelsinen essen wollten, stellten sie fest, daß eine von ihnen einen bitteren Geschmack hatte und daß eine silbergraue Flüssigkeit im Fruchtfleisch war. Die Behörden wurden eingeschaltet, und man fand heraus, daß in vier von den sechs Apfelsinen Quecksilber injiziert worden war. Die Sache weckte zunächst nur große Aufmerksamkeit in der holländischen Presse, aber ein paar Tage später waren die Quecksilberapfelsinen in weiten Teilen Europas in den Schlagzeilen. Die Zeitungen konnten nämlich von einem Drohbrief einer Terrororganisation, „Arab Revolutionary Army (A.R.A.), Palestinian Command", berichten, in dem diese behauptete, Tausende israelischer

Apfelsinen seien von in Israel unterdrückten Palästinensern vergiftet worden. Der Drohbrief trug einen Stuttgarter Poststempel vom 26. Januar.

Die Nachricht rief heftige Reaktionen unter der schwedischen Bevölkerung hervor, und in vielen Läden wurden Jaffa-Apfelsinen aus den Obstregalen genommen. Man forderte die Bevölkerung auf, alle Apfelsinen, die verdächtig aussahen, bei den Gesundheitsämtern abzuliefern. Etwa 2 000 Apfelsinen wurden dort abgegeben, doch nur bei dreien zeigte sich, daß sie Quecksilber enthielten. Sie waren alle in Gustavberg auf der Insel Värmdö eingekauft worden. Von einigen wenigen Quecksilberapfelsinen berichtete man auch aus anderen Ländern Europas, vor allem aus Deutschland, aber auch aus Dänemark, Belgien, England und Italien. Einige deutsche Kinder, die von den Apfelsinen gegessen hatten, mußten ein Krankenhaus aufsuchen, aber keines war ernsthaft zu Schaden gekommen.

Hätte wirklich die Absicht bestanden, jemanden zu vergiften, so wäre die Wahl von metallischem Quecksilber nicht sonderlich geschickt gewesen. Einerseits weil die silbergrauen Kügelchen für das bloße Auge sichtbar sind, andererseits weil metallisches Quecksilber durch den Körper gehen kann, ohne daß dies eine Lebensgefahr bedeutet. Aber die wirkliche Absicht war natürlich nicht, den Apfelsinenkonsumenten Schaden zuzufügen, sondern vielmehr der israelischen Wirtschaft. Der Drohbrief war Bestandteil des Terrorkrieges der Palästinenser gegen Israel, der während der siebziger Jahre für Schlagzeilen in den Zeitungen sorgte. Und in diesem Fall war man erfolgreich. „Quecksilber" das war ein negatives Reizwort, beladen mit Assoziationen von Umweltzerstörung, wie quecksilberverseuchter Boden und quecksilbervergifteter Fisch, und dies genügte, die Leute zu veranlassen, zum Beispiel bei ihrem nächsten Einkauf spanische oder nordafrikanische Apfelsinen zu verlangen. Der Verkauf von Jaffa-Apfelsinen ging spürbar zurück, wenigstens eine Zeitlang.

Es scheint wohl nicht so zu sein, daß die Vergiftung der Apfelsinen in Israel erfolgt wäre, wie in dem Palästinenser-Drohbrief behauptet worden war. Vielmehr war eine Anzahl präparierter Apfelsinen in einige wenige Geschäfte eingeschmuggelt worden, darunter mindestens ein holländisches und vermutlich mehrere in der Bundesrepublik Deutschland, und zwar zur gleichen Zeit, als in achtzehn Ländern der Drohbrief verschickt wurde. Die Zeitungsmeldungen bekamen die Funktion von Instruktionen für eine Handvoll bedenkenloser Palästinensersympathisanten, die in einem örtlichen Geschäft Apfelsinen kauften, diese dann mit Quecksilber präparierten und dann bei einem weiteren Besuch des Ladens unter die anderen Apfelsinen mischten. Einige der Täter sind allem Anschein nach Verrückte ohne ein politisches Motiv gewesen; bei mehr als einer der vergifteten Apfelsinen zeigte sich nämlich, daß sie aus einem anderen Herkunftsland und nicht aus Israel kamen. Bei zusätzlichen Analysen fand man in einigen Fällen nicht nur Quecksilber, sondern auch Glassplitter, was darauf hindeutet, daß Fieberthermometer benutzt worden waren.

Im Januar 1979 verschickte die Palästinenserorganisation einen neuen Drohbrief, diesmal mit einem Londoner Poststempel. Die Reaktionen in ganz Europa verliefen nun bedeutend ruhiger als im Jahr zuvor. Einige Apfelsinen, die Quecksilber enthielten, wurden gefunden, aber bei weitem nicht so viele wie im vorangegangenen Jahr. Die schwedischen Zeitungen konnten lediglich einen einzigen Fund melden, die Apfelsine nämlich, die dem Gesundheitsamt übergeben worden war und die den Anlaß für die Presse-Information gegeben hat, die ich eingangs zitiert habe. Dabei richte man die Aufmerksamkeit auf das folgende entlarvende Detail: „In der Schale fand man ein frisch eingestochenes Loch." Daß es sich um eine frische Einstichstelle handelte, müßte Beweis dafür sein, daß sie in Stockholm zustande kam, nur kurze Zeit, bevor die Sache den Behörden zur Kenntnis kam.

Was uns berechtigt, das Gerücht von den Quecksilberapfelsinen als ein Beispiel neuzeitlich-volkstümlicher Sagen anzusehen, ist nicht nur die verblüffende Ähnlichkeit mit den Geschichten von der Ratte in der Pizza oder den Giftschlangen in den Bananen. Bedeutsamer ist in diesem Zusammenhang wahrscheinlich die Tatsache, daß die Kombination Apfelsine und Quecksilber keineswegs neu war, als sie 1978 auftauchte. In einem der sensationellsten Rechtsfälle der fünfziger Jahre in Schweden, es handelt sich um die sogenannte Kejneaffäre, wurde eine der in die Sache verwickelten Personen des versuchten Mordes an Pastor Kejne beschuldigt: Sie soll ihm eine Apfelsine, die Quecksilber enthielt, vorgesetzt haben. Diese Methode ist offenbar von Mund zu Mund weitergetragen worden als eine kriminelle Überlieferung, wie man einen spektakulären, aber nicht besonders lebensgefährlichen Mordversuch inszeniert. Man kann wohl davon ausgehen, daß man auch außerhalb Schwedens davon Kenntnis hat.

Außerordentlich interessant ist die Aufmachung der Nachrichten über die Quecksilberapfelsinen in der Tagespresse. In Wahrheit haben ja die Zeitungen – beabsichtigt oder nicht beabsichtigt – den Palästinensern und deren wirtschaftlicher Kriegsführung gegen Israel als Werkzeug gedient. Hat das Bewußtsein darüber wohl ihre Verhaltensweisen beeinflußt? Ich habe genauer untersucht, was die beiden Abendzeitungen von Stockholm, „Expressen" und „Aftonbladet", über die Quecksilberapfelsinen veröffentlicht haben. In dem Konflikt zwischen Israel und arabischen Palästinensern nahmen die beiden Zeitungen entgegengesetzte Positionen ein: der liberale „Expressen" ist proisraelisch, während das sozialdemokratische „Aftonbladet" die Palästinenser unterstützt. Der erste Bericht über die Angelegenheit erhielt in beiden Zeitungen gleich viel Platz. Aber bereits am zweiten Tag, dem 2. Februar, wies der „Expressen" die Apfelsinen-Drohung als Stück psycho-ökonomische Kriegführung ohne Realitätsgehalt zurück. Seitdem konnte man nicht eine einzige Zeile mehr über Quecksilberapfelsinen im „Expressen" lesen.

„Aftonbladet" brachte im Anschluß an die erste Meldung eine Umfrage mit fünf Personen – die Zeitung hat auf der letzten Seite eine Spalte mit der Überschrift „Wir fünf" – ob sie sich trauten, Apfelsinen aus Israel zu kaufen.

Drei antworteten mit Nein, zwei mit Ja. Als im Januar 1979 der neue Drohbrief verschickt wurde, veröffentlichte „Aftonbladet" einen ausführlichen Bericht über die Giftdrohung und zeigte ein fünfspaltiges Bild einer verdächtigen Apfelsine. Gleichzeitig wurden die Leser aufgefordert, bei der Zeitung anzurufen und Antwort auf die Frage zu geben: „Wie wirkt auf Sie die Warnung, daß Apfelsinen aus Israel vergiftet sein könnten?" Am folgenden Tag wurden die Reaktionen der Leser unter der Überschrift *Totalverbot für Apfelsinen* veröffentlicht. Darunter war auch die Zuschrift eines Rentners, der berichtete, wie ihm schlecht geworden sei, wie er geschwitzt und Probleme mit dem Stuhlgang bekommen habe und sich schließlich habe übergeben müssen, nachdem er eine Apfelsine zu sich genommen habe. Er nahm an, sie sei vergiftet gewesen. Meine Vermutung ist aber, daß er einer von den vielen gewesen ist, die ernsthaft von den Artikeln in „Aftonbladet" aufgeschreckt worden sind. Das Beispiel zeigt deutlich, daß auch Material, das auf den ersten Blick wie reiner Nachrichtenstoff erscheint, tendentiös–politisch in der Tagespresse verarbeitet werden kann.

Lit.: Bregenhøj 1978; af Klintberg 1983 a, 157 ff.

56 Plastikkügelchen in der Margarine

FREUNDE VON MIR SAGEN, daß Margarine Plastikkügelchen enthält, die krebserregend sind. Ich habe das schon früher gehört, wollte aber nicht glauben, daß es wahr ist. Wenn nun aber die Sache erneut von jemand anderem kommt, weiß man nicht, was man glauben soll.

Britt-Marie

In der Zeitung „Svenska Dagbladet" schreibt die Journalistin Anna-Greta Persson für eine Spalte, die „Die Ernährungsfrage" betitelt ist, und dort konnte man am 12. April 1977 den Brief von Britt-Marie lesen. Sie bekam zur Antwort, das Gerücht von den Plastikkügelchen in der Margarine sei nicht wahr. Das Gesundheitsamt hatte es schon 1972 dementiert.

Aber die krebserzeugenden Plastikkügelchen sind eine Mär, die schon viele Dementis überlebt hat und die in immer wieder neuer Gestalt auftaucht. In der Zeitschrift „Vår Bostad", Nr. 11, 1981 zitierte die Verbraucherberaterin Charlotte Reimerson folgenden Brief:

„Liebe Frau Reimerson! Ich hoffe, daß Sie mir nach Prüfung meine Anfrage beantworten können. Ich möchte eine Bestätigung, ob es wahr ist, wie ich gehört habe, daß fettarmer Dickmilch – und vielleicht auch fettarmer Milch – eine chemische Flüssigkeit zugesetzt wird, die kleine Plastikkügelchen bildet, welche sich an den Darmwänden festsetzen. Diese Plastikkügelchen, sagt man, stellen eine Krebsgefahr dar. Mit freundlichen Grüßen. B.E."

Das Gerücht von den Plastikkügelchen in der Margarine scheint im Frühjahr 1972 aufgekommen zu sein. Es waren die neuen streichfähigen Margarinesorten Flora und Linnéa, von denen man behauptete, sie enthielten mikroskopisch feine Plastikkügelchen, die bewirkten, daß sich die Margarine besser streichen lasse. Die Gesundheitsämter bekamen eine Reihe von Anzeigen, und es wurde eine Routineuntersuchung der genannten Margarinesorten vorgenommen. Das Resultat wurde 1972 in der Zeitschrift „Vår

Föda", Nr. 10, unter der Überschrift *Keine Plastikkügelchen in Margarine* veröffentlicht. Doch die Information, das Gerücht entbehre der Grundlage, fand wenig Gehör. Aufgescheuchte Hauswirtschaftslehrkräfte, Krankenschwestern und Hausfrauen fuhren fort, Anfragen an die Gesundheitsämter und an Zeitungen zu richten, ob nicht doch etwas daran sei. Eine Arztpraxis in Herrljunga berichtete dem Margarinehersteller im November 1973: „Ein Patient nach dem anderen kommt und erzählt, daß kleine Kinder nach dem Verzehr von Linnéa-Margarine gestorben seien, weil sich die Plastikkügelchen in den Nieren abgelagert hätten."

Besonders häufig trat das Gerücht in radikalen Studentenkreisen auf, wo man den Margarinehersteller als ein Werkzeug der multinationalen Großfinanz betrachtete (die Firma gehört zum holländischen Unilever-Konzern), der aus Profitsucht die Gesundheit der Verbraucher aufs Spiel setze. Als der Hersteller eine große Werbekampagne für das Produkt Flora startete mit dem Hinweis, daß die Margarine „reich an lebensnotwendigen mehrfach ungesättigten Fettsäuren" sei, wurden die Plakate mit Slogans wie „reich an Plastik" und „krebserregend" übersprüht.

Die Ethnologiestudentin Britta Rylander verfaßte 1977 eine Studie über Entstehung und Verbreitung des Gerüchts. Das nämlich gab es nur in Schweden, und eine Erklärung für dessen Entstehung könnte sein, daß die leicht streichfähigen Margarinesorten ungefähr zur gleichen Zeit auf den Markt kamen, als die Firma Bofors eine neue Zahnpasta herausbrachte, die winzige Plastikkügelchen als Schleifmittel enthielt. Eine andere Erklärung ist die, daß alle Margarinesorten Wasser in emulgierter Form enthalten, wodurch die Margarine weicher wird. Unter einem Mikroskop sieht man das Wasser als kleine runde Kügelchen. Oder auch, daß Tafelmargarine Milchproteine enthält, die zerstört werden, wenn man sie aus Versehen zum Braten verwendet. Die kleinen Klümpchen, die in der Bratpfanne zurückbleiben, könnten den Gedanken an irgendein Plastikzeug aufkommen lassen. Eventuell haben alle diese Faktoren zur Entstehung des Gerüchts beigetragen.

Britta Rylander führte Interviews und fand dabei heraus, daß das Gerücht jede vierte befragte Person erreicht hatte. Von diesen glaubte wiederum jeder vierte, daß es wahr sei. Man könnte meinen, daß dies ein hoher Prozentsatz ist, wenn man bedenkt, daß das Gerücht schon fünf Jahre existierte und daß es schon so viele öffentliche Dementis gegeben hatte. Doch es wird dadurch klar, daß etliche Menschen auf die andersartige Konsistenz der neuen Margarine negativ reagiert haben, und es lag für sie nahe, diese in Verbindung zu bringen mit einem Stoff, der zum Symbol für Unnatürliches geworden ist: Plastik. Und die Gefahr, die Plastik herbeiführt, ist diejenige Krankheit, die – jedenfalls vor dem Auftreten von Aids – die rätselhafteste und die am meisten gefürchtete in der modernen abendländischen Gesellschaft ist: Krebs.

Lit.: Rylander 1977.

57 Wettbewerb in Sparsamkeit

IN SCHLECHTEN ZEITEN müssen die Behörden Geld sparen, und ganz besonders die Strafvollzugsbehörde. Deshalb ordnet sie jedes Jahr einen Wettbewerb für sämtliche Hauswirtschaftsleiterinnen in den Gefängnissen des Landes an. Dabei gilt es, den Speiseetat soweit wie möglich zu unterschreiten, indem man einfachste Mahlzeiten serviert, bevorzugt auch Essensreste, und zwar in so kleinen Portionen wie möglich. Die Wirtschafterin, die den Wettbewerb gewinnt, bekommt eine Reise nach Hawai als Belohnung. Die Hauswirtschaftsleiterin vom Frauengefängnis Hinseberg hat den Wettbewerb schon mehrere Jahre in Folge gewonnen.

Das Gerücht über den Wirtschaftsleiterinnen-Wettbewerb der Strafvollzugsbehörde wurde mir im Juli 1984 von einer Briefschreiberin aus Hässelby, westlich von Stockholm, übermittelt. Sie hatte es das erste Mal gehört, als sie im Frauengefängnis Hinseberg einsaß. Als sie die Geschichte einige Jahre später von einem ehemaligen Patienten einer psychiatrischen Anstalt erzählt bekam, begriff sie, daß es nur ein Gerücht war.

Es kursierte nicht nur in Pflegeeinrichtungen. 1975 hörte ich von einem Redakteur der Zeitung „Wehrdienstnachrichten", daß die Wirtschaftsleiterin eines bestimmten Regiments mit einer Reise nach Mallorca belohnt worden sei, weil sie es geschafft habe, beim Speiseetat mehr einzusparen als irgendjemand vor ihr. Das Gerücht ginge aber auch über Köchinnen bei anderen Regimentern um, sagt er.

Man könnte denken, daß der von der Strafvollzugsbehörde ausgesetzte Preis – eine Reise nach Hawai – ziemlich üppig wäre. Wie paßt das denn mit Krisenzeiten zusammen? Das ist ja eben das Typische für viele Gerüchte, daß sie kontinuierlich aufgebessert werden. Deshalb ist es gar nicht verwunderlich, daß aus einer Mallorcareise im Laufe von fünf Jahren eine Hawaireise geworden ist. Das Gerücht hat natürlich den Zweck, die Kost beim Militär und in den öffentlichen Einrichtungen zu kritisieren.

58
Die teure Bluse

IM VERGANGENEN FRÜHJAHR erzählte mir meine Schwägerin von der Bluse aus der Boutique. Eine Freundin von ihr hatte von einer Frau berichtet, die in einer exklusiven Boutique in Jönköping gewesen sei und dort eine Bluse für 350,– Kronen gekauft habe. Zu Hause angekommen, hätte sie ein Preisschild vom Gekå-Markt in Ullared (einem Bekleidungs-Discounter) gefunden mit einem Preis von 49,50 Kronen. Sie sei natürlich mit der Bluse zurückgegangen und habe eine Erklärung gefordert. Der Ladeninhaber habe daraufhin seiner Kundin ein Stück nach ihrer Wahl aus dem Laden versprochen, wenn sie das Ganze nur nicht weitersagte.

Als ich die Geschichte das erste Mal hörte, war ich natürlich bestürzt und fand das Ganze schlimm. Später hörte ich die Geschichte dann von vielen Seiten und mit unterschiedlichen Details – einige Male war das Preisschild von Trollehatt in Ödeshög. Alle waren natürlich überzeugt, daß das wahr sei. Nur ich fing an, mich zu wundern und mochte die Geschichte nicht weitererzählen.

Kerstin Gunnarsson aus Norrahammar erzählte die Geschichte von der teuren Bluse in einem Brief, den ich im Juli 1984 bekam. Im April und Mai ging sie in Jönköping und Umgebung von Mund zu Mund. Die Journalistin Lisbeth Schön untersuchte sie genauer in einem längeren Artikel, der am 5. Mai in der Zeitung „Smålands Folkblad“ erschien. Sie gab die Geschichte folgendermaßen wieder:

„Eine Dame ist in der Boutique Gränden in Jönköping gewesen und hat sich dort eine Seidenbluse für 500,– Kronen gekauft. Ein ganz exklusives Stück. Stellen Sie sich ihre Verwunderung vor, als sie die Bluse zu Hause auspackt und ein Preisschild des Billigpreis-Kaufhauses Gekå in Ullared rausfällt. 39,50 steht da drauf.“

Alle Versuche, die geprellte Dame ausfindig zu machen, blieben ergebnislos, und die Schlußfolgerung der Journalistin blieb, daß sie niemals existiert habe. Dagegen hat die Geschichte von der teuren Bluse einige Merkmale, die für moderne Volkssagen typisch sind. Der Versuch des Geschäftsinhabers, die Kundin zu bestechen, damit sie schweigt, gehört dazu. Das bewirkt nämlich, daß der Zuhörer das Gerücht guten Gewissens weiter verbreiten kann. Die Wahrheit darf nicht vertuscht werden!

Es ist nahezu unmöglich, aufzuhellen, wie die Geschichte entstanden ist. Erster Keim ist möglicherweise ein Gespräch etwa folgenden Inhalts gewesen: „Was ist das nur für ein Preisunterschied zwischen den Blusen aus der Boutique und denen von Gekå! Dabei sehen sie fast gleich aus! Womöglich kauft die Boutique ihre Blusen bei Gekå! Stell dir nur vor, es kommt jemand mit einer Boutiquen-Bluse nach Hause und findet ein Preisschild von Gekå!"

Was als Phantasie und böswillige Wunschvorstellung beginnt, wird im folgenden Stadium zu einem Faktum: jemand ist von der Boutique nach Hause gekommen und hat tatsächlich ein Preisschild von Gekå gefunden. Leute, die in Großstädten leben, haben sich an die großen Preisunterschiede zwischen exklusiven Boutiquen und Billig-Läden gewöhnt. In einer Kleinstadt können die gleichen Preisunterschiede als ein Abweichen gewertet werden von dem, was recht und billig ist. Das Gerücht in Jönköping entstand, weil einem oder vielen die Preise in Grändens Boutique zu hoch vorkamen.

59
„Kentucky Fried Rat“

ALS ICH ANFANG DER SIEBZIGER JAHRE IN DETROIT WAR, kursierte dort das Gerücht über die Restaurantkette „Kentucky Fried Chicken“. Man bekam dort fritiertes Hähnchen, das man in eine Pappschale legte und zum Abendessen mit nach Hause nehmen konnte. In ein solches Schälchen hatte eine Frau zwischen die Hähnchenhappen eine Ratte gelegt bekommen. Sie entdeckte es, als sie hineinbiß und spürte, daß es haarig war. Die Polizei soll anschließend eine Razzia gemacht und dabei tiefgefrorenes Rattenfleisch gefunden haben. Das hatte man also an Stelle von Hähnchen verwendet, aber aus Versehen war eine ganze Ratte ins Essen geraten.

Einleuchtend, daß der Umsatz bei „Kentucky Fried Chicken“ für eine Weile rapide zurückging.

Es wurde nicht nur in Detroit Anfang der siebziger Jahre von „Kentucky Fried Rat“ geredet. Die Gerüchte, die mir im Herbst 1973 von der Ethnologiestudentin Mona Tengnér mitgeteilt wurden, liefen durch ganz Amerika. Dagegen scheinen sie niemals die schwedischen Ableger der amerikanischen Restaurantkette betroffen zu haben, wahrscheinlich nur deshalb, weil diese wesentlich später gegründet worden sind.

Ein Detail in Mona Tengnérs Erzählversion ist vermutlich erst später hinzugefügt worden: die Polizeirazzia und die Entdeckung des tiefgefrorenen Rattenfleischs. Beides fehlt in den amerikanischen Varianten der Sage. Dagegen bilden sie die Schlußpointe in der europäischen „Ratte in der Pizza“ (die im Herbst 1973 allgemeines Gesprächsthema in Stockholm war).

Wenn die Sage in den USA erzählt wurde, ist als Erklärung für die Anwesenheit der Ratte mitten zwischen den fritierten Hähnchenhappen in der Regel die Schlampigkeit des Restaurantpersonals angeführt worden. Man hätte eben nicht bemerkt, daß eine lebendige Ratte ins brodelnde Fritieröl gefallen sei. Die amerikanische Sage kritisiert damit die unpersönliche und schluderige Art, wie man in den großen Restaurantketten mit Billig-Essen die Mahlzeiten zubereitet. Die europäischen Sagen sind durchweg ethnozentrisch. Sie handeln von ausländischen Restaurants, die absichtlich Rohprodukte verwenden, die wir widerlich finden.

„Kentucky Fried Chicken" ist nicht die einzige Restaurant-Kette in den USA, die die Wirkung von Gerüchten zu spüren bekommen hat. Über McDonald's hat man erzählt, daß das Fleisch für die Hamburger zum Teil von Würmern stammt; man sprach deshalb von „Wurmburgern". Die großen Restaurantketten mit „fast food" sind derart dominierend in den USA, daß sie verständlicherweise Zielscheibe für derartige Kritik aus der Gerüchteküche geworden sind. In Europa dagegen bezeugen die Sagen vor allem die Unsicherheit gegenüber fremden Eßkulturen.

Der amerikanische Forscher Gary Alan Fine hat 115 Varianten der Sage von der „Kentucky Fried Rat" analysiert. Ihm fiel dabei auf, daß die Person, die jene unappetitliche Entdeckung macht, immer eine Frau ist. Fine stellte dies in Zusammenhang mit der Veränderung der Frauenrolle in unserer Zeit. Früher war es die traditionelle Rolle der Frau in der Familie, für die Mahlzeiten zu sorgen; inzwischen ist sie häufig genauso wie der Mann berufstätig und löst das Problem mit dem Mittagessen dadurch, daß sie fertige Gerichte mit nach Hause bringt. Dadurch hat sie auf die Kontrolle über das Essen verzichtet und diese den profitorientierten Restaurantbetrieben überlassen. Die symbolhafte Strafe dafür ist die Ratte, in die sie selbst reinbeißt.

Einer der Texte, die Fine gesammelt hat, paßt besonders gut als Beispiel zu seiner Interpretation. Er handelt von einer Ehefrau, die es nicht geschafft hat, etwas zum Abendessen vorzubereiten, sondern stattdessen für sich und ihren Mann ein tischfertiges Hähnchen besorgt. Ihm aber erzählt sie, sie habe das Essen selbst gekocht. Sie stellt Kerzen auf den Tisch, und in dem gedämpften Licht sieht sie nicht, daß eines der Hähnchenstücke, die sie auf den eigenen Teller legt, fritierte Ratte ist.

Lit.: Fine 1980, 1985; Brunvand 1981, 81 ff.

60
Ein Restaurantbesuch in Hongkong

ZÜRICH. (TT-REUTER) Ein Paar aus der Schweiz, das in Hongkong Urlaub gemacht hat, ist nach Zürich zurückgekommen und hat die traurige Geschichte erzählt, wie es seinen kleinen Pudel Rosa zum Abendessen aufgetischt bekommen hat aufgrund eines sprachlichen Mißverständnisses.

Das Paar, das wegen des Schocks, den ihm das Erlebnis versetzt hat, anonym bleiben möchte, erzählt in der Tageszeitung „Blick", daß es in Hongkong in ein Restaurant gegangen sei und den Pudel Rosa mitgenommen habe. Um dem Kellner klar zu machen, daß auch Rosa etwas zu fressen haben sollte, zeigten sie auf den Hund und machten „Eßgesten". Der Kellner – nach einem Augenblick des Nachdenkens – nickte verstehend und nahm Rosa mit in die Küche. Das Paar nahm an, daß der Hund dort zu fressen bekäme. Nach einer Weile kam der Kellner, nun mit einer großen zugedeckten Schüssel. Als die Eheleute den Deckel hochnahmen, lag ihre Rosa da, gebacken und mit Pfeffersoße und Bambussprossen garniert. Die beiden geben an, einen schweren Schock erlitten, den Hund nicht angerührt zu haben und direkt nach Zürich zurückgekehrt zu sein.

Trauriger Tod für Pudel in Hongkong lautete die Schlagzeile zu dieser Geschichte, als sie am 22. August 1971 in der Zeitung „Svenska Dagbladet" erschien. Sie gehört zu den Volkssagen, die ihre Verbreitung einer internationalen Nachrichtenagentur zu verdanken haben. Im Laufe weniger Wochen im August 1971 flog sie geradezu durch die Zeitungen in aller Welt. Das reichte aus, sie zu einer der bekanntesten Sagen unserer Zeit zu machen.

Sie fehlt in keiner Sammlung der vergangenen Jahre (z.B. Portnoy, Dale, Smith). Wie zu erwarten, ist die Nationalität der Touristen und sind andere Details in der mündlichen Überlieferung oftmals verändert worden. Ist die Geschichte wahr? Auch wenn wir in der westlichen Welt eine übertriebene Vorstellung von der Bedeutung des Hundefleisches für die chinesische Küche haben, so kommt es dennoch vor, daß man dort Hundefleisch ißt. Oder anders ausgedrückt: Hundefleisch als Tabu ist eine Erscheinung in der westlichen Welt, die in anderen Teilen der Welt fehlt, unter anderem auch auf dem Lande in China und in Südostasien.

Jan Harold Brunvand zweifelt nicht: die Pudelgeschichte ist ein typisches Phantasiegespinst, das sich in Wirklichkeit nicht ereignet haben kann. Wieso? Nun, unter anderem deshalb, weil Hunde, die nach Hongkong kommen, sechs Monate in Quarantäne gehalten werden, bevor sie mit Herrchen und Frauchen ins Restaurant dürfen.

Lit.: Brunvand 1984, 95 f.

恭親

61
Die neue Backmischung

DAS FOLGENDE soll sich in der frühen Nachkriegszeit, gegen Ende der 40er Jahre, in Dänemark zugetragen haben.

Eine Familie hatte Verwandte in den USA, die Lebensmittelpakete schickten, und diese Amerikapakete wurden immer dankbar entgegengenommen, weil man nur wenig zu essen hatte. Außerdem waren die neuen Lebensmittel, die es in Skandinavien noch nicht gab, jedesmal spannend. Einige Male hatten die Verwandten Backmischungen geschickt, also Pulver, das mit Wasser oder Mehl zu einem Kuchen angerührt werden konnte. Als man nun wieder einmal eine Dose voll Pulver erhielt, glaubte man, daß es sich um eine Backmischung handelte und rührte einen Kuchen an. Er wurde jedoch hart und schmeckte schlecht.

Später fand sich in dem Paket ein Brief, in dem stand: „Es war der letzte Wille eurer Tante, daß ihre Asche in dänischer Erde beigesetzt werden möge."

Jacob Wennerberg, Journalist bei „Göteborgs-Tidningen", rief mich im Mai 1976 an und bat um einen Kommentar zu dem deutschen Gerücht, daß die Popgruppe ABBA bei einem Flugzeugabsturz verunglückt sei. Als wir dann noch auf andere Gerüchte und Mythen zu sprechen kamen, erzählte er die obige Geschichte. Derjenige, der sie ihm einige Jahre zuvor aufgetischt hatte, hatte versichert, daß sie wahr sei. Er selbst fand jedoch, daß sie zu gut sei, um wahr sein zu können. Tatsächlich handelt es sich bei der makabren Erzählung von der Verwendung der Asche eines Angehörigen bei der Nahrungszubereitung um eine typische Wandersage. Sie ist bereits mehrfach als Mitteilung irgendeines Nachrichtendienstes durch die Weltpresse gegangen.

In der Zeitung „Dagens Nyheter" ist sie mehr als einmal aufgetaucht. Am 23. August 1976 war sie zu einem einzigen Satz komprimiert:

„Eine Familie in Pavia, Italien, bekam aus Südamerika eine Dose mit Kräutern geschickt, mit denen sie ihr Essen würzten, bis ihnen klar wurde, daß der Topf die Asche des Großvaters enthielt, der 30 Jahre zuvor nach Argentinien ausgewandert war."

In diesem Fall glauben die Empfänger, daß es sich bei der Asche um Kräuter handle. Vielleicht ist dieses das ursprüngliche Motiv, das erst in neueren Varianten zur Backmischung abgewandelt worden ist. Backmischungen sind ja auch eine recht neue Erfindung. In verschiedenen Varianten aus den USA halten die Angehörigen die Asche für Currypulver und würzen ihr Essen damit (Brunvand 1984, 114–115). In einer englischen Variante bekommen die Verwandten ein Paket, von dem sie glauben, daß es Gewürze für den traditionellen, mit getrockneten Früchten gefüllten Weihnachtskuchen enthalte. Die Familie hat nämlich Verwandtschaft im Fernen Osten, die jedes Jahr zu Weihnachten derartige Gewürze zu schicken pflegt. Man verwendet die Asche also als Ingredienz im Weihnachtskuchen und erfährt erst nach den Festtagen, daß die Großmutter, die verreist war, um ihre Verwandten zu besuchen, unerwartet verstorben und eingeäschert worden ist (Smith 1983, 106).

In einer holländischen Sammlung moderner Sagen findet sich eine Variante, die eine Mischform aus der englischen Erzählung und der von Jacob Wennerberg zu sein scheint. Sie handelt von einer holländischen Familie, die Verwandte in Australien hat. Diese pflegen jedes Jahr ein Paket mit getrokkneten Früchten zu schicken, die beim Backen als Kuchenfüllung verwendet wird. Einmal kommt statt der Früchte ein graues Pulver an. Die holländische Familie glaubt, daß es sich dabei um eine neue Backmischung handle und versucht, einen Kuchen damit zu backen. Er schmeckt jedoch widerwärtig. Später kommt ein Brief mit der Nachfrage, ob die Asche einer verstorbenen Verwandten angekommen sei. In ihrem Testament hatte sie gewünscht, daß ihre Asche über dem Grab ihrer Mutter verstreut werden möge (Portnoy 1980, 143).

Lit.: Newall 1985.

62
Die behaarten Hände

EINE JUNGE FRAU war in ihrem Auto unterwegs. Als unbegleitete Frau dachte sie nicht daran, Anhalter mitzunehmen, denn das war zu gefährlich. Da fuhr sie jedoch an einer Bushaltestelle vorbei, und dort stand eine ältere Frau in Trauerkleidung mit einer Tortenschachtel in der Hand. Als die Trauer tragende Frau ihr ein Zeichen gab, beschloß die junge Frau, einmal eine Ausnahme von der Regel zu machen und anzuhalten.

Die vollständig verschleierte Frau kam zum Wagen und erzählte, sie sei auf dem Weg zu einer Beerdigung, habe aber den Bus verpaßt. Die junge Frau, die sowieso den selben Weg hatte, forderte sie auf, einzusteigen. Als sie bereits eine Weile gefahren waren, fiel der Blick der jungen Frau zufällig auf die Hände ihrer Trauer tragenden Beifahrerin. Sie hatte haarige Männerhände!

Der jungen Frau wurde mulmig zumute. Sie hatte schon vorher die tiefe Stimme der älteren Frau bemerkt und zählte nun eins und eins zusammen. Trotzdem verlor sie nicht die Nerven, sondern tat so, als habe sie gerade bemerkt, daß mit ihrem Bremslicht etwas nicht in Ordnung sei. Sie bremste und bat die Anhalterin, auszusteigen und nachzusehen. Die Mitfahrerin schien nichts Böses zu ahnen, sondern stieg aus und stellte sich hinter das Auto. Blitzschnell gab die junge Frau Gas und raste davon.

Als sie später die im Auto zurückgelassene Tortenschachtel öffnete, zeigte sich, daß diese nicht etwa eine Torte, sondern eine Pistole enthielt.

Moderne Sagen von Anhaltern handeln nicht nur von geisterhaften Trampern, die sich spurlos ins Nichts auflösen. Es gibt auch Sagen von Anhaltern aus Fleisch und Blut, und die sind weitaus gefährlicher als irgendwelche Geister. Zumindest wenn sie, wie in diesem Fall, als Frauen verkleidet sind. Die obige Version bekam ich von Margaretha Josefsson aus Nyköping im Rahmen meiner Nachforschungen über moderne Sagen in der Tageszeitung „Expressen". Dort war sie am 31. August 1975 zu lesen.

Dieselbe Sage ist auch in Norwegen, Dänemark, der Bundesrepublik, Holland und England nachgewiesen. Vermutlich ist sie darüberhinaus in vielen anderen Ländern Europas bekannt. Die Details können von Land zu Land variieren. In Schweden trägt der Anhalter meistens, wie in unserem Beispiel, schwarze Trauerkleidung und hält eine Tortenschachtel in der Hand. Dessen Inhalt kann sich als eine Pistole, ein scharfes Messer oder auch als eine Axt entpuppen.

In englischen Varianten taucht eine alte Dame mit Einkaufstasche auf, deren Inhalt sich als eine handliche kleine Axt mit scharfgeschliffener Schneide entpuppt. Die in der Bundesrepublik und in Holland gängigste Form ist die, in der die Autofahrerin eine Krankenschwester in Schwesterntracht am Straßenrand stehen sieht. Hermann Bausinger hat das folgende typisch deutsche Beispiel veröffentlicht:

„Da ist ein Mann mit einem Sanitätsauto durch den Wald gefahren; da stand da eine Schwester und hat gewinkt, mit einem richtig lieben Gesicht, und hat mitfahren wollen. Er hat sie einsteigen lassen; jetzt wie er weitergefahren ist, hat er gesehen, daß sie ganz dicke und haarige Hände gehabt hat. Da hat er gehalten und gesagt, sie soll einmal aussteigen und schieben, da sei etwas kaputt. Und als sie draußen war, hat er Gas gegeben und ist direkt zur Polizei gefahren. Dort hat man die zwei Koffer von der Schwester aufgemacht; da waren ein paar ganz lange Messer drin, die waren noch voll mit frischem Blut." (Bausinger 1958, 251)

Im November 1977 entfachte diese Sage eine regelrechte Hysterie im Gebiet um Leeds in England. Die äußeren Begleitumstände waren dort denn auch sehr ungewöhnlich. Die Angestellten des städtischen Elektrizitätswerks waren in den Ausstand getreten, was dazu führte, daß die gesamte Straßenbeleuchtung und alle Ampeln außer Betrieb waren. Das wiederum hatte zur Folge, daß zahlreiche am Spätnachmittag verkehrende Buslinien eingestellt worden waren, weil sich die Busfahrer weigerten, in dem bei Einbruch der Dunkelheit entstehenden Verkehrschaos unterwegs zu sein. Viele Einwohner von Leeds versuchten deshalb, nach Hause zu kommen, indem sie fremde Autofahrer ansprachen und fragten, ob ein Platz im Auto frei sei.

In dieser Situation wurde die Geschichte einer jungen Frau verbreitet, angeblich einer Krankenschwester oder Bankangestellten, die auf einem Parkplatz von einer alten Dame mit Handtasche angesprochen worden war, als sie gerade mit ihrem Wagen abfahren wollte. Die alte Dame bat darum, ein Stück weit mitfahren zu dürfen, und setzte sich auf den Beifahrersitz. Die junge Autofahrerin fand jedoch, daß die Alte ungewöhnlich große, haarige

Hände habe und lotste sie unter dem Vorwand, daß das Rücklicht kaputt sei, aus dem Wagen hinaus. Später fand sie in der liegengebliebenen Handtasche eine Axt.

Zu dieser Zeit trieb ein Massenmörder im Gebiet um Leeds sein Unwesen. Er wurde der „Yorkshire Ripper“ genannt und hatte bereits sieben Frauen umgebracht (die Zahl der Opfer erhöhte sich im weiteren Verlauf beträchtlich). Die Sage wurde mit ihm in Verbindung gebracht: Natürlich war er es, der, als alte Frau verkleidet, auf den dunklen Straßen herumschlich! Nach und nach legte sich die Angst vor dem Schreckensgerücht, aber die Geschichte aus Leeds lebte in den USA weiter, wo sie zu Beginn der 80er Jahre in mehreren Staaten im Umlauf war (Brunvand 1984, 52 ff.).

Die Sage ist viel älter, als es die moderne Version ahnen läßt. Im Europa des 19. Jahrhunderts wurde sie vielerorts erzählt. In einer Version, die 1834 von einer englischen Zeitung gedruckt wurde, läßt die vermeintliche Frau ihren Handarbeitsbeutel im Fahrzeug zurück, und es stellt sich heraus, daß dieser zwei geladene Pistolen enthält. Im vorindustriellen Norwegen handelt die Geschichte von einem in Frauenkleidern steckenden Posträuber, der sich durch seine unter dem Kopftuch sichtbaren Bartstoppeln verrät. In der finnischen Volkstradition taucht sie in Verbindung mit dem Erzdieb Sika-Kyösti auf, der zu Beginn des 19. Jahrhunderts sein Unwesen trieb (Simonsuuri & Rausmaa 1968, 324).

Wie so viele andere Sagen über das Thema der Begegnung zwischen einsamen Frauen und kriminellen Männern enthält auch die Erzählung vom Anhalter in Frauenkleidern sexuelle Anklänge. Besonders deutlich sind sie in der schwedischen Version. Die schwarze Trauerkleidung ist (ebenso wie die Schwesterntracht) eine Art der Bekleidung, die bei Frauen Gefühle der Sicherheit und der Solidarität erweckt. Die behaarten Hände hingegen enthüllen, daß sich ein im höchsten Maße sexuelles Wesen hinter den Kleidern verbirgt: Eine starke Körperbehaarung symbolisiert im allgemeinen eine Form primitiver männlicher Sexualität. Die weiße Tortenschachtel ist ebenfalls ein Detail, das die Frau in die Irre führt. Sie weckt unschuldige, lustbetonte Gedanken an die Freuden der Kaffeetafel, enthält jedoch in Wirklichkeit eine todbringende Waffe, die die sexuelle Bedrohung der Frau symbolisiert.

Lit.: Bausinger 1958; Portnoy 1980, 117; Sanderson 1983; Smith 1983, 91; Brunvand 1984, 52–55.

63 Die steckengebliebene Bowlingkugel

DAS FOLGENDE GESCHAH in einer Bowlinghalle in den USA. Ich habe es von dem Besitzer einer Bowlinghalle in Umeå, also muß es wohl wahr sein.

In Bowlinghallen gibt es doch diese Kolben, die die Kugeln zurückschießen. Einmal waren ein paar Leute in der Halle gewesen, während der Besitzer nicht da war. Da hatte sich eine Kugel unter dem Kolben verhakt, und es kam keine Kugel zu dem Typ gerollt, der schießen sollte. Da ging sein Kumpel nach vorn zu dem Kolben, um die Kugel loszubekommen, aber er rutschte aus und fiel so unglücklich, daß er mit dem Kopf unter den Kolben kam. Das sah aber der andere nicht, sondern während er da stand und auf die Kugel wartete, kam stattdessen der Kopf seines Kumpels angerollt.

Diese Geschichte wurde im Oktober 1975 von Ingvar Svanberg nach der Erzählung des 24jährigen, aus Umeå stammenden Anders Brännström in Uppsala aufgezeichnet. Das Motiv des abgetrennten rollenden Kopfes findet sich in vielen modernen Sagen (z.B. Portnoy 1980, 22, 80). Es ist eine Schreckensvision, die ihre faszinierende Wirkung nie verfehlt.

Das Motiv ist auch aus älteren Sagen wohlbekannt. Die Brüder Taviani, italienische Regisseure, veranschaulichten es beispielsweise bildlich in einer fürchterlichen Szene ihres Films „Chaos“. Es handelt sich dabei um einen Film mit aneinandergereihten Episoden, ausgehend von den Novellen Luigi Pirandellos, der seinerseits aus der sizilianischen Volksüberlieferung schöpft. Eine Frau macht sich auf die Suche nach ihrem Mann, der von einer Räuberbande gefangengenommen worden ist. Sie findet die Räuber, wie sie dabei sind, ein dem Boccia verwandtes Spiel zu spielen, bei dem sie die abgetrennten Köpfe ihrer Opfer über den Boden rollen. Einer der Köpfe gehört dem verschwundenen Ehemann.

Eine schonische Volkssage berichtet von einer Frau, die für ein Vergehen geköpft wird, das eine andere Frau begangen hat. Als der Kopf unter dem Beil gefallen ist, rollt er über den Erdboden zu der eigentlich Schuldigen, die in der ersten Reihe unter den Zuschauern steht, und schlägt die Zähne in ihren Rocksaum (Ingers 1964, Nr. 11).

64
Die Falltür in der Boutique

EINE JUNGE, HÜBSCHE SCHWEDIN war mit einer Reisegruppe nach Paris gefahren. Eines Nachmittags machten einige aus der Gruppe einen Einkaufsbummel. Das Mädchen sah im Schaufenster einer Boutique ein flottes Kleid. Es bat die anderen, draußen zu warten, während sie hineinging, um das Kleid anzuprobieren. Ihre Bekannten warteten über eine halbe Stunde und wurden immer ungeduldiger, weil sie nicht wiederkam. Schließlich gingen einige hinein, um sie zu holen. Da zeigte sich jedoch, daß sie gar nicht in dem Geschäft war. Der Inhaber guckte sie völlig verständnislos an, als sie das Mädchen beschrieben. „Ein Mädchen dieses Aussehens haben wir hier nicht gesehen", sagte er.

Die Bekannten aus der Reisegruppe begriffen, daß dem Mädchen etwas zugestoßen sein mußte. Sie gingen zur Polizei, und im Verlauf einer polizeilichen Untersuchung wurde in der Umkleidekabine der Boutique eine Falltür entdeckt. Durch diese war das Mädchen nach unten gefallen und dort von den Mitgliedern eines Pariser Mädchenhändlerrings in Empfang genommen worden. Wahrscheinlich war sie mit einer Spritze betäubt und in ein Bordell im Orient verschleppt worden. Sie wurde nie wieder gesehen.

Im Mai 1974 beantworteten Gymnasiasten an der Gesamtschule Djursholm einen Fragebogen betreffs mündlicher Überlieferungen von Jugendlichen, den ich zusammengestellt hatte. Unter den Antworten fand sich auch diese Geschichte, niedergeschrieben von einer Gymnasiastin.

Der Begriff Mädchenhandel wurde in der zweiten Hälfte des 19. Jahrhunderts geprägt. Zu dieser Zeit gab es tatsächlich Banden, die sich darauf spezialisiert hatten, junge Frauen zu rauben und in Bordelle in anderen Teilen der

Erde zu verschleppen. Den Hintergrund bildete die Massenemigration von Europa nach Nord- und Südamerika. Die Anzahl der emigrierenden Männer war bedeutend größer als die der Frauen, so daß die Voraussetzung für ein großangelegtes, organisiertes Bordellwesen geschaffen war. In mehreren europäischen Ländern, u.a. auch in Schweden, wurden Gesellschaften zur Bekämpfung des Mädchenhandels gegründet. Nach und nach gelang es den staatlichen Stellen, den Mädchenhandel zu zerschlagen, aber die Gerüchte, die sich um ihn ranken, existieren bis heute – in immer sagenhafterer Form – weiter. Heutzutage sind es meist Schülerinnen der oberen Schulklassen, die von den Gefahren erzählen, denen blonde schwedische Mädchen auf Sommerkursen in europäischen Großstädten ausgesetzt seien. Die vermutlich gängigste Sage ist die von der Falltür in der Boutique. Andere Sagen handeln davon, daß Mädchen im Gewühl großer Menschenmengen mit Spritzen betäubt oder von schwarzgekleideten Nonnen fortgelockt würden, die in Wirklichkeit verkleidete Männer seien.

Die Sage von der Falltür hat vor allem in Frankreich während mehrerer Jahrzehnte grassiert und ist von der dortigen mündlichen Überlieferung aus in die schwedische übergegangen. Während der 60er Jahre liefen Gerüchte über mysteriöse Fälle von Verschwinden aus Umkleidekabinen in einer Reihe französischer Städte um, unter anderem in Orléans. Die Gerüchte in Orléans machten besonders von sich reden, weil sie eine regelrechte Stimmung von Lynchjustiz in der Stadt schufen. Es wird vermutet, daß sie in einer Mädchenschule ihren Ausgang nahmen. Im Mai 1969 wurden sechs Geschäftsinhaber angeklagt, sie hätten junge Mädchen in ihren Umkleidekabinen eingeschläfert und sie mit U-Booten in den Orient und nach Südamerika befördert. Die Tatsache, daß der Polizeichef der Stadt offiziell erklärte, es seien keine Fälle von Vermißten gemeldet, vermochte nichts zu ändern: Die Gerüchteküche brodelte immer intensiver, und aufgebrachte Eltern bezogen Posten vor den betreffenden Geschäften und warnten die Passanten davor, dort zu kaufen.

Der Soziologe Edgar Morin hat nachgewiesen, daß der Fall in Orléans damit in Verbindung gebracht werden kann, daß sämtliche Geschäftseigentümer Juden waren. Als die Gerüchte aufkamen, erwachte ein latent vorhandener Antisemitismus, der für die Geschäftsinhaber so spürbar wurde, daß einige von ihnen es vorzogen, die Stadt zu verlassen. Die Ereignisse erinnern an die intensive üble Nachrede gegen das Chinarestaurant Peking in Borås, die dazu führte, daß es 1972 schließen mußte (siehe Seite 68). Gegen fremde Minoritäten gerichtete Gerüchte und Sagen scheinen auf dem Land eine größere Wirkung zu haben als in den Großstädten, da sie eine weitaus größere Anzahl der örtlichen Bevölkerung erreichen.

In Schweden verlegt man die Sagen vom Mädchenhandel meist nach Paris oder Marseille, aber auch in andere Großstädte, etwa nach London oder Rom. Im Dezember 1985 berichtete ein Lehrer aus Botkyrka bei Stockholm, Kurt-Erik Bohm, die folgende Sage, in der wir das Motiv des gefährlichen Briefes aus anderen modernen Sagen wiederfinden (siehe Seite 118):

„Meine Tochter war im März dieses Jahres auf Klassenfahrt in Rom. Der Portier des Hotels, wo sie wohnte, warnte sie und die anderen Mädchen vor dem Mädchenhandel. Er erzählte, was der Tochter eines Bekannten zugestoßen war. Sie war auf dem Weg in die Stadt von einer älteren Frau angesprochen worden. Die Frau bat sie, einen Brief zu einer bestimmten Adresse zu bringen und gab ihr ein Trinkgeld dafür. Aber das Mädchen ging nach Hause und zeigte den Brief seinem Vater, und als dieser den Umschlag öffnete, zeigte sich, daß er leer war. Er alarmierte die Polizei, und zwei Polizisten machten sich auf den Weg zu der angegebenen Adresse und klingelten dort. Als die Tür geöffnet wurde, stürmten sie die Wohnung und fanden zwei betäubte, gefesselte Mädchen mit Knebeln im Mund. Also ein klarer Fall von Mädchenhandel."

In einer Aufzeichnung aus der Bundesrepublik ist die Geschichte in die Basare Teherans verlegt worden. Ein junges Paar, das sich auf einem Einkaufsbummel in einem Teppichgeschäft befand, wurde im Gedränge getrennt, und nach etlicher Zeit des Suchens mußte der Mann zu seinem Entsetzen feststellen, daß die Frau verschwunden war. Sie tauchte nie wieder auf. Wahrscheinlich war sie durch eine Falltür gefallen und von internationalen Menschenhändlern verkauft worden (Knierim 1985, 239).

Lit.: Morin 1971; af Klintberg 1976a und 1976b, 282.

65
Blutstropfen aus der Jackentasche

ZWEI ÄLTERE FRAUEN fuhren in Paris mit der Metro. Plötzlich, als sich der Zug zwischen zwei Stationen befand, kam ein dunkelhäutiger junger Mann aus dem Nebenwagen in ihren Wagen gestürzt. Er sah sich wie gehetzt um, setzte sich dann jedoch auf den Platz gegenüber den beiden Frauen. Nach einer Weile bemerkten diese, daß Blut aus seiner Jackentasche tropfte. „Haben Sie sich verletzt?“, fragte die eine. Noch bevor er eine Antwort geben konnte, hielt derZug an einer Station. Die Frauen hörten eine Stimme durch den Lautsprecher, die sagte: „Kein Fahrgast verläßt den Zug! Alle Wagen werden durchsucht.“

Im nächsten Moment betraten einige Polizisten den Wagen. Sie gingen zu dem jungen Mann und durchsuchten ihn. Aus seiner Jackentasche zogen sie einen abgeschnittenen Finger hervor, an dem ein kostbarer Diamantring saß.

Der junge Mann war ein Dieb, der das Gedränge in einem anderen Wagen ausgenutzt hatte, um einer Frau einen mit einem Ring geschmückten Finger abzuschneiden. Anschließend war er durch den Zug geflüchtet.

Diese Geschichte erzählte Kerstin M. Lundberg im Juni 1984 im Schwedischen Radio. Sie hatte sie in Paris von einem dort lebenden schwedischen Fernsehjournalisten gehört. Dieselbe Geschichte soll auch in den USA bekannt sein. Ein seit Jahrzehnten kursierendes Gerücht besagt, daß es für Touristinnen gefährlich sei, kostbare Ringe am Finger zu tragen, wenn sie in den Bazaren nordafrikanischer Städte herumspazieren. Es gibt Diebe, die nicht davor zurückschrecken, im Gedränge mit ihren unglaublich scharfen Messern ringgeschmückte Finger abzuschneiden.

Dieses Gerücht bildet die Voraussetzung für die obige dramatische Sage. Daß der Ort der Handlung nach Paris verlegt worden ist, ist nicht verwunderlich, denkt man an die vielen Nordafrikaner, die in der Hoffnung auf Arbeit nach Paris gekommen sind.

In allen Ländern, wo Spannungen zwischen einem weißen und einem schwarzen Bevölkerungsteil bestehen, existiert heutzutage eine umfangreiche Erzähltradition, die die Furcht der weißen Mittel- und Oberschicht vor der schwarzen Bevölkerung ausdrückt. In diesen Rahmen gehört auch die Sage vom abgeschnittenen Finger.

66
Chloroformiert und ausgeraubt

MEINE MUTTER ERZÄHLTE, daß die Tochter ihrer Arbeitskollegin im Urlaub mit dem Zug unterwegs war. Anstatt ein Hotelzimmer zu nehmen, hatte sie irgendwo in Italien auf dem Bahnhof übernachtet. Als sie am nächsten Morgen aufwachte, fühlte sie sich, als hätte sie besonders gut und besonders lange geschlafen. Und als sie losging, um sich ihr Frühstück zu kaufen, bemerkte sie, daß ihr Brustbeutel, den sie die ganze Nacht am Körper getragen hatte, leer war. Es zeigte sich, daß sie im Laufe der Nacht mit Chloroform betäubt und ausgeraubt worden war.

Ann Runfors, eine Volkskundestudentin, gab die Erzählung ihrer Mutter im Anschluß an eine Lesung über moderne Sagen wieder, die ich im Oktober 1985 hielt. Es zeigte sich, daß mehrere andere Studenten ebenfalls von Zugreisenden gehört hatten, die in Italien betäubt und ausgeraubt worden waren. Catherine Couturier berichtete folgendes:

„Letzten Sommer fuhr ich zusammen mit einer albanischen Familie im Zug durch Italien. Der Familienvater hatte ein Messer unter dem Kopfkissen und band die Abteiltür von innen mit einer Schnur zu. Er erzählte von italienischen Gangstern, die irgendeine Flüssigkeit durch einen Spalt in der Tür sprühen und dann vorsichtig die Tür öffnen, das Abteil betreten und die Fahrgäste auf dem Weg nach Jugoslawien ausrauben. Es sind organisierte Banden, die so arbeiten."

Eine dritte Studentin, Louise Deutgen, erzählte, daß ihr Ex-Freund mit drei Kumpels per Zug durch Italien gereist sei. Mitten in der Nacht sei er aufgewacht, weil jemand ins Abteil kam und etwas auf Italienisch sagte. Er sagte ihm, daß das Abteil besetzt war, und daran konnte der andere ja sehen, daß er wach war. Am nächsten Morgen zeigte sich, daß die Fahrgäste in fast allen anderen Abteilen ausgeraubt worden waren. Wahrscheinlich waren sie mit Chloroform betäubt worden.

Noch eine weitere Studentin hatte erlebt, daß die Schaffner in der Schweiz Fahrgäste auf dem Weg nach Italien warnten, bevor der Zug die Grenze passierte. Die Fahrgäste wurden über italienische Banden informiert, und es wurde ihnen geraten, gut auf ihr Eigentum aufzupassen.

Daß die Angst, bei einer Zugfahrt Opfer eines Diebstahls zu werden, kein völlig neues Phänomen ist, beweist die Tatsache, daß solche Banden bereits vor zehn Jahren in Zeitungsartikeln erwähnt wurden. Am 16. Januar 1976 stand beispielsweise in der norwegischen Zeitung Bergens Tidende der folgende Artikel mit der Überschrift *Zugreisende von Dieben betäubt:*

„Zwischen dem 1. und dem 15. November wurden aus Zügen nach Paris, darunter auch aus dem Nordexpress aus Kopenhagen, 43 Diebstähle gemeldet. Hinter den Diebstählen stecken gut organisierte italienische, jugoslawische und nordafrikanische Banden. Einer jugoslawischen Bande ist es gelungen, allein im Schnellzug von Lyon nach Turin Schmuckgegenstände im Wert von 600 000 Franc, umgerechnet 750 000 Kronen zu erbeuten. Die Banden bedienen sich immer der gleichen Vorgehensweise: Der Schlafwagendieb bohrt mit einem geräuschlosen Bohrer ein kaum sichtbares Loch in die Schlafwagentür und sprüht ein Betäubungsgas durch das Loch. Nach wenigen Minuten schlafen die Fahrgäste fest, und die Diebe können in aller Ruhe das Abteil betreten und sie um ihre Wertsachen erleichtern. Bis die Reisenden wieder zu sich kommen und Alarm schlagen können, haben die Diebe den Zug bereits verlassen.

Sogar der Schlafwagenschaffner wird betäubt. Es sind mehrere Fälle belegt, bei denen sämtliche Reisende betäubt wurden und ihnen Geld, Reisepässe und andere Wertsachen gestohlen wurden.“

Es gibt keinen Grund, die Informationen zu bezweifeln, denen zufolge in Nachtzügen operierende Diebesbanden existieren. Der Grund, daß sich heutzutage die meisten entsprechenden Gerüchte auf Italien konzentrieren, liegt selbstverständlich darin, daß dort tatsächlich viele Diebstähle in Zügen vorkommen. Gewisse Details in den Schilderungen der gerissenen Vorgehensweise der Diebe scheinen jedoch sagenhafte Ausschmückungen zu sein. Wie in so vielen Fällen ist es hier schwer, zwischen Dichtung und Wahrheit zu unterscheiden. Wir können lediglich feststellen, daß die Erzählungen von chloroformierten und beraubten Reisenden eine lebendige mündliche Erzähltradition unter den heutigen Zugreisenden darstellen.

67
Ehefrau im Wohnwagen

EIN EHEPAAR aus einer südschwedischen Stadt befand sich nach einem Campingurlaub auf der Heimreise. Sie waren an der schwedischen Westküste gewesen und fuhren nun auf der E 6 in Richtung Süden. Um dem dicksten Verkehr zu entgehen, fuhren sie nachts.

Der Mann saß am Steuer. Seine Frau war nach dem langen, warmen Tag erschöpft und lag im Wohnwagen, um sich zu erholen, obwohl das nach den Bestimmungen verboten war. Nachdem er einige Stunden gefahren war, hielt der Mann auf einem Parkplatz und machte ein kleines Nickerchen am Steuer. Dann fuhr er weiter Richtung Süden.

Plötzlich sieht er im Rückspiegel das blaue Blinklicht eines Polizeimotorrades. Das Motorrad kommt auf gleiche Höhe mit ihm, und der Polizist bedeutet ihm, anzuhalten. Der Mann glaubt seinen Augen kaum, als er sieht, wer hinter dem Polizisten rittlings auf dem Sattel sitzt. Da sitzt seine Ehefrau, und sie ist noch dazu splitternackt!

Als er anhält, bekommt er eine Erklärung für diesen eigenartigen Anblick. Wegen der Wärme hatte seine Frau nackt im Wohnwagen gelegen. Eine Weile, nachdem ihr Mann auf dem Parkplatz gehalten hatte, war sie nach draußen geschlichen und hatte sich im Schutze der Dunkelheit hinter einen Busch gehockt, um zu pinkeln. Als sie zurückkam, waren sowohl ihr Ehemann als auch der Wohnwagen bereits weit entfernt. Zum Glück hielt ein motorisierter Polizist und rettete sie aus der peinlichen Situation.

So oder ähnlich ist mir diese Geschichte seit der Mitte der 70er Jahre mehrmals berichtet worden. Sie zählt zu den bekanntesten modernen Wandersagen. Besonders Journalisten scheinen zu schätzen: Sie fehlt fast nie, wenn Übersichten über die Zeitungsenten erstellt werden, an die wir jahrelang geglaubt haben. In derartigen Übersichten taucht lediglich die Geschichte von der gestohlenen Schwiegermutter noch häufiger auf. Zwischen beiden Geschichten gibt es gewisse Ähnlichkeiten: Beide handeln von einem alptraumartigen Mißgeschick im Verlauf einer Ferienreise mit dem Auto. Aber der Alptraum in „Ehefrau im Wohnwagen“ ist nicht so makaber und dauerhaft wie der in der Sage von der gestohlenen Leiche der Schwiegermutter, sondern er ist eher von vorübergehender Natur. Der Grundton der Sage ist humoristisch, und das Ganze löst sich in ein Happy-End auf. Tatsächlich ist die Geschichte so naiv-unschuldig, daß sie sogar in einem Doris Day-Film verarbeitet werden konnte – dort waren die Akteure jedoch anständig bekleidet.

Die früheste Version, die in den späten 60er Jahren in Schweden zu hören und in den Zeitungen zu lesen war, handelte von einem schwedischen Ehepaar, das mit dem Wohnwagen Urlaub in der Bundesrepublik macht. Auf dem Rückweg war der Mann gezwungen, die ganze Nacht über zu fahren, um nicht die Fähre zu verpassen, auf der sie Plätze gebucht haben. Die Ehefrau wird am Straßenrand vergessen – jedoch nicht nackt, sondern bekleidet mit einem dünnen Nachthemd. In einer Version verliebt sich der deutsche Polizist in sie, und die Geschichte endet damit, daß sie sich von ihrem Mann scheiden läßt, um den Polizisten zu heiraten.

Die Sage ist auch in den USA beliebt, aber dort wird der Mann, lediglich mit einer Unterhose bekleidet, zurückgelassen. Der Nachrichtendienst AP schickte 1962 eine auf den 3. August datierte Version über den Äther, die von vielen Zeitungen gedruckt wurde und vermutlich eine große Bedeutung für die nordamerikanische Traditionsform gehabt hat. Das Ehepaar befindet sich in einem Nationalpark in Kanada, die Frau sitzt am Steuer. Plötzlich hält sie an, um ein paar Bären die Straße überqueren zu lassen. Der Mann steigt aus dem Wohnwagen, um zu sehen, was vor sich geht, und im selben Moment fährt seine Frau weiter. Auch in diesem Fall erscheint ein Polizist auf einem Motorrad als rettender Engel.

Vielleicht ist die amerikanische Version die ursprüngliche. Als sie Europa erreichte, mag es Erzähler gegeben haben, die fanden, die ganze Geschichte würde erotischer, wenn die Frau, bloß mit einem Nachthemd bekleidet, am Straßenrand zurückbleibt und anschließend hinter einem Uniformierten auf dessen Motorrad durch die deutsche Nacht rasen darf.

Lit.: Sidén 1973; Brunvand 1981, 132–136; Smith 1983, 36.

68
Die vergeßlichen Urlauber

ICH HABE VON EINEM LANDWIRT GEHÖRT, der sich jedes Jahr zur Ferienzeit bis zur Weißglut über rücksichtslose Urlauber erzürnte. Seine Ländereien grenzten an die E 3, und es verging kaum ein Tag, an dem nicht irgendwelche Touristen den Seitenweg zu seinem Hof hineinfuhren, an einem bewaldeten Hügel parkten und picknickten. Wenn sie dann weiterfuhren, war der Boden übersät mit Plastikbeuteln, leeren Bierdosen und anderem Unrat.

Der Landwirt stellte Schilder auf, auf denen er die Durchreisenden dazu ermahnte, den Platz sauber zu hinterlassen, doch das fruchtete nichts. Eines Tages kam er zufällig vorbei, als eine Familie gerade in einen blauen Opel einstieg und abfuhr. Wo sie gesessen hatten, türmte sich der Unrat. Er versuchte vergebens, sie zurückzuwinken und zum Aufräumen zu bewegen. Die auf dem Rücksitz Sitzenden winkten fröhlich zurück, bevor das Auto in einer Staubwolke verschwand. Für den Landwirt war das Maß voll.

An einem frühen Herbsttag klingelte es an der Tür einer Stadtwohnung. Die Hausfrau kam nach draußen und öffnete. Der Mann trat ein und fragte höflich, ob die Familie einen blauen Opel besäße. Das bestätigte die Frau. „Dann bitte ich darum, einige Dinge zurückgeben zu dürfen, die Sie im Sommer vergessen haben“, sagte der Mann. Damit leerte er den Inhalt eines prallgefüllten Abfallbeutels auf dem Teppich aus, zog den Hut und ging. Er hatte die Autonummer notiert und den Besitzer ausfindig gemacht.

Diese Geschichte hörte ich zu Beginn der 70er Jahre, mehrere Jahre bevor ich begonnen hatte, mich für die Volkssagen unserer Zeit zu interessieren. Damals kam sie mir nicht besonders unglaubwürdig vor, erst später kam mir der Verdacht, daß es sich um eine Wandersage handeln könnte.

Es ist nämlich tatsächlich eine Wandersage. Sie steht in Stig Nahlboms und Leendets Lindhs „Sanna historier?" (1970) und findet sich auch in Rodney Dales Sammlung moderner englischer Sagen (Dale 1978, 127–28, 1984, 31–32). In einer englischen Variante nimmt der Landwirt – der oft ein aristokratischer Schloßherr ist – seine ganze Familie mit und veranstaltet ein Picknick im Vorgarten des betreffenden Reihenhauses.

Im Unterschied zu den meisten anderen Texten in diesem Buch handelt es sich hier nicht um eine typische Großstadtsage. Sie wird im Gegenteil auf dem Land erzählt, wo sich die Leute über das Benehmen der dort Urlaub machenden Großstädter ärgern. Die Sage ist ein typisches Beispiel für das Phänomen des Wunschdenkens. Mehr als ein Landwirt, der die Überreste unordentlicher Urlauber gefunden hat, wird sicherlich schon gedacht haben: „Man sollte den Dreck aufsammeln und ihn bei denen auf den Wohnzimmerteppich werfen." Das aber in Wirklichkeit zu tun, wäre ein allzu kompliziertes Unterfangen. Deshalb begnügt man sich damit, symbolisch in Form einer Sage Rache zu nehmen.

69
Das angefahrene Känguruh

ZWEI SCHWEDISCHE FREUNDE waren in Australien im Urlaub. Sie hatten ein Auto gemietet und fuhren damit durch die Gegend. Auf einmal sprang ein Känguruh vor ihnen auf die Fahrbahn. Derjenige, der am Steuer saß, konnte nicht mehr ausweichen und fuhr das Känguruh an, das reglos auf der Straße liegenblieb.

Die beiden Typen stiegen aus und zerrten das Känguruh in den Straßengraben. Sie glaubten, daß sie den Vorfall irgendwo melden müßten, wie man es in Schweden macht, wenn man beispielsweise einen Elch angefahren hat. Ein Stück weit entfernt sahen sie einen Bauernhof, und dorthin fuhren sie. Der Bauer kam aus dem Haus, und die Typen erzählten, wie sich die Sache verhielt: Sie hatten also ein Känguruh angefahren und wollten das melden. Der Bauer lachte bloß und meinte, das mache überhaupt nichts. „Wir sind froh, wenn wir sie los sind, sie fressen nur unser Getreide ab."

Na gut, dachten die beiden Typen und setzten sich ins Auto, um weiterzufahren. Aber dann kam ihnen die Idee, daß sie ja zurück zur Unglücksstelle fahren und das Känguruh fotografieren könnten. Äußere Verletzungen schien es ja nicht zu haben, soweit sie gesehen hatten.

Sie fuhren zurück zu dem Känguruh und richteten es am Grabenrand auf. Da bekamen sie plötzlich die Idee, daß sie ein Scherzfoto machen könnten. Sie zogen also dem Känguruh das Jackett des einen Typs über, in dem er unter anderem auch seinen Paß und sein Portemonnaie verwahrte. Aber als sie gerade knipsen wollten, erwachte das Känguruh wieder zum Leben und hüpfte davon.

Diese Geschichte hörte die Volkskundestudentin Monica Bondeson im Sommer 1984 von einem Freund, der gerne phantastische Geschichten erzählt. Als Monica in Gelächter ausbrach und sagte, daß sie die Geschichte nicht glaube, versicherte er, daß sie wahr sei. Er sagte, er habe sie von seinem Vater gehört, und dieser wiederum hatte sie von einem Botschaftsangestellten. Die beiden Freunde waren ja gezwungen gewesen, zur schwedischen Botschaft zu gehen, um einen neuen Paß zu bekommen, und dort hatten sie von ihrem Erlebnis berichtet.

Wie auch immer es um den Wahrheitsgehalt bestellt sein mag, man kann doch in jedem Fall feststellen, daß diese schwedische Version viele Details enthält, die die Glaubwürdigkeit verstärken. Die beiden Schweden handeln genau so, wie wir gelernt haben, uns bei Unfällen mit verletztem Wild zu verhalten, und ihr Versuch, ein lustiges Foto zu arrangieren, kommt sicherlich vielen Touristen bekannt vor.

Ursprünglich waren die handelnden Personen jedoch keinesfalls Schweden. Die Geschichte ist weit verbreitet. Sie existiert in zwei Versionen. Eine spielt in Australien, mit einem Känguruh in der Hauptrolle, und die andere trägt sich in einem nordamerikanischen Nationalpark zu – dort handelt es sich um einen Bären, der angefahren wird. In einigen Fällen wird das Tier mit Jakkett, Sonnenbrille, Mütze und Feldstecher ausstaffiert, bevor es wieder zu sich kommt und in die Wildnis entflieht.

Es gibt zahlreiche Jagdgeschichten, sowohl ältere als auch jüngere, die an „Das angefahrene Känguruh" erinnern. Daß diese Geschichte ausgerechnet in unserer Zeit einen solchen Beliebtheitsgrad erreicht hat, mag auf ihrer abschließenden Pointe beruhen, wo der Übermut der Touristen bestraft wird und einer der Menschen die Verliererrolle des Känguruhs übernehmen muß. Dieser Rollentausch ist nicht nur komisch, er kann auch als moralisch befreiend erlebt werden. Die Konfrontation zwischen Mensch und Tier führt ja sonst regelmäßig zum Untergang des Tieres, nicht zuletzt auch bei Zusammenstößen auf den Landstraßen. Hier darf nun einmal das Tier triumphieren.

70
Mißgeschick mit Einkaufsnetz

ES IST KURZ VOR WEIHNACHTEN. Eine Frau, die unterwegs gewesen ist und Weihnachtsgeschenke gekauft hat, steigt in einen Bus. Die Weihnachtsgeschenke hat sie in einem Einkaufsnetz.

Der Bus ist brechend voll, und direkt neben ihr steht ein ziemlich angesäuselter Mann. In dem allgemeinen Gedränge will es das Schicksal so, daß ihr das Einkaufsnetz an einem nicht zugeknöpften Knopf an seinem Hosenschlitz hängenbleibt. Sie dreht und fummelt mit dem Netz, bekommt es aber nicht los. Vorsichtig versucht sie, den Mann darauf aufmerksam zu machen, was passiert ist, aber der ist nicht ansprechbar. Der Bus nähert sich der Haltestelle, wo sie aussteigen will. Guter Rat ist teuer!

Kurz entschlossen nimmt sie alle Pakete aus dem Netz und läßt es an seinem Hosenschlitz hängen. Gerade als sie aussteigen will, bemerkt der Mann die eigenartige Zierde, knöpft noch einen Knopf auf und stopft das ganze Netz in den Hosenschlitz.

Im November 1983 sprach ich in Märsta im Rahmen einer Fortbildungstagung über mündliche Überlieferungen in unserer Zeit. Während einer Kaffeepause erzählte einer der Teilnehmer diese Geschichte. Sie erinnert an die Wandersage vom offenen Hosenschlitz des jugendlichen Verehrers (Seite 100). Aber die Geschichte vom Einkaufsnetz findet sich in keiner der ausländischen Sammlungen, die ich gelesen habe, es ist deshalb nicht unmöglich, daß sie schwedischen Ursprungs ist. Sie liegt einer verwandten Szene in Gösta Ekmans Film „Morrhår och ärter“ („Schnurrhaare und Erbsen“) aus dem Jahre 1986 zugrunde. Im Film handelt es sich um den durchbrochenen Spitzenhandschuh einer Dame, der am Hosenknopf der Hauptperson hängenbleibt.

71
Hochzeitsnacht auf Video

VOR EINER GUTEN WOCHE saßen wir mit ein paar Kumpels bei uns zu Hause und wir unterhielten uns über Videogeräte. Einer unserer Bekannten, der in der Werbebranche arbeitet und sich erst kürzlich ein Gerät zugelegt hat, versuchte, uns andere von dessen Vorteilen zu überzeugen. Z.B. kann man ja das Videogerät an den Fernseher anschließen und dann seine eigenen Aufnahmen gemütlich vom Fernsehsessel aus betrachten. Aber man darf nicht vergessen, die Hauptantenne auszuschalten, falls man eine hat. Sonst kann es einem so ergehen wie dem jungverheirateten Paar, das seine Hochzeitsnacht auf Video aufnahm.

Da war also ein junges Paar, das seine Hochzeitsreise auf den Kanarischen Inseln verbrachte, und die hatten ein Videogerät. Und als dann die Hochzeitsnacht vom Stapel gehen sollte, kam ihnen die Idee, deren Freuden auf Video zu verewigen. Gesagt, getan! Das Videogerät wurde also vor dem Bett aufgebaut und zeichnete alle Ertüchtigungsübungen auf.

Zurück in Schweden, beschlossen die frisch Verheirateten eines Abends, die Erlebnisse ihrer Hochzeitsnacht noch einmal zu durchleben und schlossen das Videogerät an den Fernseher an, um das Schauspiel zu genießen. In den umliegenden Wohnungen führte das zu großer Verwirrung. Dort wurde das reguläre Programm unterbrochen, und auf der Mattscheibe erschien ein Liebespaar, dessen weiblicher Part der jungen Frau aus der Wohnung im Parterre verblüffend ähnelte. Das konnte sie doch nicht wirklich sein?

Das Paar hatte vergessen, die Hauptantenne auszuschalten.

Dies berichtete mir meine Kollegin, die Volkskundlerin Christina Mattsson, im Oktober 1974 in einem Brief. Zu diesem Zeitpunkt war die explosionsartige Entwicklung auf dem Videomarkt noch nicht im Gang. Relativ wenige besaßen ein Videogerät, und um die Kenntnis über die Funktionsweise der neuartigen Apparate war es schlecht bestellt.

Die Sage zählt also zur Kategorie derjenigen, die Mißverständnisse moderner Technologien widerspiegeln. Aber sie ist zugleich – und das ist womöglich wesentlicher – eine Phantasievorstellung, die um ein typisches Phänomen der westlichen Welt kreist, nämlich um das der uneingeschränkten Produktion von Pornofilmen.

Einige Jahre später, im Juli 1977, hörte ich eine ähnliche Geschichte von einer Journalistin beim Sender „Stimmen in Radio und Fernsehen". Sie hatte die Geschichte von mehreren Seiten gehört, nach ihren Informationen sei sie auch im Ausland weit verbreitet: Jemand schaltet mitten in der Nacht, lange nach Sendeschluß, seinen Fernseher ein und bekommt einen Pornofilm zu sehen. Die Erklärung lautete, ein paar Fernsehtechniker hätten sich die Zeit damit vertrieben, den Film auf einem der Fernsehschirme ablaufen zu lassen, wobei er irrtümlicherweise über das Fernsehnetz ausgestrahlt worden sei.

Freunde, die technisch versierter sind als ich, haben mir erklärt, daß beide Geschichten technisch unmöglich sind. Natürlich gibt es Leute, die zu Hause sitzen und ihre eigenen Liebesspiele auf Video ansehen, und natürlich kann es vorgekommen sein, daß irgendwelche Fernsehangestellten zu später Stunde Pornofilme geguckt haben. Aber diese Sexszenen sind nicht auf andere Mattscheiben übertragen worden, weder über die Hauptantenne noch über das Fernsehnetz. Solche Geschichten sind voyeuristische Phantasien und typisch für unsere von Massenmedien beherrschte Zeit.

72
Das Stück Kuchen

DAS FOLGENDE GESCHAH IM KRANKENHAUS IN SALA. Es war die Bekannte eines Nachbars meines Freundes, der diese wahnsinnig peinliche Geschichte passierte.

Sie hatte noch etwas Zeit und beschloß, in der Cafeteria eine Tasse Kaffee zu trinken und ein Stück Kuchen zu essen. Das Café war ziemlich voll, deshalb setzte sie sich zu einem Herrn an den Tisch. Sie stellte Tasse und Teller ab, hängte ihre Tasche auf und setzte sich, um in aller Ruhe Kaffee und Kuchen zu genießen.

Das war ja unglaublich! Da hatte doch tatsächlich jemand von ihrem Kuchen abgebissen! Das konnte ja nur der Herr von gegenüber gewesen sein. Unverschämtheit! Sie starrte ihn vorwurfsvoll an. Was sollte sie tun?

Nun ja, vielleicht war er hungrig geworden und hatte nicht genug Geld, um sich selbst ein Stück Kuchen zu kaufen. Aber deshalb wollte sie nicht auf ihr Stück verzichten, also aß sie den Kuchen und trank ihren Kaffee dazu. Die ganze Zeit starrte sie den Mann mit anklagender Miene an. Er starrte zurück. Dann ging er los und kaufte sich ein eigenes Stück Kuchen.

Als sie fertig war, warf sie dem Mann einen letzten vernichtenden Blick zu, nahm sein Kuchenstück und biß demonstrativ eine Ecke davon ab. Nun waren sie quitt! Damit ging sie.

Zuhause angekommen, öffnete sie ihre Tasche, um ihre Einkäufe auszupacken. Und da lag ihr Kuchenstück! Es war ihr in die Einkaufstasche gerutscht.

Diese Geschichte war am 8. Juli 1984 in der Zeitung „Sala Allehanda" zu lesen. Die Journalistin Elisabeth Enger gab sie so wieder, wie sie sie von einer Bekannten gehört hatte. Aber sie konnte sich auch daran erinnern, daß sie dieselbe Geschichte ein halbes Jahr zuvor in Stockholm gehört hatte. Dort sollte sie sich im Café „Vetekatten" abgespielt haben.

Bereits ein Jahr zuvor war sie in Schonen in einer etwas anderen Form aufgetaucht. Verner Antonsson, Redakteur bei der Zeitung „Arbetet" in Malmö, erzählte mir, daß seine Frau an einem Abend im Dezember 1983 nach Hause gekommen war und von einem Erlebnis berichtet hatte, das in einem bekannten Restaurant in Landskrona passiert sei. Eine Dame hatte sich mit einem Teller Fleischklößchensuppe an einen freien Tisch gesetzt. Sie fand, die Suppe müsse gesalzen werden, und ging, um den Salzstreuer zu holen. Als sie zurückkam, sah sie, daß ein kleiner Asiate, augenscheinlich einer der vietnamesischen „Boat People", an ihrem Tisch saß und bei ihrer Suppe kräftig zulangte. Sie versuchte, ihn mit Hilfe von Zeichensprache vom Essen abzubringen, hatte jedoch keinen Erfolg. In ihrer Verzweiflung fuhr sie mit der Hand in die Suppe und griff sich mit spitzen Fingern ein Fleischklößchen, stopfte es sich in den Mund und zeigte dabei auf sich selbst. Aber der Asiate fuhr fort zu essen, mit der gleichen unberührt freundlichen Miene wie zuvor. Hilflos sieht sich die Frau um, und da entdeckt sie auf dem Nachbartisch einen Teller Fleischklößchensuppe! Sie hatte sich an den falschen Tisch gesetzt.

Einige Tage später veröffentlichte einer von Antonssons Kollegen die Geschichte in „Arbetet". Seiner Meinung nach hatte sich die Geschichte in einem Restaurant in Lund zugetragen, und bei dem Asiaten handelte es sich um einen Japaner (*Die Geschichte von einer Dame, einem Japaner und einem Teller Suppe,* „Arbetet" am 22. Dezember 1983).

Sowohl die Fleischklößchen- als auch die Kuchenversion lassen sich auf eine Geschichte zurückführen, die in England populär war. Zwischen 1972 und 1974 tauchte in mehreren englischen Zeitungen eine Geschichte über ein Ereignis auf, das sich angeblich in einem Bahnhofscafé abgespielt haben sollte. Ein Reisender hatte es sich mit einer Tasse Tee und einem Paket Kekse an einem Tisch bequem gemacht, an dem auch ein dunkelhäutiger Ausländer saß. Er nimmt einen Keks aus dem Paket und steckt ihn in den Mund. Gleich darauf nimmt sein Gegenüber auch einen Keks. Wieder nimmt sich der Reisende einen, und so geht es weiter, bis nur noch ein Keks übrig ist. Der Farbige bricht ihn in zwei Hälften, damit sie ihn sich teilen können. Erst später bemerkt der englische Reisende, daß sein Kekspaket ungeöffnet vom Tisch gefallen ist.

Die schwedische Kuchenversion hat das Motiv bewahrt, daß ein Stück Kuchen Anlaß für das Mißverständnis ist, während die Fleischklößchenversion aus Schonen den Aspekt betont, daß der Fremde, der das Opfer des Mißtrauens wird, einer anderen Rasse angehört. Und was noch wichtiger ist, er ist Asylant. Es fällt nicht schwer, in das Motiv der unfreiwillig geteilten Mahlzeit eine symbolische Bedeutung hineinzulesen: Viele Leute haben ja das Gefühl, daß Asylanten aus der Dritten Welt auf Kosten der Bevölkerung des Gastlandes schmarotzen, aber sobald dieses Mißverständnis aufgeklärt wird, zeigt sich, daß es sich in Wirklichkeit umgekehrt verhält.

Die Geschichte von dem peinlichen Mißverständnis am Restauranttisch ist eine Variante des alten Themas „der unbeabsichtigte Diebstahl". In den USA war einige Jahre lang die folgende Version sehr beliebt: Ein Jogger, der im Central Park seine Runden dreht, stößt mit einem anderen Jogger zusammen. Kurz darauf vermißt er sein Portemonnaie. Er wird wütend, dreht um und rennt hinter dem anderen her. „Gib mir das Portemonnaie!", schreit er ihn an, und der andere beeilt sich, es herauszurücken. Als unser Jogger nach Hause kommt, findet er sein Portemonnaie auf dem Schreibtisch – er hatte es ganz einfach liegenlassen!

Die älteste bekannte Version der Sage, die von 1912 datiert, handelt von einem Geldschein, der unabsichtlich gestohlen wird. Eine ältere britische Dame fährt mit der Straßenbahn in die Stadt, um einzukaufen. Ihr gegenüber sitzt eine schlampig gekleidete Alte. Die Dame macht ein Nickerchen, und als sie wieder aufwacht, fehlt ihr ein Fünfpfundschein. Sie sieht aber den Schein aus der Tasche ihrer Mitfahrerin herausgucken. Die andere ist ebenfalls eingeschlafen, und so nimmt sich die Dame vorsichtig ihren Schein (denn dafür hält sie ihn) wieder und steckt ihn in die Tasche. Bei ihrer Rückkehr zeigt sich, daß sie ihren Schein zu Hause vergessen hatte.

Die Erzählungen zum Thema „der unbeabsichtigte Diebstahl" machen deutlich, wie schnell man einen Verstoß gegen die gesellschaftlichen Umgangsformen oder gar gegen die herrschenden Gesetze begehen kann. Es ist beabsichtigt, daß sich der Zuhörer in die Seelenqual der handelnden Personen einfühlen soll, wenn diese ihren peinlichen Irrtum einsehen.

Lit.: Smith 1975; Brunvand 1984, 188–193.

73
Die Dame, die braune Bohnen gegessen hatte

EINE DAME AUS SCHONEN im besten Alter und ihr Mann hatten zum Abendbrot braune Bohnen gegessen. Nach dem Essen fuhren sie mit dem Auto zu einer Konditorei, um etwas Süßes für den Fernsehabend zu kaufen.

Die Dame ging in die Konditorei, während ihr Mann im Wagen wartete. Während sie in der Schlange stand, spürte sie einen mächtigen Druck am Ringmuskel. Aber sie konnte ja nicht gut im Café einen Wind fahren lassen und kniff deshalb die Bakken zusammen, so gut sie konnte. Als sie endlich ihren Kuchen eingekauft hatte, raste sie nach draußen und zum Wagen, riß die Autotür auf und schleuderte die Tortenschachtel auf den Rücksitz. Dann warf sie sich in den Vordersitz und erleichterte sich mit einem Riesengeknatter.

„Weshalb fährt du nicht los?“, fragte sie ihren Mann. Sie wendete den Kopf und bemerkte, daß es gar nicht ihr Mann war, der neben ihr saß. Sie war in das falsche Auto eingestiegen.

Im Oktober 1984 durften zwei Gymnasialklassen an der Malmöer Lateinschule eine Unterrichtsstunde darauf verwenden, moderne Sagen, die sie kürzlich gehört hatten, aufzuschreiben. Mehrere Schüler kannten die peinliche Geschichte von der Dame, die braune Bohnen gegessen hatte. Die obige Version wurde von David Börjesson aufgeschrieben.

Die älteste Sage zu diesem Thema kommt aus den USA. An seinem Geburtstag wird ein Mann mit verbundenen Augen von ein paar Freunden „entführt“. Sie führen ihn in einen Raum und bitten ihn, zu warten, während sie selbst in einen anderen Raum gehen. Der Mann hat schreckliche Blähungen und glaubt, daß der richtige Augenblick gekommen sei, um seine Gase fahren zu lassen. Kurz darauf wird er von der Augenbinde befreit und muß entdecken, daß er von allen seinen Freunden und Arbeitskollegen umgeben ist, die eine „Überraschungsparty" arrangiert haben. Die Geschichte findet sich in Carson McCullers Roman „Das Herz ist ein einsamer Jäger" (1940).

In den folgenden Jahren ist das Ereignis immer häufiger in ein Auto verlegt worden, und die unglückliche Person, die sich blamiert, ist fast immer eine Frau. Sowohl in den USA als auch in Europa wird von einem jungen Mädchen erzählt, das von einem jungen Mann zum Ausgehen eingeladen wird. Sie spürt, daß sie einen Furz lassen muß und rechnet sich aus, daß es am günstigsten sei, wenn sie sich in seinen Wagen gesetzt hat. Er wird die Autotür an ihrer Seite schließen, um den Wagen herumgehen und dann hinter dem Steuer Platz nehmen: In der Zeit kann sie sowohl furzen als auch den Geruch auslüften. Zu spät entdeckt sie, daß zwei Freunde des jungen Mannes hinten im Wagen sitzen.

Lit.: Brunvand 1981, 148 f.

74
Harndrang am Skihang

LEKSAND (TT). Am Slalomhang in Leksand verließ eine Frau die Piste, fuhr zu einem Gebüsch und knöpfte ihren Skianzug auf, um einem mächtigen Drang nachzugeben – dem Harndrang nämlich.

Eine Kleinigkeit vergaß sie jedoch. Sie hockte sich hin, ohne vorher die Skier abzuschnallen, und kam aus ungeklärter Ursache ins Rutschen. Als sie auf die Piste zuraste, sah sie ein, daß sie etwas unternehmen müsse, um die Geschwindigkeit zu verringern, und lehnte sich nach hinten. Der Schnee war harschig, und sie zog sich mehrere Schürfwunden zu. Um die Wunden versorgt zu bekommen, mußte sie zum Arzt.

Eine Weile später mußte noch ein Skiläufer wegen einer Armverletzung den Arzt aufsuchen. Er wurde gefragt, wie es zu dem Unfall gekommen sei und antwortete: „Sie werden mir zwar nicht glauben, aber ich muß es doch so erzählen, wie es gewesen ist. Bei der Abfahrt sah ich eine halbnackte Frau, die den Hang hinuntergerast kam. Ich guckte und guckte, und dabei verlor ich die Balance und kollidierte mit einem Baum."

Die Zeitung „Sundsvalls Tidning" berichtete am 14. Januar 1981 auf der Titelseite von der Skiläuferin, die so nötig mußte. Es handelte sich offenbar um eine Scherzgeschichte, die zu dieser Zeit in ganz Schweden erzählt wurde. Ungefähr um die gleiche Zeit, als sie in den Tageszeitungen erschien, tauchte sie auch im Fernsehen im Rahmen von Unterhaltungssendungen und in Illustrierten auf. Diesen Berichten zufolge habe sich das Ereignis in Val d'Isère oder in Zermatt zugetragen. Es handelte sich also um eine internationale, sowohl in Europa als auch in den USA bekannte Wandersage, die in Schweden an den Slalomhang von Leksand verlegt wurde. Die Skifahrerin, die so nötig mußte, ist eine Art weibliches Pendant zu dem Mann in der Pyjamajacke, der sich den Hintern versengt, als die benzingetränkten

Wattebäusche in der Toilettenschüssel explodieren (Seite 108). Der Unterschied ist, daß die Geschichte von der Skifahrerin eine deutlich stärker sexuelle, sadistische Note hat. Nicht genug, daß sie den anderen Skifahrern ihren nackten Hintern zur Schau stellen muß, als sie den Hang hinabrast, sie muß ihn sich am harschigen Schnee auch noch blutig schürfen, als sie zu bremsen versucht.

Lit.: Brunvand 1981, 181; Unge 1981.

75
Gelbes Eis

EIN EHEPAAR, das auf dem Land lebte, erwachte morgens von einem furchtbaren Knall. Er war so heftig, daß das ganze Haus wackelte. Sie guckten aus dem Fenster und sahen einen riesigen gelben Eisblock ungefähr zehn Meter vom Haus entfernt auf der Erde liegen.

Sie riefen die Polizei, die den Eisblock untersuchte. Es zeigte sich, daß er aus gefrorenem Urin bestand. Ein Jumbojet war in großer höhe über das Haus geflogen, und der Eisblock war aus der Flugzeugtoilette gefallen.

Diese Geschichte findet sich in Ethel Portnoys holländischer Sammlung moderner Sagen mit dem Titel „Broodje aap" (Nr. 130). Wahrscheinlich ist sie von jemandem erfunden worden, der dachte, Flugzeugtoiletten funktionierten nach demselben Prinzip wie Zugtoiletten, die ja häufig noch heute nach unten offen sind. Diese Vermutung mag beunruhigende Gedanken ausgelöst haben („Stell dir vor, wenn von dem Flugzeug da oben gefrorener Urin runterfallen würde!"), die dann ihrerseits die Form einer konkreten Tatsache angenommen haben. „Gelbes Eis" ist eine Phantasievorstellung, die Züge primitiver Mythologie trägt: Die Passagierflugzeuge unserer Zeit verwandeln sich in eine Art lebendiger Monster, riesige Vögel über den Wolken, die ab und zu ihre Exkremente zu Boden fallen lassen. Das erinnert daran, daß die großen Flugzeuge, die vor einigen Jahrzehnten Neuguinea überflogen, dort später zu Objekten religiösen Kults wurden. Die Urwaldbevölkerung errichtete Plattformen auf Pfählen in der Hoffnung, daß sich die fremden silbernen Vögel auf ihnen niederlassen würden.

76
Die Spinne in der Yuccapalme

VOR KURZEM ERZÄHLTE MIR MEINE FREUNDIN von einer Frau hier in Stockholm, die eine Yuccapalme gekauft hatte. Als sie die Pflanze goß, bemerkte sie, daß sich die Erde im Blumentopf etwas anhob. Als sie die Pflanze das nächste Mal goß, passierte dasselbe: Die Erde hob sich um den Palmenstamm herum um einige Millimeter an. Nun begann sie, sich Sorgen zu machen, und rief bei dem Geschäft an, wo sie die Pflanze gekauft hatte. Soviel ich weiß, war es das „Urwaldboot", das am Nybrovik liegt.

„Wir kommen sofort! Halten Sie sich von der Palme fern!", antworteten die Geschäftsinhaber per Telefon. Etwas später stürmten zwei Männer in Schutzanzügen ihre Wohnung. Sie näherten sich der Yuccapalme auf Zehenspitzen und hoben sie aus dem Topf. Da fiel eine große schwarze Spinne zu Boden, eine Tarantel, deren Biß sofort tödlich ist. Sie war es, die die Erde im Blumentopf angehoben hatte. Nun konnten die beiden Männer sie unschädlich machen.

„Es ist uns schon mehrmals passiert, daß wir ausrücken mußten, um giftige Taranteln zu beseitigen", erzählten sie der Frau.

Diese Geschichte berichtete mir eine Lehrerin an der staatlichen Theaterschule in Stockholm im Juni 1984. Eine Woche später rief mich ein Journalist von der Tageszeitung „Expressen" an und erzählte, daß die Beratungsstelle für Schädlingsbekämpfung „Anticimex" Hunderte von Anrufen von beunruhigenden Yuccapalmenbesitzern erhalten habe, die wissen wollten, ob das Gerücht von den Giftspinnen wahr sei.

Offenbar erfuhr die Sage von der Spinne in der Yuccapalme im Frühjahr 1984 eine geradezu epidemieartige Verbreitung. Aber bereits im Sommer des Jahres zuvor hatte die Geschichte in der Zeitung „Göteborgs-Posten" gestanden. Am 12. Juli 1983 fand sich dort ein Artikel mit der Überschrift „Giftige Spinne in Yuccapalme“. Darin wurde die folgende Geschichte erzählt:

„Vorsicht beim Kauf von Yuccapalmen! Es kann passieren, daß sie eine Giftspinne mitkaufen. Davon weiß eine Frau in Göteborg ein Lied zu singen. Eines Tages zersprang der Stamm ihrer Palme, und heraus fiel eine große, behaarte, schwarze und sogar giftige Spinne. Weil nun Spinnen auf ihrer Beliebtheitsliste nicht gerade ganz oben standen, rief sie sofort die Polizei.

Die Frau saß im Wohnzimmer, als sie einen Knall hörte. Als sie der Sache nachging, zeigte sich, daß der Stamm ihrer großen Yuccapalme zersprungen war. Stellen Sie sich ihren Schrecken vor, als sie dann auch noch die Spinne entdeckte!

Die Frau besaß jedoch die Geistesgegenwart, die Palme mitsamt der Spinne auf den Balkon zu stellen, während sie auf die Polizei wartete. Diese fing das kleine Biest schnell und problemlos mit Hilfe eines Netzes.

Als die Frau einige Tage später noch einmal bei der Polizei anrief, wurde ihr mitgeteilt, daß die Spinne laut polizeilichen Erkenntnissen giftig sei. Was anschließend mit der Spinne geschah, ist nicht bekannt.“

Abschließend unternimmt die Journalistin den lahmen Versuch, die Leser von „Göteborgs-Posten“ zu beruhigen: „Aus diesem Einzelfall läßt sich jedoch nicht der Schlußsatz ziehen, daß alle Yuccapalmen eine Giftspinne beherbergen, versichern Experten.“ Aber die Horrorgeschichte war schon im Umlauf, und ein gutes halbes Jahr später, am 6. März 1984, berichteten die schwedischsprachigen „Åbo Underrättelser“ aus Finnland, daß in Åbo wilde Gerüchte über lebensgefährliche Spinnen in Yuccapalmen umliefen. Viele Leute waren angeblich so verängstigt, daß sie ihre Palmen nach draußen gestellt hatten, wo sie erfroren.

„So lautet die neueste Version der Geschichte in Kurzform: Eine Familie hatte eine Yuccapalme aus dem Ausland ins Land geschmmuggelt und sie ins Wohnzimmer gestellt. Eines Tages zerspringt der Stamm mit einem mächtigen Knall, und als die Hausfrau nachsieht, glotzen ihr aus dem Riß im Stamm zwei Augen entgegen. Später sind es sogar zwei Augenpaare.“

Als die Zeitung den Gärtnermeister der Gewächshäuser an der Universität um eine Stellungnahme bittet, erzählt er, daß die Leute während der vergangenen drei Tage wie verrückt angerufen hätten. Aber niemand habe ihm eine einzige spinnenbefallene Palme zeigen können. Er weist auch darauf hin, daß von einem „Palmenschmuggel“ keine Rede sein könne, da das Einführen nicht verboten sei.

Nur eine Woche, nachdem ich von meiner finnischen Kollegin, der Volkskundlerin Gun Herranen, den Zeitungsausschnitt aus den „Åbo Underrättelser“ zugeschickt bekommen hatte, kam mir eine Version der Sage aus dem schwedischen Västerbotten zu Ohren. In einem Brief vom 15. März 1984 berichtete Rolf Bengtsson, Postangestellter aus Skellefteå:

„Eine Frau in Skellefteå hatte eine Yuccapalme gekauft. Als sie sie zuhause in der Küche abstellte, kam es ihr vor, als wenn sich die Palme bewegte. Sie dachte sich, daß die Pflanze vielleicht zu trocken sei, deshalb goß sie sie, aber sie bewegte sich trotzdem.

Sie goß die Pflanze noch einmal. Da bewegte sich die Palme zur anderen Seite. Daraufhin rief die Frau bei dem Blumengeschäft in Skellefteå an, wo sie die Pflanze gekauft hatte. Der Geschäftsinhaber sagte ihr, daß sie sofort die Tür zur Küche verschließen solle, denn er wußte gleich, daß sich in dem Blumentopf eine Giftspinne verborgen hielt. Und zwar keine gewöhnliche Giftspinne, sondern eine mächtig gefährliche.

„Wir kommen sofort", sagte der Geschäftsinhaber. Die Geschichte endete damit, daß ein Mann in einem Anzug kam, der wie ein Raumfahreranzug aussah, um die Spinne unschädlich zu machen."

Vergleichen wir die vier Versionen der Sage, die hier wiedergegeben sind, so stellen wir fest, daß sie sich in einigen Punkten voneinander unterscheiden. Die Geschichte aus der „Göteborgs-Posten" vom Sommer 1983 und die Gerüchte in Åbo im Frühjahr 1984 haben auffallende Ähnlichkeit miteinander.

In beiden Fällen zerspringt der Palmenstamm mit einem Knall, woraufhin die Spinne zum Vorschein kommt. Die Åboer Sage erfährt eine dramatische Zuspitzung, die ans Parodistische grenzt, wenn von den zwei Spinnenaugen berichtet wird, die der Frau aus dem Riß im Stamm entgegenstarren. Auch zwischen den Erzählungen aus Stockholm und Skellefteå gibt es einen klaren Zusammenhang. Hier werden die Ahnungen der Frau geweckt, als sie ihre Yuccapalme gießt und sich die Palme bzw. die Blumenerde zu bewegen beginnt. Sie nimmt Kontakt mit dem Geschäft auf, das die Pflanze verkauft hat, und in beiden Fällen zeigt sich, daß ihre Sorge berechtigt gewesen ist – das Geschäft schickt sofort Männer in raumfahrerähnlichen Schutzanzügen, die die Spinne unschädlich machen sollen. Diese beiden Erzählungen repräsentieren offenbar eine jüngere Version der Sage.

War es der Artikel in „Göteborgs-Posten", mit dem alles begann? Nein, die Geschichte war vermutlich bereits mehrere Jahre im Umlauf gewesen, bevor sie gedruckt wurde. Bereits 1975, als ich in mehreren Tageszeitungen nach modernen Sagen forschte, fand ich eine Geschichte von einer Giftspinne in einer südländischen Topfpflanze. In einem Brief, der am 28. September 1975 in der Zeitung „Expressen" abgedruckt war, berichtete P.O. Lindberg aus Spånga:

„Ein Mann und eine Frau waren im Ausland gewesen und hatten dort einen kleinen Kaktus in einem Topf gekauft, den sie mit nach Schweden nahmen. Einige Monate nach der Rückkehr wachte die Frau davon auf, daß etwas geräuschvoll zu Boden fiel. Es war der Topf mit dem Kaktus. Wo er gestanden hatte, saß nun eine Spinne. Die Frau bekam panische Angst und weckte ihren Mann. Beide sprangen auf und verließen fluchtartig das Zimmer. Dann riefen sie die Polizei an und verlangten, man solle eine Funkstreife vorbeischicken. Weil aber gerade kein Wagen zur

Verfügung stand, gab ihnen die Polizei den Rat, die Spinne in einer Kaffeedose oder etwas ähnlichem einzufangen und die Dose gut zu verschließen.

Das Ehepaar öffnete eine Dose Kaffee und schüttete den Inhalt aus, weil sie eine leere Dose brauchten. Dann gingen sie mit weichen Knien zurück ins Schlafzimmer, wo es ihnen gelang, die Spinne einzufangen. Über die Dosenöffnung legten sie ein Stück Papier. Dann rief der Mann wieder bei der Polizei an, um zu fragen, was sie mit der Dose machen sollten. Während er telefonierte, begann die Frau zu schreien. Die Spinne hatte begonnen, sich durch das Papier hindurchzufressen.

Später kam die Polizei, holte die Dose ab und brachte sie zur Untersuchung in ein Institut. Es zeigte sich, daß es sich um eine Spinne handelte, die ihr Gift bis zu drei Meter weit spritzen konnte und deren Gift für Menschen bei bloßem Hautkontakt tödlich war. Außerdem konnte sie sich durch jedes Material hindurchfressen, mit Ausnahme von Stahl. Vermutlich hatte sie unten in dem Blumentopf gelegen, bis sie ausgewachsen war, um dann nach draußen zu kriechen.“

Der Inhalt ist hier im Grunde derselbe wie in den jüngeren Versionen: Eine Frau entdeckt zu ihrem Entsetzen, daß ihre südländische Topfpflanze eine gefährliche Giftspinne enthält. Sie holt Hilfe, und die Gefahr kann beseitigt werden. Aber die Geschichte von dem Kaktus enthält eine Menge realistischer Details, die zu verschwinden pflegen, wenn eine Geschichte erst eine Zeitlang von Mund zu Mund gegangen ist. Ein Beispiel dafür ist, daß die Polizei keinen Streifenwagen zur Verfügung hat, als der Spinnenalarm kommt, daß in der ganzen Wohnung keine leere Dose aufzutreiben ist, sondern daß der Mann und seine Frau eine Kaffeedose öffnen und ausleeren müssen, und daß sie ein Stück Papier über die Dosenöffnung lesen, das die Spinne anzufressen beginnt, während der Mann zum zweiten Mal die Polizei anruft. Alle diese Details gehören eher in die Realität als in die Welt der Sage. Das einzige richtig sagenhafte Element ist die verblüffende Auskunft über die Leistungsfähigkeit der Spinne: Sie kann ihr Gift drei Meter weit spritzen und sich durch jedes Material hindurchfressen, mit Ausnahme von Stahl. P.O. Lindbergs Version erscheint also um einiges realistischer als die späteren Berichte von Spinnen in Yuccapalmen. Aber so lange, wie die Geschichte von einem ganz gewöhnlichen Kaktus handelte, wurde sie nicht richtig populär. Erst als ein Erzähler sie stattdessen von einer Yuccapalme handeln ließ, bekam sie Auftrieb und löste regelrechte Wellen von Gerüchten aus. Um die Bedeutung der Yuccapalme in diesem Zusammenhang verstehen zu können, müssen wir die Pflanze näher betrachten.

Die Yuccapalme ist schon lange bekannt, aber erst in den 70er Jahren erreichte sie als Zierpflanze den Durchbruch auf dem schwedischen Markt. Innerhalb kurzer Zeit wurde sie zu einer der beliebtesten Topfpflanzen. Das ist nicht schwer zu verstehen: Mit ihrem kräftigen, schuppigen, abgesägten Stamm, an dessen oberem Ende sich eine Krone schmaler spitzer Blätter nach allen Seiten ausbreitet, ist sie sehr dekorativ. Die Yuccapalme wird aus Zentralamerika importiert, und zwar in zersägten Stücken, die zwischen 20 cm und über einen Meter lang sein können, wobei die Schnittflächen eingewachst werden. Dieser Teilstamm wird in einen Blumentopf gestellt und schlägt in der Erde schnell Wurzeln. In ihren Herkunftsländern wächst die Yuccapalme wild, und trotz ihres Namens ist sie keine Palme, sondern ein Liliengewächs; mit einem anderen Namen heißt sie auch Palmenlilie.

Die naheliegendste Erklärung für die rasche Verbreitung der Sage scheint die zu sein, daß die Yuccapalme unter den Topfpflanzen etwas Neues und Fremdartiges repräsentiert. Plötzlich gab es sie in vielen tausend schwedischen Haushalten, prachtvoll und exotisch mit ihrem palmenähnlichen Stamm und ihrem eigentümlichen Namen. Wenn irgendein Gewächs giftiges Ungeziefer beherbergte, dann war sie es. Im Unterschied zu anderen Topfpflanzen hat sie einen ungewöhnlich kräftigen Stamm, über dessen Beschaffenheit man nicht viel wußte. Ist er massiv oder womöglich hohl?

Eine eher spekulative Deutung ist die, daß die Sage von der Spinne in der Yuccapalme eine sexuelle Symbolik besitzt. Wir können festhalten, daß der nackte runde Stamm der Yuccapalme, so, wie er sich aus dem Topf erhebt, eine ausgeprägt phallische Form hat. Dazu kommt, daß der Name der Pflanze im Schwedischen an Sexuelles denken läßt: „Jucka" zeichnet in der schwedischen Umgangssprache die Körperbewegungen beim Geschlechtsverkehr. Die Hauptperson der Sagen ist immer eine Frau, was ja selbstverständlich zu sein scheint, denkt man daran, daß die Pflege von Topfpflanzen meist Frauensache ist.

Eine Erklärung für die explosionsartige Verbreitung der Sage von der Yuccapalme könnte also die sein, daß die phallische Form der Topfpflanze unterbewußte Assoziationen und Gefühle geweckt hätte, die niemals bewußt formuliert worden sind. In der Sage ist die offensichtliche Angst der Frau vor unangenehmen Insekten mit ihrer eher latent vorhandenen Furcht vor der männlichen Sexualität in Verbindung gebracht worden. Die Palme und ihre verborgene Spinne (die in einer Version ihr Gift ejakulationsartig verspritzt!) stellen etwas zugleich Verlockendes und Furchterregendes dar, etwas, das zum Untergang führen kann, wenn man es nicht unter Kontrolle bekommt.

77
Der herrenlose Hund

EIN EHEPAAR fuhr im Sommer 1985 nach Thailand in die Ferien. Bei einem gemütlichen Stadtbummel lief ihnen ein kleiner Hund zu, der nicht mehr von ihrer Seite wich, und den sie mit Resten aus ihrem Lunchpaket fütterten. Weil er so zutraulich war, beschlossen sie beide, ihn mit ins Hotelzimmer zu schmuggeln. Sie fütterten das Tier regelmäßig und begannen, es liebzugewinnen. Als der Abreisetermin näher kam, beschlossen sie, das niedliche Tier mit nach Deutschland zu nehmen – im Handgepäck und ohne jede Impfung. Da das Tier nie bellte und brav war, sahen sie keine Komplikationen auf sich zukommen. Und so landeten sie sonntags wieder in Deutschland, ohne daß jemand das Tier bemerkte. Doch da stellte sich ihnen ein neues Problem, weil auf sie zu Hause ihre Katze wartete. Doch Hund und Katze verliebten sich auf den ersten Blick und fraßen sogar aus einem Napf. So war diese Sorge auch aus der Welt geschafft.

Beide gingen also fröhlich und zufrieden am Montag zur Arbeit und freuten sich auf den gemütlichen Abend mit ihren beiden Haustieren. Doch als sie abends die Tür zu ihrer Wohnung aufschlossen, lag vor ihnen auf dem Teppich das blank abgenagte Skelett ihrer Katze. Sie beschlossen sofort, mit dem Hund zum Tierarzt zu gehen, der das Tier gründlich untersuchte und feststellte, daß es gesund sei. Jedoch fragte er das Ehepaar, wo sie das Tier gekauft hätten. Da die beiden sich klar waren über eine Strafe für illegale Tiereinfuhr, antworteten sie, sie hätten den Hund in einer Zoohandlung gekauft. Doch der Arzt ließ nicht locker und drohte sogar mit der Polizei. Nach einiger Zeit gab das Ehepaar zu, daß sie das Tier aus Thailand mitgebracht hätten. Der Arzt nickte zufrieden und erklärte daraufhin, daß sie nicht einen Hund, sondern eine thailändische Riesenratte mitgebracht hätten. Die beiden waren entsetzt und

verstört und erinnerten sich mit Grausen an das Schmusen mit dem „liebgewonnenen Hündchen". Der Arzt schläferte daraufhin das Tier sofort ein.

Diese Geschichte wurde im April 1986 von Helmut Fischer in seinem Familienkreis in Köln aufgezeichnet. Es war seine 22jährige Schwester, die sie im März 1986 von einer Kommilitonin gehört hatte. Diese hatte die Geschichte im Oktober 1985 in ihrem Heimatort Duisburg von einem befreundeten Ehepaar gehört, das behauptete, sie aus erster Hand, nämlich von den Protagonisten persönlich, erfahren zu haben. Ich habe sie Helmut Fischers Artikel „Der Rattenhund" (Fischer 1987) entnommen, der insgesamt 25 unterschiedliche Versionen der Geschichte enthält, die er alle mit nur einer Ausnahme im Rhein-Ruhr-Gebiet mit dem Schwerpunkt der Städte Düsseldorf und Essen gesammelt hat.

Im Sommer 1985 machte dieselbe Geschichte in Schweden die Runde, nachdem eine junge Radiomoderatorin sie zwischen zwei Musiktiteln in einem Radioprogramm wiedergegeben hatte. Hier sind die Hauptpersonen die Mitglieder einer schwedischen Familie, die in Spanien Urlaub macht, und der kleine herrenlose Hund, den sie mit nach Hause schmuggeln, entpuppt sich als eine große Kanalratte. Am 14. September 1985 widmete die größte schwedischsprachige Zeitung in Finnland, „Hufvudstadsbladet", der Geschichte einen ausführlichen Artikel *(Das Geheimnis des seltsamen Dakkels ...)*. Alle europäischen Versionen gehen wahrscheinlich letzten Endes auf eine Geschichte zurück, die im Herbst 1983 und im Frühjahr 1984 in den USA umlief. Sie erzählt von einer Touristin, die aus dem Urlaub in Mexiko eine mexikanische Kanalratte mitbringt, in dem Glauben, es sei ein kleiner Hund. Die Geschichte stellte den Titel für Jan Harold Brunvands drittes Buch über moderne Sagen, „The Mexican pet" (1986).

Der Gedanke, daß ein kleiner herrenloser Hund, der die allgemeine Zuneigung auf sich zieht, sich als eine riesige Ratte entpuppt, ist offensichtlich so faszinierend gewesen, daß die Leute die Geschichte trotz ihrer offenkundigen Ungereimtheit ernst genommen haben. Sie trägt alle Kennzeichen der ethnozentrischen Wandersage. Die hundeähnliche Ratte ist nur ein weiteres Glied in der Kette widerwärtiger und gefährlicher Tiere, die aus primitiven südlichen Ländern in unser urbanes Milieu hineingeschmuggelt werden und unsere Sicherheit unterminieren. Die Person, die die wahren Verhältnisse aufdeckt, ist wie so oft ein Repräsentant der Wissenschaft, in diesem Fall ein Tierarzt.

Es liegt nahe, eine tiefere symbolische Bedeutung in die Geschichte hineinzulesen, besonders in ihre amerikanische Version. Wenn man bedenkt, daß jede Nacht verarmte Lateinamerikaner versuchen, via Mexiko illegal in die USA zu gelangen, indem sie den Grenzfluß Rio Grande durchschwimmen, so kann man sich fragen, ob die Geschichte von Tieren oder von Menschen handelt. Sollte letzteres der Fall sein, dann ist die Botschaft gelinde gesagt reaktionär: Wir dürfen nicht zulassen, daß sich die armen Südländer bei uns einschmeicheln, denn wenn sie unser Territorium betreten, werden sie lebensgefährlich!

Lit.: Brunvand 1986, 21–23; Fischer 1987.

78
Das Heroinbaby

AUF EINEM INTERNATIONALEN FLUGHAFEN ist gerade ein Flugzeug gelandet. Unter den Passagieren befindet sich eine türkische Frau mit vielen Kindern. Das jüngste trägt sie, eingehüllt in eine Decke, auf dem Arm. Offensichtlich kommt sie gerade von einem Besuch in ihrem Heimatland zurück. Nachdem der Zoll alle Familienmitglieder gezählt und sämtliche Papiere kontrolliert hat, müssen die Frau und das Kind an der Sperre warten und werden einer Kontrolle unterzogen. Bei der Untersuchung zeigt sich, daß das kleine Kind tot ist. Und nicht genug damit, man hat ihm die Eingeweide herausgenommen und den Leichnam mit Heroin gefüllt!

Ein Student aus Johanneshov, einem südlichen Vorort von Stockholm, schickte diese makabere Geschichte im November 1985 als Beitrag zu dem Radioprogramm „Folkloristischer Briefkasten". Im Laufe des Herbstes hatte er von Bekannten, die beruflich viel mit dem Flugzeug unterwegs sind, zwei unterschiedliche Versionen zu hören bekommen. Im einen Fall sollte sich das Ereignis auf dem Flugplatz Schiphol in Holland zugetragen haben, im anderen auf Arlanda bei Stockholm.

Was die Geschichte so gefährlich macht, ist die Tatsache, daß hier zwei voneinander völlig unabhängige Dinge miteinander in Verbindung gebracht werden. Zum einen geht es um den internationalen Drogenhandel, bei dem sich die Schmuggler immer raffiniertere Verstecke ausdenken: Die Drogen werden in den Mastdarm gestopft, Schmugglerinnen transportieren sie in der Vagina, ja, in den Zeitungen ist sogar berichtet worden, daß es Schmuggler gibt, die drogengefüllte Kondome verschlucken, die sie wieder ausscheiden, nachdem sie den Zoll passiert haben.

Zum anderen ist der Flüchtlingsstrom aus den vom Krieg betroffenen Ländern in Kleinasien kräftig angestiegen. Im Unterschied zu den Schmugglern handelt es sich bei Flüchtlingen meist um vollständige Familien mit Eltern und Kindern. Ausländerfeindliche Europäer, denen die Geschichte vom

Heroinbaby zu Ohren kommt, können sie als Argument gegen den Zuzug weiterer Ausländer anführen: Die benutzen ja sogar ihre eigenen Kinder als Verstecke für den Drogenschmuggel!

In Wirklichkeit handelte die Sage gar nicht von Asylanten, als sie aufkam, das ist nur eine spätere Hinzufügung. Mein Kollege, der Volkskundler Ulf Palmenfeldt, hat mir erzählt, daß er sie um 1980 herum zum ersten Mal gehört habe. In seiner Version ist der Schmuggler ein als Nonne verkleideter Mann. Als er mit einem scheinbar schlafenden Baby auf dem Arm die Zollkontrolle passiert, schöpfen die Grenzer Verdacht und untersuchen ihn. Es zeigt sich, daß sich hinter dem Nonnenschleier ein junger Mann verbirgt, und daß das Kind tot und mit Drogen gefüllt ist.

In den meisten Versionen der Sage ist der Schmuggler auch heute noch von unbekannter Staatszugehörigkeit. Eine Volkskundestudentin aus Sigtuna, Gunnel Svedberg, berichtete im Februar 1986, daß ihre 21jährige Tochter sehr aufgebracht nach Hause gekommen sei und eine Geschichte erzählt habe, die sie von einer Freundin, die auf dem Flughafen Arlanda in einem Tax free-Shop arbeitet, gehört hatte. Einer Stewardeß in einem Flugzeug der Linie SAS war aufgefallen, daß ein kleines Kind stundenlang in einem Babykorb lag und schlief, ohne auch nur das geringste Lebenszeichen von sich zu geben. Die Mutter saß daneben und las, ohne sich in irgendeiner Weise um das Kind zu kümmern. Die Stewardeß bekam die böse Ahnung, daß da etwas faul sein müsse, und als sie sich zu der Frau hinunterbeugte, um ihr einen Kaffee zu servieren, verschüttete sie absichtlich einige Tropfen heißen Kaffees auf das Kind. Keine Reaktion. Sie informierte die Zollbeamten in Arlanda, und die stellten fest, daß das Baby tot und mit Drogen vollgestopft war.

Derselben Version bedient sich die schwedische Drogenpolizei bei ihrer Aufklärung von Jugendlichen. Die Quelle dieser Geschichte bildet ein Artikel in der englischen Zeitung „Le Monde – The Guardian Weekly", in welchem ein Chefsteward während eines Fluges von Bogota nach Frankfurt Kaffee auf die Wange des toten Säuglings schüttet. Die Geschichte ist sogar in einem Informationsfilm über den Kokainschmuggel von Kolumbien in die westliche Welt dramatisiert worden, nämlich in Cousteaus „Schneesturm über dem Djungel". Ein Polizist, der diese Geschichte in Schulen zu berichten pflegt, hat mir gesagt, er sei sehr wohl der Meinung, daß das Geschilderte wahr sein könne. Es gebe viele vergleichbare Beispiele, die zeigten, daß die Schmuggler nicht einmal vor den unmenschlichsten Methoden zurückschreckten.

Schmuggelei mit Hilfe von Leichen (meist in Leichenkisten) ist ein altes Motiv in der Literatur. Es ist kürzlich von P.C. Jersild in einer Form verwendet worden, die gewisse Ähnlichkeiten mit der Sage vom Heroinbaby hat. In seinem Schauspiel „Lit de parade", geschrieben im Sommer 1982 und uraufgeführt im Stockholmer Königlichen Dramatischen Theater im Dezember 1983, kommt ein Obduzent an einem großen Krankenhaus vor, der mit einer internationalen Gangsterbande zusammenarbeitet. Er bekommt den Auftrag, 1,2 Millionen Dollar in Scheinen im Bauch eines toten Türken zu verstauen, der per Flugzeug in sein Heimatland transportiert werden soll. Der Gangster, der ihm das Geld übergibt, klärt ihn darüber auf, daß „Mumien in Richtung Süden“ für den Geld- und Edelsteinschmuggel verwendet werden. „Mumien in Richtung Norden“, also Schweden, die im Ausland gestorben sind, enthielten Drogen, wenn ihre Leichname eingeflogen würden. Im Stück kommt es zu einer Verwechslung, so daß der tote Türke und alle Geldscheine in einem Krematorium zu Asche verbrennen. P.C. Jersild hat mir brieflich mitgeteilt, er könne sich nicht erinnern, die Geschichte vom Heroinbaby gehört zu haben. Die Idee mit dem toten Türken, der für den Schmuggelhandel mißbraucht wird, ist seines Wissens seine eigene.

79
Der abgetrennte Arm

DAS FOLGENDE SOLL SICH IN LUND, in einem Wohnheim für Medizinstudenten, zugetragen haben. Dort wohnte ein Mädchen, das sehr kühl und selbstsicher war. Auf demselben Flur wohnten zwei Jungen, die mit allen Mitteln versuchten, sie für sich zu interessieren, aber das Mädchen nahm überhaupt keine Notiz von ihnen.

Die beiden Jungen kamen auf die Idee, daß sie dem Mädchen mal einen Schrecken einjagen sollten. Bei einer Obduktion ließen sie einen abgetrennten Arm mitgehen und hängten ihn im Zimmer des Mädchens über dem Lichtschalter auf. Dann warteten sie im Speisesaal auf den Schreckensschrei, den das Mädchen ausstoßen würde, wenn sie nach Hause käme. Sie sahen sie das Zimmer betreten, hörten aber keinen Schrei, und das Mädchen erschien auch zum Abendessen nicht im Speisesaal. Sie dachten nicht viel darüber nach, sondern warteten bis zum nächsten Tag. Aber sie kam den ganzen Tag nicht aus ihrem Zimmer.

Als sie sich auch am dritten Tag nicht sehen ließ, dachten die beiden: Es ist wohl besser, wenn wir mal zu ihr ins Zimmer gehen und nachsehen, was passiert ist. Als sie den Raum betraten, saß sie mit weit aufgerissenen Augen zusammengekauert im Bett und nagte an dem Arm. Vor Schreck war sie wahnsinnig geworden.

Diese Geschichte nahm ich 1974 auf. Die Erzählerin war Karin Borgkvist, eine Volkskundestudentin aus Stockholm. Es handelt sich um eine klassische Horrorgeschichte, die um 1920 sowohl in Europa als auch in den USA bekannt war. Der abgetrennte Körperteil kann auch eine Hand oder ein Bein sein. In einigen Versionen wird der Leichenteil nicht über dem Lichtschalter,

sondern im Bett des Mädchens plaziert. In den USA heißt es häufig, das schwarze Haar des Mädchens sei vor Schreck ganz weiß geworden.

In den USA gibt es auch eine Version, in der einige Medizinstudenten sich einen Scherz mit einem Kontrolleur erlauben, der Brückengelder von Autofahrern einzieht. Durch das Autofenster strecken sie einen abgeschnittenen Arm nach draußen, zwischen dessen Finger sie eine Münze geschoben haben. Als der Kontrolleur die Münze entgegennehmen will, fahren sie im Blitzstart ab und lassen ihn mit dem abgetrennten Arm zurück. Der Kontrolleur stirbt vor Schreck.

„Der abgetrennte Arm" gehört zu der Kategorie von Horrorgeschichten, die sich Jugendliche bei späten nächtlichen Treffen erzählen. Auch an Schwesternschulen und unter Medizinern sind sie für gewöhnlich wohlbekannt. Ihre Funktion besteht nicht nur darin, ihren Zuhörern das Blut in den Adern gefrieren zu lassen, sie zeigen auch auf, daß gewisse Scherze tödliche Folgen haben können.

Lit.: Baughman 1945 a; Barnes 1966, 305–307; Dundes 1971, 31–33; Walfridson 1986.

80
Wiedersehen im Obduktionssaal

ZU BEGINN UNSERES JAHRHUNDERTS war es üblich, daß junge Männer, die an der Universität studierten, ein Verhältnis mit einem Mädchen aus einer der niedrigeren Gesellschaftsschichten hatten, etwa mit einer Kellnerin oder einer Verkäuferin. Nach Beendigung des Studiums, wenn sie eine Familie gründen konnten, verließen sie das Mädchen und heirateten eine junge Frau aus ihrer eigenen Klasse, die selbstverständlich Jungfrau war.

Als mein Großvater Medizin studierte, hatte einer seiner Studienkollegen ein Verhältnis mit einem Mädchen, das Verkäuferin in einem Zigarettenkiosk war. Sie muß ihn wirklich geliebt haben, denn als er Schluß machte, ging sie in den Nybrovik und ertränkte sich. Vielleicht war sie auch schwanger, daran erinnere ich mich nicht so genau.

Der junge Anwärter der Medizin wußte nichts vom Selbstmord seiner Geliebten, als er einige Tage später eine Obduktion durchführen sollte. Die Leiche war zugedeckt, als sie in den Obduktionssaal geschoben wurde. Umgeben von seinen Studienkollegen und dem Professor hob er das Laken. Die anderen sahen, daß er kreidebleich wurde. Dann bat er darum, die Obduktion nicht durchführen zu müssen, und entschuldigte sich mit plötzlicher Übelkeit.

Aber mein Großvater, der dabei war, hatte die Leiche auf dem Wagen wiedererkannt. Es war die tote Geliebte seines Freundes.

Als ich in den 50er Jahren das Gymnasium „Norra Latin" in Stockholm besuchte, hatte ich einen Schulkameraden (heute ist er Jurist in Brüssel), der diese Geschichte erzählte. Er hatte sie von seinem Vater gehört. Möglicherweise habe ich mich bei dem Versuch, sie zu rekonstruieren, nicht an alle Einzelheiten ganz richtig erinnert.

Die unzeitgemäße Art der Intrige mag befremdlich wirken. Sie könnte sich in einer der Novellen Maupassants oder eines anderen Sittenschilderers des ausgehenden 19. Jahrhunderts wiederfinden. Dennoch hat die Sage viele Parallelen zu unserer Zeit. Laut Jan Harold Brunvand ist die Geschichte, in der ein junger Mediziner einen nahen Bekannten auf dem Obduktionstisch vorfindet, eine der gängigsten in der Vielzahl makabrer Geschichten, die im ärztlichen Milieu spielen (eine andere ist „Der abgetrennte Arm").

Paul Smith gibt in seinem „The book of nasty legends" ein englisches Beispiel. Bei den Obduktionen, die einen Teil der ärztlichen Ausbildung ausmachen, sei es Sitte, daß man mit den Füßen beginne und sich zum Kopf vorarbeite, schreibt Smith. Jede Woche obduziert der Student einen anderen Körperteil, von den vergleichsweise einfachen Gebieten schreitet er zu den komplizierteren fort. Alle noch nicht obduzierten Körperteile sind von einem Tuch bedeckt, und während der Übungsstunden wird der Leichnam in einem Kühlhaus verwahrt. Ein Medizinstudent entdeckte in der letzten Stunde, daß die Leiche, die dem Kurs wochenlang als Versuchsobjekt gedient hatte, sein kürzlich verstorbener Onkel war.

Die berühmteste der Sagen zum Thema „Wiedersehen im Obduktionssaal" stammt aus der englischen Literaturgeschichte. Zur Zeit des Schriftstellers Laurence Sterne – er lebte im 18. Jahrhundert – gab es jene lichtscheuen Indiviuen, die sich dadurch ein Zubrot verdienten, daß sie auf den Friedhöfen frisch begrabene Leichen ausbuddelten und sie an Professoren der Medizin verkauften, die sie für ihren anatomischen Anschauungsunterricht benötigten. Dieses Schicksal ereilte der Sage nach auch Laurence Sternes sterbliche Überreste. Der Professor hatte einige Bekannte aus London zu der Vorführung eingeladen, unter ihnen auch einen engen Freund des toten Schriftstellers. Beim Anblick Sternes fiel er in Ohnmacht.

Lit.: Smith 1983, 47; Brunvand 1984, 99–102.

81
Und ewig leuchtet die Glühbirne

EIN JUNGER, FRISCH VERHEIRATETER ENGLÄNDER KAUFTE eine Glühbirne und setzte sie in der Küchenlampe ein. Fünfzig Jahre später, als er und seine Frau Goldene Hochzeit feierten, brannte die Birne noch immer. Der Mann schrieb einen Brief an den Glühbirnenhersteller und berichtete von der merkwürdigen Birne, die so lange gehalten hatte.

Er bekam ein Antwortschreiben, in dem stand, daß die Firma die Glühbirne gerne für ihre Sammlung erwerben wolle. Sie bot dem Mann 1000 Pfund dafür.

Das machte den Mann mißtrauisch. 1000 Pfund für eine Glühbirne war ein bißchen viel, fand er, auch wenn sie sich als ungewöhnlich haltbar erwiesen hatte. Da er nicht in Geldnot war, antwortete er, daß er seine Glühbirne lieber behalten wolle. Nachdem sie ihm ein halbes Jahrhundert so gute Dienste geleistet hatte, wäre es ungerecht, wenn er sie nun weggeben würde, schrieb er.

Einige Wochen später wurde er mitten in der Nacht durch ein Rumoren in der Küche geweckt. Er rannte hin und traf dort einen Dieb an, der auf einen Küchenstuhl geklettert war und unter der Küchenlampe stand, offensichtlich in der Absicht, die Glühbirne herauszuschrauben. Der Dieb entfloh durchs Küchenfenster, und der Mann verwahrte die Glühbirne von nun an bei seinen Wertsachen.

Durch das Ereignis war seine Neugier nun vollends erweckt. Gemeinsam mit einem Freund, der Jurist war, startete er Nachforschungen auf eigene Faust. So kam heraus, daß die Glühlampenfirma fünfzig Jahre zuvor ein Patent für eine ewige Glühbirne

gekauft hatte. Einige Probeexemplare waren hergestellt und getestet worden und hatten sich als unbegrenzt haltbar erwiesen. Einem Mitarbeiter der Firma ging auf, daß die neue Erfindung rasch jede zukünftige Produktion überflüssig machen würde. Man vernichtete die Probeexemplare, aber irrtümlicherweise war ein Exemplar doch in eine normale Auslieferungsnummer mit hineingerutscht. Das war die Glühbirne, die der Mann zufällig gekauft hatte.

Ein Engländer aus Sheffield erzählte mir die Geschichte von der ewigen Glühbirne im Sommer 1982. Sie findet sich in Paul Smiths „The book of nasty legends" (Seite 67) in einer Form, die der obigen sehr ähnelt.

Verwandte Geschichten existieren auch von unglaublich benzinsparenden Autos. Eine Geschichte, die sowohl in England als auch in den USA kursierte, handelt von einem Autofahrer, der bemerkt, daß sein Auto pro Liter Benzin mehr als 100 Kilometer fährt. Er erzählt Freunden und Bekannten von seinem phantastischen Wagen, und das Gerücht erreicht auch den Hersteller, der anbietet, das Auto für eine gigantische Summe zurückzukaufen. Das Auto ist ein Testexemplar mit Spezialvergaser, das aufgrund des Drucks der großen Ölkonzerne nie serienmäßig produziert werden konnte. Das Testauto war jedoch irrtümlicherweise verkauft worden und so in den Besitz des Mannes gelangt.

Dieselbe Idee liegt dem Film „Der Mann im weißen Anzug" mit Alec Guinness in der Hauptrolle zugrunde. Der weiße Anzug ist aus einem unverwüstlichen Stoff hergestellt, und wenn diese Art Stoff in großem Umfang produziert worden wäre, hätte nach und nach eine Textilfabrik nach der anderen ihre Tore schließen können.

Man kann diese Sagen als einen Ausdruck des Mißtrauens der Bürger gegenüber der Geschäftsmoral der großen Konzerne interpretieren. Die Leute haben bemerkt, daß die Haltbarkeit vieler Waren im Laufe der Jahre immer weiter abgenommen hat, und haben daraus den völlig richtigen Schluß gezogen, daß die Produktion von Waren mit unbegrenzter Haltbarkeit für die großen Firmen gegen das Gesetz der wirtschaftlichen Rentabilität verstoßen würde. Für den Fall, daß irgendwelche Tüftler derartige Erfindungen machen, sorgen die Firmen dafür, daß sie niemals auf den Markt kommen.

82
Der neue Mikrowellenherd

EIN ARBEITSKOLLEGE erzählte von einem alten Mütterchen, das eine weiße Angorakatze hatte. Jedes Mal, wenn sie die Katze gebadet hatte, pflegte sie die Wäsche damit abzuschließen, daß sie die Katze für eine Weile in den Ofen setzte. Und zwar bei einer angemessen niedrigen Temperatur, versteht sich.

Als der alte Herd ausgedient hatte, taten sich ihre Kinder zusammen und kauften ihr zu Weihnachten einen neuen – einen Mikrowellenherd. Die alte Frau hatte nur eine sehr verworrene Vorstellung davon, was ein Mikrowellenherd war. Als sie die Katze wieder einmal gewaschen hatte, setzte sie sie aus alter Gewohnheit zum Trocknen in den Mikrowellenherd.

Als sie einige Minuten später die Ofentür öffnete, war die Katze explodiert.

Ein Bekannter, der in Nordamerika gewesen war, erzählte mir diese Geschichte nach seiner Rückkehr. Das war im Mai 1985. Fast zehn Jahre früher, im November 1975, hatte ich zum ersten Mal von einem Unfall in einem Mikrowellenherd gehört. Yvonne Persson, eine Volkskundestudentin aus Stockholm, berichtete, ihre zwölfjährige Tochter sei aus der Schule nach Hause gekommen und habe von einem kleinen Kind erzählt, das bei sich zu Hause in den neuen Mikrowellenherd gekrochen sei. Das Kind schmolz!

Es ist zu verstehen, daß die neuen Mikrowellenherde Anlaß zur Entstehung von Sagen gegeben haben. Die geheimnisvollen unsichtbaren Mikrowellen, die das Essen in Sekundenschnelle erwärmen, repräsentieren eine Technologie, die den meisten Menschen fremd ist. Wer weiß schon, welche Gefahren sie möglicherweise mit sich bringen? Die Sage vom explodierten Haustier (meist handelt es sich um eine Katze, manchmal auch um einen kleineren Hund) erfuhr in der zweiten Hälfte der 70er Jahre eine rasche Verbreitung in der westlichen Welt. Nach wie vor ist sie wohl in den USA am bekanntesten. Der Grund dafür, daß das Tier getrocknet werden muß, ist meistens der, daß Herrchen oder Frauchen es gebadet hat. In einigen Fällen ist es während eines Regenspaziergangs durchnäßt worden. Es ist auch eine Version im Umlauf, in der sich die halbwüchsige Tochter der Familie die Haare gewaschen hat und auf die Idee verfällt, zum Trocknen den Kopf in den Mikrowellenherd zu stecken. Auch diese Geschichte endet natürlich mit einer Katastrophe.

Die Unsicherheit und die Unruhe gegenüber den gefährlichen Mikrowellen hat noch zu einer weiteren Sage Anlaß gegeben, die sich in einer Hotelküche abspielt. Einer der Köche wird krank und stirbt, und bei der Obduktion stellt sich heraus, daß seine Nieren mehrere Monate lang von den Wellen aus einem Mikrowellenherd mit undichter Tür verstrahlt worden sind, der in Hüfthöhe hinter seinem Rücken stand.

Lit.: Brunvand 1981, 62–65; Smith 1983, 64–65.

83 Es war kein Mikrowellenherd

EINE FRAU fuhr auf dem Åkersbergaweg in Richtung Norrtälje. Auf Höhe der Mülldeponie Brännbacken sah sie einen Gegenstand, der am Straßenrand lag und dort vergammelte. Er sah aus wie ein Mikrowellenherd, und die Frau ärgerte sich über die Respektlosigkeit, mit der die junge Generation Gegenstände von Wert einfach wegwirft. Sie hielt an, lud den Herd in den Kofferraum ihres Wagens und fuhr weiter.

Einige Minuten später hörte sie, daß ihr ein Polizeiauto folgte. Ein Polizist bedeutete ihr, anzuhalten. Die Frau kurbelte die Scheibe herunter und sagte ängstlich: „Ich bin doch aber nicht zu schnell gefahren."

„Nein, das nicht", antwortete der Polizist. „Aber unser Radargerät haben Sie mitgenommen."

Sie ließ den Polizeiradar mitgehen lautete die Schlagzeile zu dieser Geschichte, als sie am 6. September 1985 in der Zeitung „Aftonbladet" zu lesen war. In den folgenden Wochen tauchte sie in einigen Lokalzeitungen erneut auf. Dort war sie in anderen Landesteilen angesiedelt.

Es gibt mehrere mögliche Erklärungen dafür, daß eine Geschichte wie diese zu einer Wandersage wird, die von Mund zu Mund weitergegeben wird und von den Tageszeitungen als wahres Ereignis verkauft wird.

Eine Erklärung ist, daß die Geschichte von moderner Technologie handelt, über die die meisten Menschen nicht viel wissen. Natürlich hat jeder schon von Mikrowellenherden und drahtlosen Radargeräten gehört, aber die Kenntnis darüber, wie sie aussehen, ist nicht so groß, als daß der Zuhörer sich wundern würde, wie man sie miteinander verwechseln kann.

Eine andere Erklärung ist die, daß viele Schweden genau wie die Frau in unserer Geschichte auf die Ex-und-Hopp-Mentalität in unserer Konsumgesellschaft reagieren. Offensichtlich neue Haushaltsgeräte wie

Kühlschränke und Herde liegen häufig in Abfallcontainern oder an Straßenrändern herum. Es ist nicht schwer, sich mit der Frau zu identifizieren, die meint, daß es der Ofen wert sei, mitgenommen zu werden.

Eine dritte mögliche Erklärung ist die, daß die Geschichte als eine versteckte Kritik am modernen Überwachungsstaat gesehen werden kann, in dem die Polizei mit Hilfe von Fernsehkameras und Radargeräten die Bürger kontrolliert. Das Mißgeschick der Frau, den Polizeiradar ins Auto zu packen, wird, von dieser Perspektive aus betrachtet, zu einer symbolischen Handlung, die unserem Bedürfnis nach Freiheit Ausdruck verleiht.

84
Von den Russen verstrahlt

IM SPÄTSOMMER 1968 marschierten in Prag bekanntlich die Truppen der Warschauer Pakt-Staaten ein. Dubcek und die anderen tschechischen Führer wurden nach Moskau gebracht. Kurz darauf wurde das Gerücht verbreitet, Dubcek sei radioaktiv verstrahlt worden. Die Sowjets wollten ihn aus dem Weg schaffen, ohne daß er zum Märtyrer würde, und infolge der radiaktiven Verstrahlung werde er in einigen Jahren an Leukämie sterben.

Ungefähr ein Jahr später traf ich im Zug einen jungen tschechischen Studenten. Ich fragte ihn, ob er das Gerücht kenne. Er antwortete, daß es seiner Meinung nach so gut wie allen Leuten in Prag zu Ohren gekommen sei. Es verbreitete sich in einer Situation, wo eine schreckliche Ungewißheit über das Schicksal Dubceks herrschte. Der Student brachte viele der verzweifelten Aktionen, die während der Invasionszeit begangen wurden – so etwa Jugendliche, die sich vor rollende Panzer warfen, Jan Palach, der sich selbst verbrannte – in Verbindung mit dem Gerücht über das Schicksal, das den verehrten politischen Führer ereilt haben sollte.

So beschrieb ich meine eigene Begegnung mit dem Gerücht vor zehn Jahren in einem Artikel (af Klintberg 1976b, 283). Während ich dieses schreibe, lebt Dubcek noch immer, von den tschechischen Machthabern verstoßen und drangsaliert. Wir können also festhalten, daß das Gerücht unwahr gewesen ist. Aber als es zum ersten Mal an die Öffentlichkeit getragen wurde, nahmen es mehrere schwedische Zeitungen ernst und druckten es ab. Es ist ein typisches Beispiel für die Gerüchteflora, die in Krisensituationen aufblüht. Es spiegelt nicht nur die Besorgnis wider, die man Dubceks wegen spürte, sondern es soll auch Wut und Abscheu wecken, indem es zeigt, zu welchen Greueltaten der Gegner in der Lage ist.

85
Das gelähmte Mädchen

EIN BEI EINEM VERKEHRSUNFALL VERLETZTES MÄDCHEN lag im Krankenhaus von Danderyd, einem Stockholmer Vorort. Sie war querschnittsgelähmt und sehr deprimiert. Das Krankenhauspersonal erzählte ihr, daß sie nicht dazu verurteilt sei, von nun an nur noch unbeweglich dazuliegen, sondern daß es elektrische Rollstühle gebe, die man mit Hilfe ganz unauffälliger Mundbewegungen dirigieren könne. Aber es war unmöglich, sie dazu zu bewegen, den Gedanken an einen Rollstuhl zu akzeptieren. Plötzlich änderte sie ihre Einstellung. Nun wollte sie lernen, den elektrischen Rollstuhl zu bedienen. Sie übte unentwegt und die ganze Abteilung freute sich über ihren Eifer.

Eines Tages durfte sie zum ersten Mal allein auf den Wegen um das Krankenhaus von Danderyd herum spazierenfahren. Da fuhr sie geradewegs hinunter in den See, an dem das Krankenhaus liegt, und ertränkte sich.

Die Sage von dem querschnittsgelähmten Mädchen machte großen Eindruck auf mich, als ich sie im September 1984 zum ersten Mal hörte. Erzählt wurde sie mir von Angela Rundquist, einer Doktorandin der Volkskunde an der Stockholmer Universität, die selbst eine behinderte Tochter und Nichte hat und in der Rehabilitation behinderter Jugendlicher gearbeitet hat. Sie hatte die Sage drei, vier Jahre früher gehört. Ihr war auch eine im Südkrankenhaus in Stockholm angesiedelte Version zu Ohren gekommen. Dort ist es ein gelähmter, nach einem Unfall rückenmarkgeschädigter Junge, der mit seinem Rollstuhl ins nahegelegene Wasser fährt.

Die Sage ist also in mehr als einem Krankenhaus angesiedelt worden. Die einzige notwendige äußere Voraussetzung ist die, daß ein Gewässer in der Nähe sein muß. Angelas Tochter Alexandra hat noch eine weitere Version gehört. Das Ereignis soll sich vor einigen Jahren im Krankenhaus von Eskilstuna abgespielt haben:

Da war ein Mädchen, das verunglückt und vollständig gelähmt war. Und die tat alles, wirklich alles, um selbst Rollstuhlfahren zu lernen, und das erste, was sie tat, als sie zum ersten Mal allein draußen war, das war, in den Eskilstunafluß zu fahren. Und dabei starb sie dann."

Nach Angelas Auskunft gehört die Geschichte zu einem Repertoire von Erzählungen, die in Rehabilitationsheimen für rückenmarkgeschädigte Jugendliche kursieren. Sie hat den Eindruck gewonnen, daß sie den Jugendlichen häufig als eine Art Sicherheitsventil dienen, um mit ihren starken Gefühlen von Protest und Verzweiflung gegenüber ihrem Schicksal fertig zu werden. Es gibt auch zahlreiche Geschichten, die die „alten" Gelähmten den „jungen" Gelähmten erzählen, um ihnen zu zeigen, daß man trotz der Verletzung leben kann.

Das Motiv erscheint bereits 1950 in Ernst Brunners Roman „Känneru broran", dt. u.d.T. „Renders Hütte", 1988, S. 158 f. (Anm. d. Ü.)

Liebe Leser,

durch einen technischen Defekt ist die Seite 230 in dieser Ausgabe leider nicht gedruckt worden. Wir bitten Sie, die Seite selbst einzukleben.

(Selbstklebematerial. Rückseite anfeuchten)

„Da war ein Mädchen, das verunglückt und vollständig gelähmt war. Und die tat alles, wirklich alles, um selbst Rollstuhlfahren zu lernen, und das erste, was sie tat, als sie zum ersten Mal allein draußen war, das war, in den Eskilstunafluß zu fahren. Und dabei starb sie dann."

Nach Angelas Auskunft gehört die Geschichte zu einem Repertoire von Erzählungen, die in Rehabilitationsheimen für rückenmarkgeschädigte Jugendliche kursieren. Sie hat den Eindruck gewonnen, daß sie den Jugendlichen häufig als eine Art Sicherheitsventil dienen, um mit ihren starken Gefühlen von Protest und Verzweiflung gegenüber ihrem Schicksal fertig zu werden. Es gibt auch zahlreiche Geschichten, die die „alten" Gelähmten den „jungen" Gelähmten erzählen, um ihnen zu zeigen, daß man trotz der Verletzung leben kann.

Das Motiv erscheint bereits 1980 in Ernst Brunners Roman „Känneru brorsan?", dt. u.d.T. „Bruders Hüter", 1988, S. 138 f. (Anm. d. Ü.)

Liebe Leser,

durch einen technischen Defekt ist die Seite 230 in dieser Ausgabe leider nicht gedruckt worden. Wir bitten Sie, die Seite selbst einzukleben.

(Selbstklebematerial, Rückseite anfeuchten)

86
Victor Jaras Tod

ALS PINOCHETS MILITÄRJUNTA die Macht in Chile an sich riß, wurden sechstausend Anhänger des ermordeten Präsidenten Allende in das große Fußballstadion in Santiago verschleppt. Einer von ihnen war der berühmte Sänger Victor Jara. Ein Offizier der Junta erkannte ihn und hieb ihm an beiden Händen die Finger ab. Dann befahl er ihm, zu singen. Victor Jara hob seine blutigen Hände und stimmte den Siegesgesang der Unidad Popular an, und sechstausend Stimmen fielen in den Gesang ein. Das war zuviel für die Militärs: sie feuerten eine Salve auf Victor Jara ab, die seinem Leben ein Ende setzte.

Die Schilderung vom Tode Victor Jaras ist oft wiedergegeben worden, z.B. in der Zeitung „Expressen" am 3. August 1975.

Zweifellos wurde der chilenische Sänger von den Juntamitgliedern brutal ermordet, aber die heroische Szene, in der er seine verstümmelten Hände erhebt und seine Mitgefangenen beim Singen von „Venceremos" anführt, ist von einem Journalisten erfunden worden. Das hat auch Victor Jaras Witwe bestätigt. Man kann die enorme Bedeutung, die die Sage auf die Widerstandskraft und die Wut gegen die chilenische Diktatur gehabt hat, kaum hoch genug einschätzen. Zahlreiche Dichter und Liedermacher haben sie in Gedichtform gebracht. Zu ihnen zählt die puertoricanische Sängerin Estrella Artau. Der Text ihres Liedes heißt übersetzt: „Für dich, Victor, der du fortfuhrst zu singen und zu spielen, selbst, als sie dir die Finger abschnitten."

Lit.: af Klintberg 1976b, 284.

87
Der Millionär und der Kronleuchter

EIN ÄLTERER MANN, Angehöriger einer bekannten Millionärsfamilie aus Uppsala, fährt nach Stockholm und landet nach einiger Zeit in dem renommierten Kaufhaus „NK". Dort erkundigt er sich nach dem Preis eines Kronleuchters, der von der Decke hängt.

Der Verkäufer sieht sich den alten, recht einfach gekleideten Mann an und glaubt, daß er sowieso kein Geld habe, um den Kronleuchter zu kaufen. Obwohl der Mann insistiert und wiederholt nach dem Preis fragt, nimmt der Verkäufer keine Notiz von ihm.

Da nimmt der Alte seinen Stock, holt aus und schlägt den Kronleuchter kaputt. Dann sagt er: „Können Sie mir nun sagen, was der Kronleuchter kostet?"

Diese Geschichte hörte ich in Uppsala gegen Ende der 50er Jahre.

Die Erzählerin heißt Eva Sofia Engström aus Stockholm. Sie schickte mir die Geschichte, nachdem sie im November 1976 ein Radioprogramm über moderne Volkssagen gehört hatte. Ich habe den Eindruck, daß die Geschichte den meisten Schweden bekannt ist, aber der Name des exzentrischen alten Mannes variiert. Die Geschichte läßt sich offensichtlich mit vielen Personen in Verbindung bringen, die die drei notwendigen Voraussetzungen erfüllen: Gute finanzielle Verhältnisse, einfache Kleidung und ein aufbrausendes Temperament.

Ihre Popularität liegt wohl hauptsächlich darin begründet, daß sie einen weitverbreiteten Wunschtraum entwirft: Die Möglichkeit, seinen Gefühlen freien Lauf zu lassen, wenn man ungerecht behandelt wird. Die Mehrzahl von uns ist schon einmal an einen arroganten Verkäufer geraten, aber unser

Portemonnaie ist nicht so prall gefüllt, als daß wir es uns leisten könnten, wie der alte Mann zu reagieren. Aber die Geschichte scheint auch in dem betreffenden Kaufhaus bekannt zu sein. Eine meiner Bekannten, die als Verkäuferin bei „NK“ gearbeitet hat, berichtete mir, daß die Geschichte unter den Verkäufern als warnendes Beispiel dafür erzählt werde, daß man die Kunden nicht nach ihrer Kleidung beurteilen solle.

Bereits im 19. Jahrhundert existierte die Erzählung in verschiedenen Gegenden Schwedens. Sie findet sich z.B. in der Sammlung „Kleine gotländische Geschichten“, die 1870 von A. Th. Snöbohm herausgegeben wurde. Dort handelt sie von einem reichen gotländischen Bauern, zugleich auch Abgeordneter im schwedischen Parlament, der in Stockholm ein Geschäft betritt, um einen teuren Spiegel zu kaufen. Als der wichtigtuerische Verkäufer sich weigert, ihm Auskunft über den Preis zu geben, zerschlägt er den Spiegel mit den Worten: „Nun werde ich wohl endlich erfahren, was der Spiegel kostet!“ Dann bezahlt er den Spiegel und verläßt das Geschäft (Palmenfelt 1982, 139).

88
Der fliegende Schneeräumer

STOCKHOLM (NPS-AP). Ein Mann aus Borås lieferte kürzlich wieder einmal einen Beweis dafür, daß Intelligenz nicht gerade die hervorstechendste Eigenschaft unseres schwedischen Brudervolkes ist.

Alles begann damit, daß der Mann auf das Dach seines Hauses stieg, um es vom Schnee freizuschaufeln. Einige Minuten später flog er jedoch pfeilschnell in niedriger Höhe über den Dachfirst. Nach einer Bruchlandung in der Hecke seines Nachbarn berichtete der schwindlige Schwede, er habe, damit er nicht vom Dach herunterfallen könne, ein Seil um die Taille gebunden und dessen anderes Ende an der hinteren Stoßstange seines Wagens befestigt. Das hielt er für eine sichere Verankerung, denn sein Haus ist von dem neumodischen Typ ohne Schornstein.

Und alles wäre wohl auch glücklich verlaufen, hätte sich die nichtsahnende Frau des Schneeräumers nicht ins Auto gesetzt, um einkaufen zu fahren. Als das Auto anfuhr, wurde der hilflose Mann mit rasender Geschwindigkeit über den Dachfirst gezogen, flog elegant durch die Luft und landete in Nachbars Hecke.

Man kann sich gut vorstellen, daß der Artikel „Schwedischer Pechvogel" bei den Osloern, die ihn am 20. März 1982 in der norwegischen Zeitung „Verdens Gang" lesen konnten, zu großer Heiterkeit Anlaß gab. Der Kommentar wird sich automatisch ergeben haben: Natürlich kommt nur ein Schwede auf die Idee, seine Rettungsleine am Auto festzubinden, wenn er Schnee schaufelt!

Die tendenziöse Berichterstattung des norwegischen Journalisten ist ein Zeugnis unter vielen für ein folkloristisches Phänomen, das sieben Jahre zuvor begonnen hatte – übrigens ausgerechnet in „Verdens Gang" –, das des schwedisch-norwegischen Witzkrieges. Die norwegische Zeitung und „Expressen" in Stockholm publizierten im Mai 1975 einige Wochen lang

Witze, die Beispiele für die unglaubliche Dummheit des Nachbarvolkes bilden sollten. Die Witze waren zum größten Teil international bekannt, viele von ihnen waren früher in den USA über die Polen und in der Bundesrepublik über die Ostfriesen erzählt worden. Noch während ich dieses schreibe, rollt die Witzwelle zwischen Schweden und Norwegen weiter.

Die Zeitung in Stockholm, die „Verdens Gang" über die Nachrichtendienste zu der Schneeräumergeschichte verhalf, war die alte Widersacherin aus den Tagen des Witzkrieges, „Expressen". Einen Tag zuvor stand dort auf der letzten Seite „die wahre Geschichte, über die sich ganz Borås vor Lachen biegt".

Eine Untersuchung ausländischer Parallelen ergibt, daß die Erzählung zwischen Ende 1979 und Anfang 1980 durch die internationale Presse ging. Jan Harold Brunvand berichtet, daß sie am 6. Januar 1980 in der „Salt Lake Tribune" zu lesen war. Laut dieser Version ereignete sich die Geschichte in Kapstadt in Südafrika. Der Mann befand sich auf dem Dach seines Hauses, um die Fernsehantenne zu justieren. Im übrigen ist die Geschichte dieselbe: Er hat sich aus Sicherheitsgründen ein Seil um die Taille gebunden und das andere Ende an der hinteren Stoßstange seines Autos befestigt, was seine Frau nicht bemerkt, als sie ins Auto steigt und losfährt. Die Geschichte war vom Nachrichtendienst Reuter gemeldet worden (Brunvand 1981, 185).

Laut Brunvand wird die Geschichte in den USA oft in eine Rahmenhandlung eingefügt. Die Einleitung pflegt zu sein, daß sich zwei übel zugerichtete Männer im Krankenhaus treffen. Sie fangen an, sich zu unterhalten und fragen sich gegenseitig, was ihnen zugestoßen ist. Einer von ihnen erzählt dann z.B. die Geschichte von den Wattebäuschen in der Toilette, die uns in diesem Buch bereits begegnet ist (Seite 108), woraufhin der andere seinen Flug vom Hausdach schildert.

Meiner Meinung nach haben beide Geschichten auffallende Ähnlichkeit miteinander. In beiden Fällen ist es ein verheirateter Mann, dem das lächerliche Unglück zustößt, und in beiden Fällen ist es die Ehefrau, die es verursacht. Die Scherzgeschichte vom Schneeräumer auf dem Hausdach erinnert an einen der beliebtesten europäischen Schwänke, der beschreibt, welche komischen Unglücksfälle einem Ehemann in seinem Haus widerfahren: „Als der alte Mann und seine Frau ihre Arbeit tauschten". Dem Mann gelingt es, die Kuh aufs Hausdach zu bugsieren, wo sie Gras zum Weiden hat. Das Seil, mit dem er die Kuh angebunden hat, zieht er durch den Schornstein und bindet sich das andere Ende ums Bein. Auf diese Weise glaubt er, zugleich im Hause arbeiten und die Kuh bewachen zu können. Aber die Kuh fällt vom Dach hinunter und der Mann wird mit dem Bein voran in den Schornstein hinaufgezogen. Dort hängt er noch, als seine Frau von der Feldarbeit zurückkommt.

Vielleicht hat die moderne Zeitungssage über komische Unglücksfälle dieselbe Funktion wie die alte Scherzsage: Nämlich die, die Würde des Ehemannes und Hausherrn anzukratzen und ihn zum Objekt eines befreienden Gelächters zu machen.

89
Die Gäste, denen der Magen ausgepumpt wurde

DAS FAMILIENTREFFEN MIT MUSCHELGERICHT endete mit einer Katastrophe. Die Hauskatze starb einen plötzlichen Tod und die Gäste ließen sich den Magen auspumpen.

Diese makabre Angelegenheit spielte sich vor kurzem auf einem Hof in Mittelschweden ab. Dort hatte sich die Verwandtschaft zu einem Festmahl versammelt, als dessen Höhepunkt die verhängnisvollen Muscheln serviert wurden. Zur Feier des Tages bekam die Katze die Reste des Festessens vorgesetzt. Eine Weile später fand man das Tier tot auf dem Hof. Sicher war sie an einer Muschelvergiftung gestorben, meinte die feiernde Gesellschaft und fuhr unverzüglich nach Mora ins Krankenhaus, um demselben schrecklichen Schicksal zu entgehen.

Der gesamten Familie wurde der Magen ausgepumpt, dann konnte sie wieder auf ihren Hof zurückkehren. Dort trafen sie auf den aufgeregten Nachbarn, der tieftraurig berichtete, daß er die Katze überfahren und das tote Tier auf den Hof gelegt habe.

Nun wollte er um Verzeihung bitten.

Die Geschichte von den Gästen, denen der Magen ausgepumpt wurde, war am 6. Mai 1985 im „Falu-Kurier" auf der ersten Seite zu lesen. Die Überschrift lautete: Tote Katze verursacht Panik. Die Geschichte wurde vom schwedischen Nachrichtendienst verbreitet und tauchte am folgenden Tag noch auf der ersten Seite einiger Tageszeitungen auf, u.a. bei „Svenska Dagbladet" *(Tote Katze störte Familientreffen).*

Bei „Svenska Dagbladet" fand man das etwas ärgerlich und beauftragte einen Journalisten damit, den Fall zu überprüfen. Der Journalist rief beim Krankenhaus in Mora an und sprach mit dem Klinikchef, Doktor Nisell. Sein

Kommentar lautete: „Als ich diese Geschichte das letzte Mal hörte, handelte sie von einem Hund."

„Es ist keine Gesellschaft nach einem Festessen ins Krankenhaus von Mora gekommen, um sich den Magen auspumpen zu lassen, und das Ganze ist also eine dieser Wandersagen", resümierte der Journalist (Svenska Dagbladet vom 8.5.1985).

Wir können eine Vermutung wagen, welche Geschichte Doktor Nisell gehört hatte. Vor einigen Jahrzehnten hörte man häufig von einer Familie, die Gäste zu einem Pilzgericht eingeladen hatte. Nachdem die Gastgeberin die Pilze in eine Schüssel geschüttet hatte, gab sie den Rest im Topf dem Hund zu fressen. Das Pilzgericht wurde von den Gästen sehr gelobt, und die Gastgeber erzählten stolz, daß sie alle Pilze selbst gesammelt hätten. Da kommt plötzlich jemand von draußen herein und berichtet, daß der Hund tot aufgefunden worden ist, die Gäste fahren überstürzt ab, um sich den Magen auspumpen zu lassen, und erst später stellt sich heraus, daß der Hund überfahren worden ist.

Diese Version ist nicht nur in Schweden, sondern auch in der Bundesrepublik die gängigste gewesen. In England und den USA ist es unterschiedlich zubereiteter Lachs, den die Gäste nicht bei sich behalten dürfen. Da kann es z.B. um eine junge Frau gehen, die die Vorgesetzten ihres Mannes zum Lachscremeessen einlädt. In einem unbeobachteten Augenblick ergreift die Katze die Gelegenheit und schlägt sich den Bauch voll. Die Frau verdeckt die verräterischen Spuren mit einer Scheibe Zitrone und einem Büschel Petersilie, und die Lachscreme ist ein großer Erfolg – bis die tote Katze Panik verursacht, genau wie im „Falu-Kurier".

Lit.: Brunvand 1981, 111 f.

90
Der Neger im Burger King

DIES IST EINE WAHRE GESCHICHTE, die im Burger King passiert ist. Da stand ein Neger und trommelte mit den Fingern auf die Theke, während er auf seine Bestellung wartete. Und da kam ein Itaker rein, guckte ihn an und fragte: „Telefonierst du mit Zuhause?"

Fünf Minuten später kam der Krankenwagen und holte den Itaker ab.

Jonas Björk, Gymnasiast an der Lateinschule in Malmö, schrieb diese Geschichte im Herbst 1984 auf. Sie gehört zu der Gruppe von Volkserzählungen, die Spannungen zwischen unterschiedlichen Bevölkerungsgruppen im heutigen Schweden widerspiegeln.

Die Frage des „Itakers" (d.h. des Italieners) enthält eine Beleidigung weil sie unterstellt, daß der Schwarze ein primitiver Wilder ist, der wie seine Vorväter Botschaften auf Tam-Tam-Trommeln weitergibt. Abgesehen davon, daß sie auf das traditionelle Bild des trommelnden Afrikaners anspielt, hat die Geschichte noch eine verstecktere Botschaft: daß die heutigen Schwarzen gewalttätig und gefährlich seien. Dieses ethnische Stereotyp ist heutzutage in den Sagen der weißen US-Amerikaner über die Schwarzen sehr verbreitet.

Die Geschichte ist auch bei Jugendlichen in Stockholm belegt. Dort spielt sie in einem U-Bahn-Abteil, und der Frager ist ein betrunkener Schwede (Johansson 1985, 17).

91
Die Pfeffer-und-Salz-Gang

ALS ICH IN HÖGDALEN WOHNTE, sprach man viel von der Pfeffer-und-Salz-Gang. Direkt neben dem Haus, wo ich wohnte, war ein Wald, wo sich die Bande aufhielt. Sie verschleppten Kinder im Alter von 7 bis 13 Jahren in den Wald, schnitten ihnen die Haut an der Hand ein und streuten Pfeffer oder Salz in die Wunde. Dann ließen sie die Kinder frei und flüchteten.

Als ich selbst so um die zehn, elf Jahre alt war, hörte ich in der Schule davon. Aber ich habe nie jemanden getroffen, dem das wirklich zugestoßen ist.

In der Frageliste des Nordischen Museums über „Gerüchte unserer Zeit" steht eine Frage über die berüchtigte „Pfeffer-und-Salz-Gang", von der so viele Kinder im Großraum Stockholm gehört haben, der aber niemand je persönlich begegnet ist. Unter den eingeschickten Antworten war auch die oben abgedruckte von einem anonymen Gymnasiasten aus Södertälje.

Eine Volkskundestudentin aus Stockholm, Christina Danielsson, schrieb 1978 einen Aufsatz mit dem Titel „Das Gerücht von der Salz-und-Pfeffer-Gang". Ihr Interesse für das Thema wurde geweckt, als ihr sechsjähriger Sohn und sein Freund sehr verängstigt nach Hause kamen. Sie erzählten von einer Gruppe Jungen, die kleine Kinder gefangennähmen, sie fesselten, ihnen tiefe Wunden an den Handgelenken zufügten und Salz und Pfeffer in die Wunden streuten. Die Bandenmitglieder schlügen auch Katzen tot, berichteten die Jungen.

Christina Danielsson hat in ihrer Studie dargelegt, daß das Gerücht zur kindlichen Folklore gehört. Es existiert im Umkreis von ganz Stockholm und handelt immer von einer Bande aus einem der benachbarten Vororte. Es hat u.a. die Funktion gehabt, das Gebiet abzustecken, in dem sich die Kinder gefahrlos bewegen konnten. In den neu gebauten Vororten hat es immer bewaldete Gebiete gegeben, in denen das Gerücht angesiedelt werden konnte. In den älteren Stadtteilen konnte die Grenze entlang einer Straße verlaufen.

Nicht nur Pfeffer und Salz wurden in die Wunden gestreut, um die Schmerzen zu verstärken. Aus anderen Städten, nicht nur aus dem Großraum Stockholm, gibt es Informationen darüber, daß die gefürchteten Banden Juckpulver benutzten. Und ein dreizehnjähriges Mädchen aus Mälarhöjden hat eine Schilderung von der Vorgehensweise der Bande geliefert, die ganz unverkennbar vom Geist unserer Eßkultur mit Würstchenbuden und Hamburgerrestaurants geprägt ist: „Die Pfeffer-und-Salz-Gang nahm kleine Kinder gefangen und schloß sie im Keller ein, und dann schnitten sie ihnen die Arme neben den Pulsadern auf und dann streuten sie Salz und Pfeffer darauf und strichen Senf und Ketchup darüber, und dann nähten sie wieder zu." (Sveréus 1976, Tonbandprotokoll Seite 9).

Lit.: Danielsson 1978.

92
Die Nachricht des Autofahrers

EIN FREUND VON MIR hatte sein Auto einmal auf einem Parkplatz mitten in der Stadt abgestellt, wo immer nur wenig Platz war. Als er nach einigen Stunden zurückkam, sah er, daß jemand sein Auto angefahren hatte. Ein Kotflügel war eingedrückt und ein Rücklicht kaputt, und darüberhinaus war auf einer Seite ein langer, häßlicher Kratzer. Aber unter dem einen Scheibenwischer steckte ein zusammengefaltetes Stück Papier – wohl eine Mitteilung von demjenigen, der auf seinen Wagen gefahren war, dachte mein Freund.

So war es auch. Aber leider enthielt die Nachricht nicht die Informationen bezüglich Name und Versicherung, die er erwartet hatte. Sondern da stand: „Ich bin gerade auf dein Auto gefahren. Sehr ärgerlich. Tausend Leute haben gesehen, wie es passiert ist. Jetzt gucken sie hier rüber und denken, daß ich eine Entschuldigung und meinen Namen und Adresse auf diesen Zettel schreibe. Aber das tue ich nicht."

Die Geschichte von der Nachricht des Autofahrers habe ich selbst mehrmals in dieser und ähnlicher Form gehört. Sie ist international bekannt (z.B. Herbert 1982, Smith 1983). Die Moral ist, gelinde gesagt, zweifelhaft. Die unbekannte Hauptperson schert sich nicht um die gesellschaftlichen Moralansprüche, um Unannehmlichkeiten und schlechteren Prämien bei der Autoversicherung aus dem Weg zu gehen. Aber er ist nicht einfach ein gewöhnlicher Drückeberger. Er ist ein typischer Trickster, eine beliebte Gestalt sowohl in der älteren wie in der jüngeren Erzähltradition. Hier spielt er kaltblütig die Rolle des verantwortungsbewußten Mitbürgers und schafft es, damit die Umwelt hereinzulegen, die ihn aufmerksam beobachtet, bereit, jederzeit seine Autonummer zu notieren, sollte er versuchen, sich davonzumachen.

93
Der Teufel im Garderobenschrank

DAS FOLGENDE HÖRTE ICH, als ich in Linköping in die neunte Klasse ging. Der Mann, der in der Schule die Morgenandacht hielt, erzählte es.

Er sagte, daß einige Jugendliche Lust bekamen, eine spiritistische Sitzung abzuhalten. Sie machten es so, wie es üblich ist, schrieben einen Kreis aus Buchstaben auf ein Stück Papier und stellten ein umgedrehtes Glas in die Mitte. Dann legten sie alle ihren Zeigefinger leicht auf das Glas, und dann konnten sie beginnen, Fragen zu stellen und sehen, wohin das Glas sich bewegte.

Ein Mädchen hatte eine Idee. „Wo ist der Teufel?“, fragte sie. Das Glas wanderte über das Papier, von dem einen Buchstaben zum anderen. Alle buchstabierten laut. „I–n d–e–r G–a–r–d–e–r–o–b–e.“ Im Nebenzimmer war ein Garderobenschrank, und das Mädchen stand auf, kicherte nervös und ging nach nebenan.

Im nächsten Moment hörten sie den furchtbarsten Schrei, den sie je gehört hatten. Sie rannten in das andere Zimmer und fanden das Mädchen bewußtlos vor der Garderobe liegen. Im Gesicht hatte sie rote Kratzspuren. Als sie nach einiger Zeit wieder aus der Bewußtlosigkeit erwachte, kam kein Wort über ihre Lippen. Sie hatte die Sprache verloren.

Seitdem ist sie in einer psychiatrischen Anstalt in Småland untergebracht, sagt man.

Thomas Brandell aus Danderyd besuchte die neunte Klasse gegen Ende der 60er Jahre. Er erzählte mir die Geschichte im Oktober 1984. Sie zählt zu den unter Jugendlichen in ganz Schweden wohlbekannten Gruselgeschichten.

Die geschilderte Methode, ein Glas auf Fragen antworten zu lassen, hat ihren Ursprung sicherlich in spiritistischen Sitzungen, aber inzwischen ist sie unter Jugendlichen zu einem spannenden Spiel geworden, bekannt unter dem Namen „der Geist im Glas“ oder „das buchstabierende Glas“. Viele Teilnehmer mögen das schwindelerregende Gefühl haben, daß es tatsächlich jemand aus der „Geisterwelt“ ist, der die Fragen beantwortet. Die Sage warnt vor Experimenten dieser Art. Ihre Botschaft lautet: Man weiß nie, welche Kräfte man freisetzt, wenn man mit dem Okkulten spielt.

Der Teufel nimmt in der alten christlichen Sagentradition der vorindustriellen Gesellschaft einen zentralen Platz ein. Er tritt dort in vielen Formen auf, z.B. als schwarzgekleideter Mann mit Pferdefuß und Hörnern auf der Stirn. Wie aus der Erzählung von der folgenschweren spiritistischen Sitzung hervorgeht, ist er auch aus der okkulten Erzähltradition unserer Zeit nicht ganz verschwunden. Horrorfilme wie „Der Exorzist“ und die reißerischen Berichte der Boulevardblätter über Teufelsaustreibungen und satanische Sekten haben dazu beigetragen, ihn am Leben zu erhalten.

94
Der Reisighaufen

EIN JUNGE war eines Abends mit seinem Moped unterwegs. Plötzlich blieb das Moped stehen, und er bekam es nicht wieder in Gang, so sehr er sich auch bemühte. Am Straßenrand war ein großer Haufen aus Zweigen und Stöcken aufgetürmt, die Leute im Vorübergehen dort hingeworfen hatten. Nun sah er, daß neben diesem Reisighaufen eine alte Frau stand. Sie trug einen langen Rock und ein Kopftuch, so wie die Bauersfrauen sie früher hatten.

„Nimm zwei Zweige und leg sie über Kreuz auf den Haufen, dann läuft das Moped wieder“, sagte sie. Als er wieder hinsah, war sie verschwunden.

Er dachte sich: „Ich kann ja mal ausprobieren, was sie gesagt hat, obwohl es mir idiotisch vorkommt.“ Also legte er zwei Zweige über Kreuz auf den Reisighaufen. Als er dann versuchte, das Moped zu starten, sprang es beim ersten Versuch an. Die Geschichte soll wirklich wahr sein.

An einem Abend im Dezember 1981 erzählte ich in Högalids Jugendzentrum in Stockholm Gespenstergeschichten für Jugendliche. Im Anschluß daran kam ein zwölfjähriges Mädchen zu mir nach vorn und erzählte diese Geschichte, die sie in einem Sommerlager gehört hatte.

Reisighaufen von derselben Art wie der in der Geschichte gibt es auch heute noch in vielen Gegenden Schwedens. In manchen Gegenden heißen sie „Opferwürfe“, in anderen „Reisigwürfe“ oder „Wurfhaufen“. Sie sind dadurch entstanden, daß Vorüberfahrende Zweige auf eine Stelle geworfen haben, an der jemand ermordet worden oder verunglückt war. Diese Sitte ist sehr alt und stellt eine Art Opfer dar, um den Geist des Toten zu besänftigen, der am Todesplatz spukt.

Obwohl in der Erzählung ein Moped vorkommt, ist es also keine typische moderne Sage, und obwohl sie von einem Mädchen aus Stockholm erzählt wurde, gehört sie eher zur ländlichen Sagentradition als zur großstädtischen. Sie zeigt, daß eine tausend Jahre alte Spuktradition in unserer Zeit neue Blüten treiben kann. Die altertümlich gekleidete Frau ist natürlich eine Geistererscheinung. Ob sie der Geist der Person ist, die an der Stelle gestorben ist, wird in der Erzählung nicht erwähnt – die Frage muß offen bleiben. Ihr Hinweis an den Mopedfahrer, zwei Zweige über Kreuz auf den Haufen zu legen, ist ein Beispiel für christliche Volksmagie. Das Kreuzeszeichen war früher der bei weitem gebräuchlichste Schutz gegen alle möglichen übernatürlichen Gefahren, z.B. wenn man Gespenstern begegnete.

Ähnliche Erzählungen von Kraftfahrzeugen, die unerklärlicherweise an Spukstätten stehenbleiben, existieren heutzutage so gut wie in ganz Schweden. Auch in Berichten von fliegenden Untertassen kommt es häufig vor, daß der Motor plötzlich versagt, wenn das Auto sich dem Ufo nähert. In beiden Fällen ist ein Mensch mit seinem Fahrzeug in ein übernatürliches Kraftfeld hineingeraten, und ein Zeichen dafür ist, daß der Motor absäuft.

Lit.: Erixon 1917.

95
Der himmlische Anhalter

EIN EHEPAAR ist auf der Landstraße unterwegs. Sie wollen zu einer Hochzeit, und die Frau hat ein langes Kleid an. Da sehen sie einen jungen Mann, der am Straßenrand steht und trampt. Er ist barfuß und hat einen ziemlich langen Bart und langes Haar wie ein Hippie, und solche jungen Männer pflegen sie eigentlich nicht mitzunehmen. Aber dieser hier hat ein freundliches Gesicht, also halten sie an und nehmen ihn mit.

Das Auto ist zweitürig, und die Frau mit ihrem langen Kleid steigt vorsichtig aus, um den jungen Mann auf den Rücksitz zu lassen. Dann fahren sie schweigend zehn, fünfzehn Minuten, denn sie wissen nicht recht, was sie mit ihm reden sollen. Plötzlich fragt der junge Mann: „Kennen Sie Jesus?" Der Mann und seine Frau, die beide das sind, was man Gewohnheitschristen nennt, sind von der Frage etwas unangenehm berührt. Schließlich sagt die Frau: „Ja, doch."

„Das ist gut", sagt der junge Mann. „Jesus, das bin nämlich ich."

Den beiden läuft ein Schauer über den Rücken. Die Frau dreht sich um, um den jungen Mann anzusehen, und da ist er verschwunden!

Sie halten an und gucken sich verblüfft an. Dann steigen sie aus und sehen sich um. Sie sind in Westjütland, wo die Gegend flach und nach allen Seiten hin kahl ist. Sie setzen sich wieder ins Auto und fühlen sich gar nicht wohl in ihrer Haut. Als sie später an einer Tankstelle vorbeikommen, halten sie, um zu tanken und erzählen dem Tankwart, was sie erlebt haben. Der Mann sieht sie an, dann sagt er: „Sie sind schon die zehnten heute, die kommen und von demselben Erlebnis berichten."

Eine dänische Museumslektorin, Inge Adriansen aus Sönderborg, erzählte mir die Sage vom „himmlischen Anhalter" im Juni 1975. Sie hatte sie einen Sommer zuvor von Freunden ihrer Eltern gehört, die angeblich auf derselben Hochzeit gewesen waren wie das Ehepaar in der Geschichte. Die Geschichte des Ehepaares wurde zum Hauptgesprächsthema der Hochzeitsgesellschaft, und sie wurden mit all der Aufmerksamkeit bedacht, die normalerweise dem Brautpaar gegolten hätte. Mein norwegischer Kollege, der Volkskundler Reimund Kvideland, hat mir gesagt, daß die Sage ein Jahr früher – im Sommer 1973 – in Norwegen sehr weit verbreitet war. In religiösen Kreisen wurde sie dahingehend gedeutet, daß der jüngste Tag nahe sei.

Dem Sagenmotiv, daß ein Anhalter plötzlich verschwindet, sind wir bereits früher in der Geschichte von dem toten Mädchen, das nach Hause gefahren wird, begegnet (s. Seite 37). Bereits in den 30er Jahren gab es in den USA eine Version der Sage, in der ein Anhalter eine Prophezeiung ausspricht und dann verschwindet. „Der himmlische Anhalter" hat sich sicherlich aus dieser Version entwickelt. In den Jahren 1971–72 erfuhr die Sage eine große Verbreitung in den USA und wurde damals von der Volkskundlerin Lydia Fish untersucht. Sie hörte sie im Herbst 1971 zum ersten Mal in der folgenden Form: Ein Ehepaar, das auf der Autobahn durch New York fährt, hält an, um einen Anhalter mitzunehmen, einen gutaussehenden jungen Hippie mit weißen, leuchtenden Kleidern. Er setzt sich auf den Rücksitz und schnallt sich an. Dann beginnt er ein Gespräch über religiöse Themen und fragt sie, ob sie an die Wiederkehr Jesu glauben. Als sie sich umdrehen, um zu antworten, ist er verschwunden, aber der Gurt ist noch festgeschnallt. Kurze Zeit später halten sie, um eine Mautgebühr zu zahlen. Sie erzählen ihr Erlebnis dem Mann, der die Gebühr einnimmt, und er antwortet, daß bereits mindestens ein Dutzend Autofahrer vor ihnen dieselbe Geschichte erzählt haben.

In den meisten der sechzig Texte, die Lydia Fish gesammelt hat, wird keine Erklärung über die Identität des jungen Anhalters gegeben. In einigen wenigen Texten wird er allerdings für einen Engel oder – wie in der obigen dänischen Geschichte – für Jesus persönlich gehalten.

Eine mögliche Erklärung dafür, daß die Sage vom himmlischen Anhalter gerade zu Beginn der 70er Jahre so populär war, kann darin liegen, daß eine christliche Jugendbewegung, das sogenannte Volk Jesu, gerade zu diesem Zeitpunkt viel Beachtung fand. Die Mitglieder missionierten an den Universitäten überall in den USA und wandten sich mit ihrer christlichen Botschaft auch direkt an die Menschen auf der Straße. Sicher geschah es häufig, daß trampende Jugendliche mit Autofahrern über religiöse Themen sprachen und auf diese Weise das bekannte Sagenthema aktualisierten.

In Schweden wurde die Sage erst im Herbst 1980 zum allgemeinen Gesprächsthema. Zum Durchbruch kam sie zuerst im nördlichen Småland, wo die Freikirchen eine stärkere Stellung haben als in irgendeiner anderen Gegend Schwedens. Ich habe selbst Menschen aus dieser Ecke getroffen, die bezeugten, daß die Stimmung dort sehr gespannt sei: Alle Menschen redeten von dem Tramper, der Jesu Wiederkehr verkündete und sich dann in Nichts auflöste. Der erste Zeitungsartikel über das Gerücht war am 30. Oktober 1980 unter der Überschrift *Polizei sucht trampendes Gespenst* auf der Titelseite der „Göteborgs-Posten" zu lesen:

„Seit einiger Zeit ist das allgemeine Gesprächsthema in der Gemeinde Ekenässjö bei Vetlanda und in den umliegenden Ortschaften ein trampendes Gespenst, das wie ein normaler Mensch in Autos steigt, um dann spurlos zu verschwinden. Die Polizei beschäftigt sich mit der Angelegenheit und es ist so weit gekommen, daß ein Teil der örtlichen Bevölkerung nicht mehr wagt, die betreffenden Strecken zu fahren, sondern lange Umwege in Kauf nimmt.

Eine ordnungsgemäße Anzeige ist noch nicht erstattet worden, aber sowohl die Polizei in Eksjö als auch in Vetlanda hat Informationen und Anfragen verängstigter Bürger entgegengenommen. Außerdem ist es in den vergangenen Monaten mehrfach vorgekommen, daß Autofahrer bei dem Stoppschild an der Kreuzung, wo sich das Gespenst am liebsten aufhalten soll, nicht zu halten gewagt haben, sondern eine der gefährlichsten Kreuzungen um Jönköping einfach überfahren haben."

An späterer Stelle im Artikel wird erklärt, weshalb die Autofahrer an dem Stopschild nicht anhalten. Die Geschichte von dem trampenden Gespenst – oder dem trampenden Engel – scheint in zwei unterschiedlichen Formen existiert zu haben. In der einen steigt der junge Mann auf gewöhnliche Weise ins Auto ein und beginnt, von der bevorstehenden Wiederkehr Jesu zu sprechen, woraufhin er auf unerklärliche Art und Weise verschwindet. In der anderen sitzt er plötzlich auf dem Vorder- oder Rücksitz, ohne daß der Autofahrer auch nur angehalten oder etwa die Autotür geöffnet hätte. Um diesem geisterhaften Beifahrer zu entgehen, hatten es manche Autofahrer so eilig gehabt, die Kreuzung zu passieren. In dem Artikel wird berichtet, daß mehrere Pfarrer freikirchlicher Gemeinden aus der Gegend die Angaben ernst nehmen und nach Personen forschen, die das trampende Gespenst in ihrem Wagen gehabt haben.

Die Geschichte wurde vom Nachrichtendienst UPI weitergegeben und war am nächsten Tag unter der Überschrift *Hitchhiking ghost turns up in Sweden* in englischsprachigen Zeitungen überall in der Welt zu lesen, u.a. im „Mexico City Daily Bulletin". Während der folgenden Wochen war die småländische Presse voller Artikel und Leserbriefe über den himmlischen Tramper. Ein letztes, bizarres Beispiel für das Interesse der Presse an dem småländischen trampenden Gespenst ist ein Artikel in dem amerikanischen Klatschblatt „National Enquirer" vom 28. April 1981 *(Hitchhiking ghost gets into cars then vanishes before drivers' eyes)*. Der amerikanische Zeitungsartikel hat etwas zu bieten, was keine der schwedischen Zeitungen zustande bekommen hatte, nämlich Interviews mit zwei Personen, die angeben, das Gespenst persönlich im Auto mitgenommen zu haben.

Zwei Jahre nach den Gerüchten in Småland war es erneut Zeit für den weissagenden Geist, in religiösen Kreisen Aufruhr zu verbreiten, diesmal in

Süddeutschland. Dort wird der junge Anhalter für den Erzengel Gabriel gehalten. Über die Nachrichtendienste erreichte die deutsche Version auch einige skandinavische Zeitungen. Am 26. Oktober 1982 wurde sie in der Osloer Zeitung „Dagbladet" wiedergegeben. Übersetzt lautet der Artikel folgendermaßen:

„München: Ist der Erzengel Gabriel, in Jeans und mit Rucksack, in Europa unterwegs? Und lautet sein Auftrag, der Menschheit mitzuteilen, daß 1984 der Jüngste Tag kommt? Um diesen Fragen nachzugehen, hat die Polizei in der Bundesrepublik Deutschland Einbrüche und Verkehrsdelikte vorübergehend zu den Akten gelegt. Mehr als ein halbes Dutzend vor Angst verrückte Autofahrer haben sich nämlich an die Polizei gewandt und berichtet, daß sie den Erzengel als Beifahrer im Wagen gehabt haben.

Eine 30jährige Beamtin nahm am Dienstag vergangener Woche auf der Autobahn zwischen München und Salzburg einen jungen Mann mit Jeans und Rucksack mit. Unterwegs erzählte der junge Mann, er sei der Erzengel Gabriel, und der Jüngste Tag werde 1984 kommen. Dann verschwand er spurlos aus dem Auto, ohne auch nur den Sicherheitsgurt zu öffnen. Er war noch eingehakt, als sich die Frau soweit gesammelt hatte, daß sie nachsehen konnte. Fünf bis sechs andere Personen, wie die betreffende Frau ausgeglichene und glaubhafte Menschen, haben im Anschluß daran angegeben, auch sie hätten den Erzengel im Wagen gehabt. (NTB)"

Dieselbe Geschichte wurde zwei Jahre später von Volker Knierim nach der Erzählung eines Essener Chemiestudenten aufgezeichnet. Dieser hatte eine Bekannte, die im Sommer 1983 mit ihrem Freund in dessen Auto, einem flotten BMW, zwischen Salzburg und Rosenheim unterwegs gewesen sei. Das Paar nahm einen Tramper mit, den man als „Hippie" bezeichnen könnte. Als der Freund wieder kräftig Gas gab, um weiterzurasen, meinte der Tramper, den die Erzählerin als „Erzengel Gabriel" bezeichnete: „Warum fahren Sie denn so schnell? 1984 ist doch sowieso Weltuntergang und alles vorbei!" Daraufhin war er aus dem Wagen verschwunden (Knierim 1985, 241).

In den letzten Jahren ist es still geworden um den übernatürlichen Anhalter. Früher oder später wird er wohl irgendwo anders in der Welt wieder auftauchen. Fragt sich bloß – wo?

Lit.: Fish 1976; af Klintberg 1976b, 290 f.; Brunvand 1981, 38 ff.

96
Die Botschaft des Kapitäns

ICH HABE EINE TANTE, die in Hälsingland wohnt. Sie hat das zweite Gesicht, wie man sagt, und das haben schon viele in der Familie gehabt, vor allem Frauen. Sie hat nie eine andere Schule als die Volksschule besucht und spricht deshalb keine Fremdsprachen.

Einmal vor ziemlich vielen Jahren wachte sie nachts auf und fühlte, daß sie eine Botschaft niederschreiben müsse. Sie fand nichts anderes als eine Papiertüte, um darauf zu schreiben. Als sie die Tüte ganz vollgeschrieben hatte, war sie völlig erschöpft und schlief wieder ein.

Am Morgen glaubte sie zunächst, sie habe alles nur geträumt. Aber die Tüte lag neben dem Bett, und die Worte waren in ihrer Handschrift geschrieben. Sie las, was dort stand, konnte aber keinen Sinn darin sehen. Wenn sie Besuch bekam, pflegte sie den Leuten die Tüte zu zeigen, aber niemand konnte ihr sagen, was darauf stand. Schließlich sagte jemand: „Aber das ist ja Isländisch!"

Und dann erzählte er ihr, was auf dem Papier stand. Es war eine Botschaft von einem Kapitän, der mit seinem Schiff auf dem Atlantik unterging. Er teilte mit, was seine Frau tun sollte, wenn er ertränke; auch ihre Adresse war in der Botschaft enthalten.

Meine Tante schrieb einen Brief an die betreffende Adresse und erzählte von der Botschaft, die sie empfangen hatte. Einige Wochen später bekam sie einen Brief mit einer isländischen Briefmarke. Er kam von einer Kapitänswitwe aus Reykjavik. Sie erzählte, daß ihr Mann mit seiner gesamten Besatzung in derselben Nacht untergegangen sei, in der meine Tante die Nachricht niedergeschrieben hatte.

Jujja Bergquist (jetzt Wieslander) erzählte mir im Herbst 1965 von dem Erlebnis ihrer „seherischen" Tante. Ich kann nicht beschwören, daß ich mich an alle Details der Geschichte richtig erinnert habe, aber ich erinnere mich noch an den Schauer, der mir über den Rücken lief, als ich die Geschichte damals hörte.

In der reichhaltigen älteren Volkstradition über Erlebnisse des „zweiten Gesichts" habe ich keine Erzählung finden können, die an diese erinnert. Die parapsychologische Literatur unserer Zeit enthält hingegen Beispiele dafür, daß Menschen mit übernatürlichen Kräften Texte in Sprachen niederschreiben können, die sie nicht beherrschen, manchmal sogar Sprachen, die inzwischen ausgestorben sind. Daß die Botschaft, die die Tante empfängt, in isländischer Sprache ist, erscheint logisch. Nirgendwo in Nordeuropa ist das Interesse für Telepathie und Spiritismus so stark wie auf Island.

97
Die Fotos aus Wien

EIN SCHWEDISCHER ARCHITEKT pflegte seinen Urlaub darauf zu verwenden, in die großen Weltstädte zu reisen und interessante Gebäude zu fotographieren. In einem Sommer besuchte er Wien. Er fand eine Villa aus den 20er Jahren, ein ungewöhnlich schönes Beispiel für den Frühstil der Neuen Sachlichkeit, und fotographierte es aus verschiedenen Perspektiven.

Wieder zuhause, brachte er den Film zum Entwickeln. Er war sehr erstaunt, als er die Bilder abholte und zwei Leute vor der Villa stehen sah. Die eine war eine Frau um die Dreißig, der andere ein ungefähr zehnjähriger Junge.

Der Architekt war sicher, daß die beiden nicht dagewesen waren, als er die Fotos machte. Einen Moment lang glaubte er, der Fotograf habe zwei Bilder übereinander abgezogen, weil die Personen teilweise durchsichtig waren. Aber daran konnte es nicht liegen: Die beiden Menschen fanden sich auf mehreren Bildern. Ihre Kleider waren nicht gerade im Stil der neuesten Mode, im Gegenteil. Sie trugen Kleidung der 20er Jahre, der Junge hatte einen Matrosenanzug an.

Der Architekt schrieb an einen Kollegen in Wien und berichtete von den eigenartigen Fotografien. Der österreichische Architekt antwortete, daß die Frau und der Sohn der Familie, die in den 20er Jahren in der Villa gewohnt hatte, 1929 bei einem Autounfall ums Leben gekommen waren. Sie waren auf der Straße vor der Villa von einem Auto überfahren worden. Am Unglückstag hatte der Junge einen Matrosenanzug getragen.

Sogar die Geistergeschichten gehen mit der Zeit, und so gibt es heute viele Sagen darüber, wie die Geister Verstorbener auf Fotos gebannt werden. Diese Geschichte hörte ich irgendwann in den 60er Jahren, ich habe vergessen, von wem. Ein Japaner erzählte mir 1976, daß eine typische Art von Geistergeschichte in Japan davon handelt, daß jemand eine Stelle fotographiert, wo sich ein tödlicher Unfall ereignet hat, z.B. eine Straßenkreuzung. Auf dem Foto sind dann die Personen zu sehen, die bei dem Unglück ums Leben kamen.

98
Der tote Taxifahrer

VOR EINIGEN JAHREN starb ein Stockholmer Taxifahrerkollege an Krebs. Einige Tage vor seinem Tod besuchten ein anderer Kollege und ich ihn im St. Erikskrankenhaus. Er wußte ja, daß er den Löffel abgeben sollte, wie man so sagt. Und er nahm es nicht besonders schwer.

„Es tut richtig gut, zu wissen, daß das Elend bald ein Ende hat", sagte er. „Ich verspreche, daß ich immer ein Auge auf euch haben werde von meiner Wolke aus."

Naja, wir lachten natürlich, wie es in solchen Situationen üblich ist, und dann vergaßen wir die Sache. Und es vergingen schon ein paar Jahre.

Und dann hatte ich eines Nachts im Herbst eine Fahrt nach Norden, Richtung Roslagen, weit hinauf in die Gegend um Hallstavik. Es regnete und war neblig, schlechte Sichtverhältnisse. Auf dem Rückweg drückte ich ordentlich auf die Tube, so wie ich das immer zu tun pflege.

Einige Kilometer von Hallstavik entfernt blinkt ein Auto hinter mir und will überholen. Ein Taxi fährt an mir vorbei, ein Stockholmer Kollege. Er schert vor mir ein. Das Nummernschild ist verschmutzt, so daß ich die Taxinummer nicht erkennen kann. Aber nach einem knappen Kilometer blinkt er mit den Rücklichtern unser internes Warnsignal: Dreimal Aufblinken. Das bedeutet: Paß auf, hier vorne ist eine gefährliche Stelle!

Gleichzeitig drosselt er die Geschwindigkeit, so daß er in den Lichtkreis der Scheinwerfer kommt und ich ihn deutlich sehen kann. Er wendet sich halb um und winkt mir zu. Da erkenne ich sein Profil wieder. Es ist mein alter Kumpel aus dem St. Erikskrankenhaus, der vor zwei Jahren gestorben ist.

Ich spürte, wie es mir kalt den Rücken hinunterlief. Ich verlangsamte die Geschwindigkeit auf 35–40 Stundenkilometer, weil ich begriff, daß da wirklich etwas sein mußte. Das andere Taxi verschwand vor mir im Nebel. Ich fuhr um eine Kurve, und dort lag ein riesiger umgestürzter Baum. Wäre ich wie sonst mit meinen 100 Stundenkilometern durch die Gegend gerast, dann wäre bei den Stockholmer Taxibetrieben noch eine Stelle freigeworden.

Georg Svensson, Taxifahrer aus Stockholm, erzählte diese Spukgeschichte 1969 im Rahmen eines Radioprogrammes. Die schriftliche Fassung vermittelt keinen Eindruck davon, wie gut er erzählte: Seine Stimme war ruhig und glaubwürdig, alle Pausen und Betonungen setzte er an den richtigen Stellen.

Georg Svenssons Geschichte ist eine sehr persönliche Ausführung des klassischen Wiedergängerthemas, das sowohl in Volkssagen als auch in der Literatur vorkommt: Nämlich daß ein toter Freund wiederkehrt, um einem lebenden in einer kritischen Situation beizustehen. Sie erhält einen Großteil ihrer Suggestivkraft durch die sicher eingefügten Details aus dem Taxifahreralltag mit allen seinen internen Berufstraditionen.

99
Begegnung mit einem Außerirdischen

SELBST HABE ICH NOCH NIE eine fliegende Untertasse gesehen, aber ein Mädchen in meiner Firma ist Mitglied in einem UFO-Verein. Einmal fragte ich sie, ob sie nicht etwas von den Aktivitäten des Klubs erzählen wollte. Da berichtete sie, daß sie ein paarmal mit dem Tonbandgerät unterwegs gewesen sei, um die Geschichten von Leuten aufzunehmen, die irgendwelche Beobachtungen gemacht hatten.

Ein Mann aus der Gegend von Hjo hatte erzählt, daß er eines Abends auf seinem Bett gelegen und gelesen habe. Plötzlich hatte er das Gefühl, beobachtet zu werden. Als er den Kopf wendete, sah er, daß ein kleines Wesen draußen vor dem Fenster stand und ihn ansah. Wenn ich mich recht erinnere, so war die Gestalt mit einem silbrig glänzenden Kleidungsstück, einem Overall oder so etwas, bekleidet. Das fremde Wesen erschrak und rannte davon. Der Mann rannte hinterher, aber der Fliehende hatte schon einen Vorsprung. Außerdem rannte er durch ein Roggenfeld, das sein Verfolger nicht niedertrampeln wollte. Auf einem etwas weiter entfernten Hügel soll eine fliegende Untertasse gewartet haben. Nachdem das außerirdische Wesen an Bord gegangen war, habe das Fahrzeug abgehoben.

Der Mann hatte nur sehr ungern von seinem Erlebnis berichtet, aber als er lange Zeit später enthüllte, was passiert war, sei das Gras an der Stelle, wo die fliegende Untertasse gelandet war, noch immer verbrannt gewesen.

Diese Auskünfte stammen von Lennart Gustavsson aus Norrahammar, südlich von Jönköping. Er reichte sie 1976 in seiner Antwort auf die Umfrage des Nordischen Museums über „Gerüchte unserer Zeit" ein.

Unzählige Menschen sind heutzutage Mitglieder bei UFO-Vereinen, und Bücher und Zeitschriften zum Thema erscheinen in einem nie versiegenden Strom. Am größten ist das Interesse in den USA, aber Berichte über „unbekannte Flugobjekte" kommen aus allen Industrienationen, nicht zuletzt auch aus der Sowjetunion. Diese moderne Volksbewegung begann 1947, in dem Jahr, in dem der Ausdruck „fliegende Untertasse" zum ersten Mal von einem amerikanischen Piloten angewendet wurde, der von seinem Cockpit aus neun runde, glänzende Scheiben gesehen hatte, die in Formation durch die Luft flogen.

Die Beobachtungen, über die seitdem am meisten berichtet worden ist, sind unterschiedliche Arten eines mystischen Lichtscheins am Himmel. Aber einige Menschen haben aus geringer Entfernung metallisch glänzende Gegenstände gesehen, von diskusähnlicher oder ovaler Form (in der UFO-Literatur gibt es eine reich bestückte Musterkarte für alle unterschiedlichen Modelle). Die gängigste Ansicht über ihre Herkunft lautet, daß es sich um bemannte Raumfahrzeuge von anderen Planeten handelt. Typisch für diese Fahrzeuge ist, daß sie sich geräuschlos bewegen, daß sie aus dem Ruhezustand heraus auf unglaubliche Geschwindigkeiten beschleunigen können, daß sie von selbst leuchten und ihre Farbe ändern können. Wenn sie gelegentlich landen, hinterlassen sie – wie in der obigen Erzählung – Spuren auf dem Erdboden. Oft finden sich dort, wo die Fahrgestelle waren, drei runde Brandflecken. Häufig ist auch denjenigen, die das Erlebnis gehabt haben, etwas Eigenartiges zugestoßen: Ihre Uhren sind stehengeblieben oder der Motor ihres Autos ist von selbst ausgegangen, oder in der ganzen Umgebung ist der Strom ausgefallen.

In einer großangelegten Reportage über fliegende Untertassen in der Zeitung „Expressen" berichtete Gideon Johansson aus Mariannelund in Småland von seiner Begegnung mit zwei Außerirdischen. Er stand an einem Septemberabend des Jahres 1959 vor seinem Haus und unterhielt sich mit seinem Sohn. Plötzlich gingen in der ganzen Ortschaft die Lichter aus. Gleichzeitig kam ein stark leuchtendes Objekt einige Meter über die Straße auf sie zugeschwebt. Der Sohn suchte das Weite, aber Gideon blieb stehen. Das Objekt senkte sich direkt vor dem Haus nach unten und hielt, einige Dezimeter über dem Boden schwebend, nur einen halben Meter von ihm entfernt an. Es hatte die Form einer großen Glocke mit einem Fenster.

„Ich sah zwei völlig identische Gestalten dort drinnen sitzen", berichtete Gideon Johansson der Zeitung. „Sie waren mit überkreuzten schwarzen Gurten angeschnallt. Sie hatten eine sehr hohe Stirn, große Augen und kein Haar. Sie trugen weiße Uniformen mit aufgestellten Kragen und sahen irgendwie vornehm aus."

Das eine Wesen betrachtete ihn, und er versuchte, mit Hilfe von Zeichensprache mit ihm in Kontakt zu kommen. Das andere Wesen schnallte sich los

und verschwand im unteren Teil des Objekts. Als es nach ungefähr zwanzig Minuten wieder zurückkam und sich angegurtet hatte, erhob sich das Fahrzeug völlig lautlos in die Luft und verschwand. Gleichzeitig ging der Strom in der Ortschaft wieder an.

Einige Tage später bekam Gideon Johansson stechende Schmerzen im rechten Bein, dem Bein, das dem Fahrzeug am nächsten gewesen war. Zwei Jahre später mußten die Ärzte es amputieren. Aber sie konnten nicht erklären, auf welche Art und Weise es beschädigt worden war. Er kann beschwören, daß jedes Wort seiner Erzählung wahr ist, und oft treten ihm heute noch Tränen in die Augen, wenn er sich an sein Erlebnis erinnert (Expressen vom 5. August 1979).

Gibt es fliegende Untertassen? Und falls es sie gibt: Beherbergen sie menschenähnliche Wesen, die sich irdischen Menschen zeigen können? Nach Auffassung der Volkskundlerin Linda Dégh sind das Fragen, auf die Volkskundler weder antworten können noch sollen. Fragen, die sich damit beschäftigen, was es im Weltraum geben mag, werden besser von Astronomen, Meteorologen, Weltraumforschern und Wahrnehmungspsychologen beantwortet. Was Volkskundeforscher feststellen können, ist, daß es eine lebhafte mündliche Erzähltradition über fliegende Untertassen und außerirdische Wesen gibt, und daß es Tausende von Menschen gibt, die Erlebnisse gehabt haben, die in Übereinstimmung mit dieser Tradition ausgelegt und ihrerseits zu einem Teil der Tradition werden.

In der alten bäuerlichen Gesellschaft gab es ebenfalls Tausende von Menschen, die beschwören konnten, sie wären tatsächlich den Wesen begegnet, von denen in damaligen mündlichen Überlieferungen berichtet wurde: Heinzelmännchen, Trollen, Wassermännern, Waldweiblein. Viele von ihnen erlitten infolge der Begegnungen Krankheiten und Schädigungen. Christliche Mystiker haben durch die Jahrhunderte hindurch visionäre Erlebnisse mit Jesus, Maria und den Engeln gehabt. Vielleicht verhält es sich so, daß es zu allen Zeiten einige wenige Menschen gegeben hat, die für spirituelle Erlebnisse besonders disponiert waren. Form und Inhalt des Erlebnisses sind immer von der Vorstellungswelt ihrer eigenen Zeit abhängig gewesen.

Die moderne UFO-Geschichte hat ihre nächsten Entsprechungen in den älteren Vorstellungen von „dem anderen Volk", menschenähnlichen Wesen, die keine Menschen sind. Sie ist eine logische Folge aus der Tatsache, daß die Wälder, die Seen und das Innere der Berge uns nicht länger unbekannt sind. Wir wissen, daß sie keine der Wesen beherbergen, von denen der alte Volksglaube berichtet. Das einzige unbekannte Territorium, das unserer Phantasie noch offensteht, ist der Weltraum. Mit ihrer Betonung gerade der technisch avancierten Weltraumfahrzeuge ist die UFO-Geschichte vor allem ein Spiegel unserer eigenen technologischen Kultur.

Lit.: Golowin 1967; Dégh 1971, 1977; Sanarov 1981.

100
Die entführte Fallschirmspringerin

EINE RUSSISCHE FALLSCHIRMSPRINGERIN sollte aus 9000 Meter Höhe abspringen. Der Pilot sah, wie sich ihr Fallschirm entfaltete und sie zur Erde niederschwebte. Er landete in der Nähe ihres mutmaßlichen Landeplatzes – einem Gebiet nahe bei Moskau – und erwartete, sie wohlbehalten auf der Erde vorzufinden. Aber sie war nirgends zu sehen.

Es dauerte drei Tage, bis sie in Saratow, 70 Kilometer südlich von Moskau, gefunden wurde. Sie berichtete, daß sie auf halber Strecke von einem UFO eingefangen worden sei. Die drei Wesen, die die Besatzung bildeten, hatten sie gut behandelt und sie ein beachtliches Stück mit in den Weltraum hinaus mitgenommen, von wo sie den ganzen Planeten Erde hatte sehen können. Sie hatten ihr eine schriftliche Nachricht übergeben, die sie an die sowjetischen Behörden weiterleiten sollte.

Das Ereignis ist strenger Geheimhaltung unterworfen und hat den Westen durch Repräsentanten der sowjetischen Diplomatie und Technik erreicht, die kurz nach dem Vorfall Italien besuchten. Aus leicht verständlichen Gründen können die Namen der Personen nicht genannt werden.

Die UFO-Geschichten unserer Zeit bestehen aus den Erzählungen über eigene Erlebnisse oder über die Erlebnisse von Bekannten mit UFOs, d.h. aus Berichten, die Volkskundler Memorate nennen. Aber es gibt auch eine sektiererische Sagentradition, die durch das interne Mitgliederorgan der UFO-Freunde von Land zu Land verbreitet wird. Dazu zählt diese Geschichte, die ich aus dem Buch „Götter der Atomzeit" des Schweizers Sergius Golowin entnommen habe (Golowin 1967, 23). Er hat sie in der österreichischen Ufologenzeitschrift gefunden, in der angegeben war, daß sie in der englischen „Flying Saucer Review" Nr. 6, November–Dezember 1962 zu lesen gewesen war. Die englische Version geht ihrerseits auf einen Artikel in der italienischen UFO-Zeitschrift „Oltre il cielo", Nr. 105, Juni 1962, zurück.

Was enthielt die schriftliche Botschaft, die die Fallschirmspringerin an die sowjetischen Behörden weiterleiten sollte? Wir erfahren es nicht, können aber vermuten, daß es eine Aufforderung an die sowjetische Führung sein könnte, Atombombentests und Wettrüsten einzustellen. So lautet nämlich die Botschaft, die die Außerirdischen in einer anderen Sage überbringen, die dem norwegischen Volkskundler Velle Espeland 1970 zu Ohren kam, als er in Rogaland in Westnorwegen vor Ort arbeitete. Eines Abends unterhielt er sich mit zwei Brüdern, die auf getrennten Höfen lebten und sich sehr für UFOs interessierten.

Nach Ansicht dieses Brüderpaares haben die Behörden in Ost und West beschlossen, alle Informationen über UFOs zu unterdrücken. Einmal sei ein Raumschiff bei Washington gelandet, und ein Außerirdischer sei in die Stadt gewandert und ins Capitol gegangen, wo der Senat versammelt war. Dort habe er die Politiker davor gewarnt, die Atomwaffenversuche fortzusetzen, da sie die Balance des gesamten Universums störten. Danach sei er nach draußen gegangen und mit dem Raumschiff abgefahren. Der Senat habe sich darauf geeinigt, das Ereignis geheim zu halten und in keinem Zusammenhang zu erwähnen. Das erzählte einer der Brüder mit großem Ernst, und der andere nickte zustimmend. Also hielten sie beide die Geschichte offensichtlich für wahr.

Beide Sagen können mit einer extremen Meinungsrichtung innerhalb der UFO-Bewegung in Verbindung gebracht werden, die davon ausgeht, daß wir auf der Erde ständig von den hyperintelligenten Bewohnern eines fernen Planeten beaufsichtigt werden. Diese Wesen haben wiederholt versucht, die Politiker vor der Gefährlichkeit der Atombombe zu warnen, und wenn die Katastrophe hereinbricht, werden sie kommen, um die Gläubigen in ihren Raumfahrzeugen von der Erde fortzuführen. Hier ist der Glaube an die UFOs zu einer Religion geworden, die den Gläubigen Rettung verspricht, wenn die Welt in einem Atomkrieg untergeht.

Lit.: Golowin 1967; af Klintberg 1976b, 291 ff.; Dégh 1977.

Abkürzungen

FA: Folklore Archive, Bloomington, Indiana
IF: Indiana Folklore
JAF: Journal of American Folklore
JFI: Journal of the Folklore Institute
KU: Kulturhistoriska Undersökningen, Nordiska Museet, Stockholm
SFQ: Southern Folklore Quarterly

Literatur

Alhoniemi & Saarinen 1983: Alho Alhoniemi & Sirkka Saarinen, *Timofej Jevsevjevs Folklore-Sammlungen aus dem Tscheremissischen*, I. Helsinki (=Mémoires de la Société Finno-Ougrienne 184).

Anstrin 1980: Hans-Olof Anstrin, Katten i väskan, en modern folksägen. *Östgöta-Correspondenten* 22.12.1980.

Attebery 1970: Louie W. Attebery, It was a DeSoto. JAF 83, 452–457.

Baer 1982: Florence E. Baer, „Give me ... your huddled masses" antivietnamese refugee lore and the „image of the limited good". *Western Folklore 41*, 275–291.

Barnes 1966: Daniel R. Barnes, Some functional horror stories on the Kansas University campus. SFQ 30, 305–312.

Baughman 1945 a: Ernest Baughman, The cadaver arm. *Hoosier Folklore Bulletin 4*, 30–32.

Bausinger 1958: Hermann Bausinger, Strukturen des alltäglichen Erzählens. *Fabula 1*, 239–254.

Bausinger 1962: Hermann Bausinger, Sitte und Brauch. Zu Jeremias Gotthelfs Erzählung „Die schwarze Spinne". *Der Deutschunterricht 14*, 100–114.

Beardsley & Hankey 1942: Richard K. Beardsley & Rosalie Hankey, The vanishing hitchhiker. *California Folklore Quarterly 1*, 303–335.

Beardsley & Hankey 1943: Richard K. Beardsley & Rosalie Hankey, A history of the vanishing hitchhiker. *California Folklore Quarterly 2*, 13–25.

Bonaparte 1941: Marie Bonaparte, The myth of the corpse in the car. *American Imago 2*, 105–126.

Bregenhøj 1969: Carsten Bregenhøj, Svigermor i bagagerummet. *Folkeminder 14*, 9–14.

Bregenhøj 1978: Carsten Bregenhøj, Terrorisme, appelsiner og folkesagn. *Tradisjon 8*, 65–78.

Brunvand 1981: Jan Harold Brunvand, *The vanishing hitchhiker. American urban legends and their meanings.* New York & London.

Brunvand 1984: Jan Harold Brunvand, *The choking doberman and other „new" urban legends.* New York & London.

Brunvand 1986: Jan Harold Brunvand, *The Mexican Pet.* New York & London.
Buchan 1981: David Buchan, Nåtidssagn i dagens Storbrittania. *Tradisjon 11,* 17–30.
Coleman 1979: Loren Coleman, Alligators-in-the-sewers: a journalistic origin. *JAF 92,* 335–338.
Cord 1969: Xenia E. Cord, The assailant in the back seat. *IF 2,* 47–54.
Dale 1978: Rodney Dale, *The tumour in the whale. A collection of modern myths.* London.
Dale 1984: Rodney Dale, *It's true, it happened to a friend. A collection of urban legends.* London.
Danielsson 1978: Christina Danielsson, *Ryktet om salt- och pepperligan i storstockholmsområdet.* Maschinengeschriebener Aufsatz im Fach Volkskunde. Stockholm.
Dégh 1968 a: Linda Dégh, The boyfriend's death. *IF 1,* 101–106.
Dégh 1968 b: Linda Dégh, The hook. *IF 1,* 92–100.
Dégh 1968 c: Linda Dégh, The runaway grandmother. *IF 1,* 46–77.
Dégh 1971: Linda Dégh, The „belief legend" in modern society. Hrsg. v. W.D. Hand, *American folk legend. A symposium,* 55–68. Berkeley, Los Angeles & New York.
Dégh 1977: Linda Dégh, UFO's and how folklorists should look at them. *Fabula 18,* 242–248.
Dorson 1959: Richard M. Dorson, *American folklore.* Chicago.
Doyle 1978: Charles Clay Doyle, Roaming cannibals and vanishing corpses. *IF 9,* 133–139.
Drake 1968: Carlos Drake, The killer in the back seat. *IF 1,* 107–109.
Dundes 1971: Alan Dundes, On the psychology of legend. Hrsg. v. W.D. Hand, *American folk legend. A symposium,* 21–36. Berkeley, Los Angeles & London.
Erixon 1917: Sigurd Erixon, Offerkasten på Svedvi sockenallmänning samt något om offerkastar i allmänhet. *Västmanlands fornminnesförenings årsskrift 9,* 1–10.
Fergus 1980: George Fergus, More on alligators in the sewers. *JAF 93,* 182.
Fine 1979: Gary Alan Fine, Cokelore and coke law: urban belief tales and the problem of multiple origins. *JAF 92,* 477–482.
Fine 1980: Gary Alan Fine, Kentucky Fried Rat: legends and modern society. *JFI 17,* 222–243.
Fine 1985: Gary Alan Fine, The Goliath effect: corporative dominance and mercantile legends. *JAF 98,* 63–243.
Fish 1976: Lydia M. Fish, Jesus on the thruway: the vanishing hitchhiker strikes again. *IF 9,* 5–13.
Fowke 1976: Edith Fowke, Hrsg., *Folklore of Canada.* Toronto.
Golowin 1967: Sergius Golowin, *Götter der Atom-Zeit. Moderne Sagenbildung um Raumschiffe und Sternmenschen.* Bern.
Goss 1984: Michael Goss, *The evidence for phantom hitchhikers.* Wellingborough.

Healey 1983: Tim Healey, *Strange but true. The world's weirdest newspaper stories.* London.

Hellspong 1969: Mats Hellspong, Svensexor och möhippor. *Fataburen 1969,* 105–120.

Herbert 1982: Brian Herbert, *Incredible insurance claims.* Los Angeles.

Ingers 1964: Ingemar Ingers, Sägner och historier från Skytts härad. *Det gamla Trelleborg.* Årsskrift 1964, 20–50.

Johansson 1985: Annika Johansson, *Sägner och Rykten om Stockholms tunnelbana.* Maschinengeschriebener Aufsatz im Fach Volkskunde. Stockholm.

af Klintberg 1974: Bengt af Klintberg, Råttan i pizzan. *Expressen* 26.1.1974, 4–5.

af Klintberg 1976 a: Bengt af Klintberg, Sprutan på tunnelbanan. *Förr och nu* 1976: 2, 44–46.

af Klintberg 1976 b: Bengt af Klintberg, Folksänger i dag. *Fataburen* 1976, 269–296.

af Klintberg 1978: Bengt af Klintberg, Mordet på balkongen och andra skrönor från storstadsdjungeln. VI Nr. 50/51, 1978.

af Klintberg 1983 a: Bengt af Klintberg, Modern migratory legends in oral tradition and daily papers. ARV 1981 (gedruckt 1983), 153–160.

af Klintberg 1983 b: Bengt af Klintberg, Why are there so many modern legends about revenge? Hrsg. v. Paul Smith, *Perspektives on contemporary legend,* 141–146. Sheffield.

af Klintberg 1983 c: Bengt af Klintberg, Adam och Eva och alligatorerna i New Yorks kloaker. *Myter.* Nationalmuseums utställningskatalog Nr. 470, 27–36. Stockholm.

Knierim 1985: Volker Knierim, Auto, Fremde, Tod. Automobile und Reisen in zeitgenössischen deutschsprachigen Sensationserzählungen. *Fabula 26,* 230–244.

Kvideland 1973: Reimund Kvideland, Det stod i avisa! Når vandrehistorier blir avismeldingar. *Tradisjon* 3, 1–12.

Kvideland 1985: Reimund Kvideland, Der Rattenfänger, der Taschendieb und der Brillenkäufer. Hrsg. v. N. Humburg, *Geschichten und Geschichte. Erzählforschertagung in Hameln Oktober 1984,* 151–157. Hildesheim.

Kügler 1933: Hermann Kügler, Zeitungssagen. *Sudetendeutsche Zeitschrift für Volkskunde 6,* 217–218.

Langer 1952: Marie Langer, Le mythe de l'enfant rôti. *Revue française de psychoanalyse 16,* 509–517.

Legman 1975: Gershon Legman, *No laughing matter. Rationale of the dirty joke II.* London.

Lind 1980: Ebba Lind, Med edderkopp i kinnet. *Dagbladet* 29.3.1980.

Lund 1975: Jens Lund, The legend of the king and the star. *IF 8,* 1–37.

Marchalonis 1976: Shirley Marchalonis, Three medieval tales and their modern American analogues. *JFI 13,* 173–184.

McClure 1983: Kevin McClure, *The evidence of visions of the Virgin Mary*. Wellingborough.

McKelvie 1963: Donald McKelvie, Aspects of oral tradition and belief in an industrial region. *FOLK LIFE 1*.

Morin 1971: Edgar Morin, *Ryktet i Orléans*. Stockholm.

Mullen 1970: Patrick B. Mullen, Department store snakes. *IF 3*, 214–228.

Mullen 1972: Patrick B. Mullen, Modern legend and rumour theory. *JFI 9*, 95–109.

Nahlbom & Lindh 1970: Stig Nahlbom & Leendets Lindh, *Sanna historier?* Bromma.

Newall 1985: Venetia Newall, Folklore and cremation. *Folklore 96*, 139–155.

Ní Dhuibhne 1983: Éilís Ní Dhuibhne, Dublin modern legends: an intermediate type list and examples. *Bèaloideas 51*, 55–70.

Nyman 1974: Aarre Nyman, Oudot liftarit ja grillatut vauvat. Hrsg. v. H. Launonen & K. Mäkinen, *Folklore tänään*, 63–73. Helsinki.

Ohlsson 1976: Hans Ohlsson, Kycklingen i hatten. *Nord-Nytt* 1976, 51–70.

Palmenfelt 1982: Ulf Palmenfelt, Alfred Theodor Snöbohms tidningsartiklar som sägenkälla. *Gotländskt arkiv* 1982, 129–140.

Palmenfelt 1985: Ulf Palmenfelt, Myten om mästertjuven. *Brå Apropå* 1985: 1, 20–24.

Parent 1976: Gail Parent, Folklore from the fifties. *Esquire* 85 :3, 76–77.

Portnoy 1980: Ethel Portnoy, *Broodje aap. De folklore van de post-industriele samenleving*. Siebte erweiterte Auflage. Amsterdam.

Raeithel 1972: Gert Raeithel, *Lach, wenn du kannst. Der aggressive Witz von und über Amerikas Minderheiten*. München.

Rylander 1977: Britta Rylander, *Ryktet on plastkulor i margarin*. Maschinengeschriebener Aufsatz im Fach Volkskunde. Stockholm.

Sanarov 1981: V.I. Sanarov, On the nature and origin of flying saucers and little green men. *Current anthropology* 22, 163–167.

Sanderson 1969: Stewart Sanderson, The folklore of the motor-car. *Folklore* 8, 241–252.

Sanderson 1980: Stewart Sanderson, Why was it a DeSoto? Hrsg. v. V.J. Newall, *Folklore studies in the twentieth century*. Woodbridge.

Sanderson 1983: Stewart Sanderson, From social regulator to art form: case study of a modern urban legend. *ARV* 1981 (gedruckt 1983), 161–166.

Schweizer 1942: Willy Schweizer, Die Friedensprophezeiung des Kindes. *Schweizerisches Archiv für Volkskunde* 40, 49–60.

Shorrocks 1980: Graham Shorrocks, Further aspects of restaurant stories. *Lore and language 3*, pt. A, 71–74.

Sidén 1973: Henry Sidén, Råttan som var en anka. *Nerikes allehanda* 2.11.1973.

Simonsuuri & Rausmaa 1968: Lauri Simonsuuri & Pirkko-Liisa Rausmaa, *Finnische Volkserzählungen*. Berlin.

Simpson 1972: Jacqueline Simpson, Another modern legend? *Folklore 83*, 339.

Simpson 1983: Jacqueline Simpson, Urban legends in The Pickwick Papers. *JAF 96*, 462–470.

Smart 1970: James Smart, We pop the elephant myth. *Small world. For Volkswagen owners in the United States* 9:4, 6–7.

Smith 1975: A.W. Smith, Yet another modern legend? *Folklore 86*, 139.

Smith 1973: Alan Smith, The „Double theft“: a variant form. *Folklore 84*, 166–167.

Smith 1983: Paul Smith, *The book of nasty legends.* London.

Solberg 1983: Olav Solberg, Jenta med den tuperte hårtoppen. Om innhald og meining i nåtidssegner. *Årbok for telemark 29*, 102–113.

Solheim 1970: Svale Solheim, Historical legend – historical function. *Acta ethnographica acad. Scient. Hung. 19*, 341–346.

Sveréus 1976: Birgitta Sveréus, *Vår tids rykten bland skolbarn.* Maschinengeschriebener Aufsatz im Fach Volkskunde. Stockholm.

Tallqvist 1948: Knut Tallqvist, *Månen i myt och dikt, folktro och kult.* Helsingfors.

Thigpen 1979: Kenneth A. Thigpen, Folklore in contemporary American literature: Thomas Pynchon's V and the Alligators-in-the-sewers legend. *SFQ 43*, 93–105.

Unge 1981: Ingemar Unge, Historien om tjejen utan byxor. *Dagens Nyheter* 14.1.1981.

Walfridson 1986: Kristina Walfridson, *Sjukvårdsfolklore. En undersökning av sjukvårdspersonals vrkesfolklore.* Hektographierter Aufsatz im Fach Volkskunde. Stockholm.

Weber Kellermann 1955: Ingeborg Weber Kellermann, Berliner Sagenbildung 1952: *Zeitschrift für Volkskunde 52*, 162–170.

Velure 1979: Magne Velure, Rykten och vitsar om invandrargrupper. Hrsg. v. N.-A. Bringéus & G. Rosander, *Kulturell kommunikation*, 144–154.

Im Jahre 1939 starb im St. Hans Hospital in Roskilde bei Kopenhagen im Alter von 85 Jahren die Patientin Caroline Ebbesen. Sie hatte die letzten 50 Jahre ihres Lebens dort verbracht. Eine Diagnose lautete: paranoide Schizophrenie.

Während all dieser Jahre produzierte sie ständig Bilder und Texte, gab durch Schreiben, Malen, Sticken, Zeichnen ihrer inneren Welt eine sichtbare Form.

Die faszinierende Geschichte dieser Frau und ihr zum großen Teil erhaltenes Werk bilden die Grundlage für KAROLINES BUCH.

Ein nicht zuletzt als historische Studie fesselndes, buntes Portrait einer künstlerisch kreativen psychisch Kranken; ein weibliches Schicksal aus der Zeit um die Jahrhundertwende.

Niels Reisby und Pia Skogemann
Karolines Buch
Aus dem Dänischen
von Annegret Heitmann
Mit 28 farbigen und zahlreichen
Schwarz-Weiß-Abbildungen
Pappband im Format 25,5 x 17,6 cm
88 S. 36,00 DM
ISBN 3-926099-06-2

Henrik Stangerup
Der Weg nach Lagoa Santa

Im November 1832 schifft sich der junge dänische Naturwissenschaftler P.W. Lund in Hamburg nach Rio de Janeiro ein, um von dort ins Innere Brasiliens weiterzureisen. Beseelt von romantischer Naturphilosophie und angespornt vom Glauben an die Vorsehung, die ihm u.a. in Gestalt Alexander von Humboldts, mit dem er in Paris zusammengetroffen ist, diesen Weg gewiesen hat, verfolgt Dr. Lund ein hochgestecktes Ziel. In ein paar Jahren wird er genug gesammelt, klassifiziert, systematisiert und beschrieben haben, um seine zahlreichen Abhandlungen zu einem definitiven Werk unter dem Titel „Der Schöpferplan" zusammenfassen zu können. In den Kalksteinhöhlen der Provinz Minas Gerais entdeckt Dr. Lund fossile Knochen, die ihn lange in seiner Theorie über den göttlichen Schöpferplan bestärken. Nach zehnjähriger Ausgrabungsarbeit bereitet er sich auf die Rückkehr in sein geliebtes, „kultiviertes" Europa vor. Da wirft ein rätselhafter Zusammenbruch ihn aus der bahn. Dr. Lund sieht Europa nie wieder.

DER WEG NACH LAGOA SANTA ist ein historischer Roman von erstaunlicher Vielschichtigkeit: dokumentarisch fundierte Gelehrtenbiographie, kultur- und geistesgeschichtliche Epochenstudie, Reisebericht von exotisch-sinnlicher Eindrucksfülle und Ideenroman von schlagender Gegenwärtigkeit.

„... ein intellektueller Abenteuerroman, der Unterhaltung garantiert".
(Tagesspiegel, Berlin)

Henrik Stangerup
DER WEG NACH LAGOA SANTA
Roman. Aus dem Dänischen von Wolfgang Butt
308 Seiten
ISBN 3-926099-08-9